과학기술 글쓰기

강명구
김희준
정윤석 외

서울대학교출판문화원

Science & Technology Writing

Kang, Myung Koo
Kim, Hie-Joon
Chung, Yun-Suk et al.

Seoul National University Press

머리말

글쓰기를 두려워하는 공학도나 이학도가 과학기술 글쓰기를 잘 할 수 있는 방법은 무엇일까? 글쓰기 기초에 관한 ABC부터 다시 시작하는 우직한 길을 걸을 수도 있고, 표현과 내용 면에서 뛰어나다는 평을 듣는 과학의 고전 읽기부터 시작할 수도 있다. 여러 가지 방법 중에서 효과적인 것 하나는 공인된 모범적 사례를 보고 따라 하는 것이다. 가장 창의적인 글을 쓰는 시인이나 소설가가 되기 위한 습작과정 중에서도 '따라 하기'는 빠질 수 없는 코스인데, 표준적인 형식과 내용의 글을 중시하는 과학기술 글쓰기에서 표준을 따르는 것은 변칙이나 모방이 아니라 정도이자 성숙이라 할 수 있다. 이 책은 이처럼 중요한 과학기술 글쓰기의 표준을 제공하려는 의도에서 기획되고 저술되었다.

그렇다면 글쓰기를 두려워하는 공학도나 이학도에게 과학기술 글쓰기를 잘 할 수 있게 가르치는 방법은 무엇일까? 이 과제를 논리적으로 분석해 보면 글쓰기를 두려워하지 않는 심리를 갖도록 하는 것이 효과적인 교육방법 및 내용에 선행한다. 이 책은 자연계열 전공의 학부 학생들에게 신뢰감과 안정감 속에서 과학기술 글쓰기의 표준을 학습하여 글쓰기에 대한 두려움을 없애고 자신감을 갖게 하자는 목적을 가지고 있다. 지난 몇 년간의 과학기술 글쓰기 수업을 통해 수정에 수정을 거쳐 탄생한 이 책은 과학기술 글쓰기의 매뉴얼이라 할 수 있다. 매뉴얼은 다소 건조한 내용으로 되어 있지만 자연과학 분야에 종사하는 사람이라면 매뉴얼을 무시해서는 안 된다는 것을 잘 알고 있을 것이다. 글쓰기 매뉴얼을 외면하고 글을 잘 쓰는 사람이 되기를 바랄 수는 없다. 남들은 정해진 규정에 따라서 직접 인용과 간접 인용을 해가면서 논문을 쓰는 동안 자신은 서론과 결론 일부를 제외하고는 전부 남의 것을 옮겨와서 보고서를 쓰고 있지는 않은지 뒤돌아볼 필요가 있다. 그리고 이 책을 통해서 글쓰기에 대해 배워가면서 매뉴얼에도 흥미와 재미가 있다는 사실을 알게 될 것이다. 매뉴얼을 통해 새로운 기능을 발견하고 이를 활용할 때의 흥분과 열정, 실패했을 때의 고통과 좌절을 즐겨야 한다. 진정한 과학기술자의 마인드는 이런 것이 아닐까 한다.

이 책은 화학자, 공학자, 물리학자, 언론학자, 정치학자, 국문학자, 철학자 등의 공동 작업으로 지난 4년간 서울대학교에서 행해진 '과학기술 글쓰기' 수업의 성과를 담고 있다. 이 말은 평가적인 것이 아니라 사실기술적이다. 학제적·융합학문적·통섭적 접근이 가능한 저자들을 확보했음에도 저술과정이 충분히 학제적이거나 통섭적이었다고 자신 있게 말할 수는 없다. 뛰어난 학생들을 위한 교재였다는 점이 교재 자체의 우수성을 보증하는 것은 아니며, 이 교재에 포함된 이런저런 문제점들은 앞으로 해결해야 할 저자들의 숙제이다. 과제가 남아 있다는 것은 저자가 존재하는 이유이기도 하다.

마지막으로 이 책이 저술될 수 있도록 지원해준 서울대학교 기초교육원에 감사드린다.

2008년 8월 11일

저자 일동

차례

제 II 부 연구주제의 선정과 글쓰기의 준비

제 III 부 글의 기본구성과 실제 작성 과정

제Ⅴ부 유형별 글쓰기

표 차례

그림 차례

과학기술 글쓰기

제 I 부

과학기술과 글쓰기

현대사회에서 과학기술의 발달은 과학기술 글쓰기와 불가분의 관계에 있다. 상대방을 설득하는 글은 프로젝트의 사활을 결정할 수도 있고 새로운 기회를 여는 계기로 이어질 수도 있다. 루스벨트 대통령에게 보낸 아인슈타인의 편지처럼 하나의 이론이 핵에너지의 개발로 현실화되어 역사의 방향을 바꾼 글도 있다. 우리도 지금 쓰고 있는 글이 자신과 사회에 어떤 의미를 가질까 고민하는 자세로 글쓰기에 임해야 한다.

제 I 부에서는 과학기술 글쓰기의 주요 측면을 전반적인 수준에서 살펴보았다. 제1장에서는 과학의 발견에서 과학기술자에게 글쓰기가 왜 중요한지를 DNA 이중나선구조의 발견을 사례로 상세하게 알아보았다. 제2장에서는 과학기술 글쓰기가 필요한 이유와 이공계에서 글쓰기 능력이 중요한 이유를 구체적인 맥락에서 살펴보고, 국내외의 글쓰기 교육 현황과 과학기술 글쓰기의 특수성에 대해서 다루었다. 제3장에서는 글쓰기에서 자주 발생하는 윤리적 문제, 특히 표절에 대해 알아보았다.

제1장
과학기술자와 글쓰기

1.1. 과학의 발견과 글쓰기

세상만사가 그렇듯이 과학기술 글쓰기도 다양한 방식으로 이루어진다. 뉴턴Isaac Newton은 케임브리지대학교 학부생 시절에 역학, 광학, 미적분학 등 여러 새로운 분야에 대한 자신의 독창적 생각을 메모 형식으로 기록해 놓았는데 이것도 일종의 과학기술 글쓰기라고 할 수 있다.

어느 분야 못지않게 경쟁이 치열한 과학기술 분야에서 요즘 좋은 논문 쓰기는 거의 전쟁 수준이다. 게다가 논문이 우주와 생명의 신비를 푸는 결정적인 내용을 담고 있다면 그 논문을 둘러싸고 각종 휴먼 드라마가 펼쳐지리라는 것은 충분히 짐작할 수 있다. 수십 억 년 동안 간직되어온 생명의 비밀을 단숨에 드러낸 DNA 이중나선구조 발견에 관한 왓슨James Dewey Watson과 크릭Francis H. C. Crick의 논문이 그 대표적인 예라 할 수 있다. 왓슨과 크릭의 논문에는 모든 과학기술 글쓰기에 적용할 수 있는 중요한 요소들이 들어 있다.

『네이처Nature』 편집장을 22년간 지낸 매덕스John Maddox는 "지적인 그

DNA 구조는 모든 생명현상에 대한 답을 내포하고 있다.

이처럼 중요한 생물학 연구의 패러다임을 출범시킨

DNA 이중나선구조가 발표된 것은

1953년 『네이처』에 실린 한 쪽 분량의 짤막한 논문을 통해서였다.

리고 실용적인 면에서 DNA 구조는 과학 전반에 걸쳐 유례가 없을 정도로 중요하다."라고 밝히고, 코페르니쿠스의 지동설은 우주의 구조를 밝히는 출발점이 되었을 뿐 답을 제공한 것은 아니었지만 DNA 구조는 모든 생명현상에 대한 답을 내포하고 있다고 말한다. 이처럼 중요한 DNA 이중나선구조가 발표된 것은 1953년 4월 25일 『네이처』에 실린 한 쪽 분량의 짤막한 논문을 통해서였다. 우선 이 논문의 배경을 살펴보고 이 논문으로부터 배울 수 있는 과학기술 글쓰기의 여러 요소들을 짚어보자.

왓슨이 1962년 노벨 생리의학상을 수상하고 나서 1968년에 저술한 『이중나선』(왓슨, 1973)에는 이 논문이 세상에 모습을 드러내는 과정이 흥미롭게 묘사되어 있다.

> 최종 원고가 다 되어 이제 타자를 치는 일만 남게 된 것은 3월의 마지막 주말이었다. 마침 연구소의 타이피스트가 휴가 중이었기에 나는 여동생 엘리자베스에게 타자를 부탁했다. 토요일 오후를 따분하게 타자나 치면서 보내도록 그녀를 설득하는 것은 그다지 힘든 일이 아니었다. 그녀가 치고 있는 우리 논문은 어쩌면 다윈의 진화론 이후 생물학에서 가장 혁혁한 업적이 될지도 모르

는 것이라고 그녀를 달랜 것이다. 그녀가 타자를 치는 것을 크릭과 나는 어깨 너머로 줄곧 지켜보고 있었다. 약 900 단어로 된 그 논문은 다음과 같은 문장으로 시작되고 있었다. "우리는 여기에 디옥시리보핵산DNA 염의 구조를 제안하고자 한다. 이 구조는 생물학적으로 대단히 흥미로운 특징을 지니고 있다."

이처럼 혁혁한 업적은 어떻게 이루어졌을까? 『이중나선』을 통해 당시 DNA 구조 연구의 상황을 살펴보자. 이미 1920년대에 그리피스Fred Griffith의 연구를 통해 폐렴균의 형질을 변환시키는 어떤 유전물질이 있음이 밝혀졌고, 1940년대에 에이버리Oswald Avery는 이 물질이 DNA라는 것을 증명했다. 따라서 생명의 비밀이 담겨 있는 DNA 구조 결정에 많은 과학자들이 관심을 가지고 있었을 것이다. 전통적인 방법으로 DNA 구조를 결정하려면 우선 DNA의 결정crystal에 엑스선을 조사(照射)하여 얻은 회절사진을 해석하여 DNA를 구성하는 원자 하나하나의 위치를 알아내야 했다. 문제는 DNA를 순수하게 분리하고 그로부터 좋은 결정을 얻어야 양질의 회절사진을 얻을 수 있다는 점이었다.

1951년 케임브리지대학교의 캐번디시연구소에서 왓슨과 크릭이 DNA 구조 결정에 매달리기 시작했을 때 이미 런던 킹스칼리지의 랜들John Randall 교수 연구실에서는 윌킨스Maurice H. F. Wilkins와 프랭클린Rosalind Elsie Franklin이 초보적인 DNA의 엑스선 회절사진을 얻고 있었다. 이때 왓슨은 미국의 인디애나대학교에서 후에 대식세포macrophage 연구로 노벨 생리의학상을 수상하게 되는 루리아Salvador Edward Luria 밑에서 박사학위를 받고 덴마크를 거쳐 캐번디시연구소에 막 도착해 있었다. 박사후연구원인 그의 업무는 엑스선 결정학을 배워가며 단백질의 엑스선 구조를 연구하는 것이었다. 서른이 넘어 박사학위과정에 있던 물리학도 크릭의 학위논문 주제는 단백질 엑스선 결정학의 이론적인 면을 연구하는 것이었다. 왓슨이 엑스선 결정학에 무지한 만큼 크릭도 유전학이나 DNA에 대해 무지했지만 지적 능력과 도전 정신은 둘 다 탁월했다. 아무튼 두 사람 다 본연의 연구주제는 단백질이지 DNA는 아니었다.

한편 DNA와 아울러 또 하나의 중요한 생체고분자인 단백질의 구조에 대해서는 세계적인 화학자였던 캘리포니아 공과대학의 폴링Linus Pauling이 모델을 만드는 방법을 통해 알파나선구조를 밝혀놓았다. 윌킨스와 프랭클린이 전통적인 엑스선 결정 방법으로 DNA의 구조를 결정하고자 심혈을 기울이는 동안 왓슨과 크릭은 폴링의 모델 만드는 방법을 DNA의 구조에 적용하고자 했다.

킹스칼리지에서는 윌킨스와 프랭클린이 DNA의 엑스선 구조 연구를 놓고 묘한 갈등을 빚고 있었다. 그러던 중 프랭클린은 DNA 결정에는 A, B 두 가지 형태가 있으며 A형을 적당한 습기에 노출하면 수분을 흡수하여 더 안정적인 B형으로 바뀌는 것을 발견하고 이로부터 양질의 엑스선 회절사진을 얻게 되었다. 1953년 2월경 프랭클린은 실제의 DNA 구조에 상당히 접근했으나 윌킨스와의 갈등 때문에 연구를 중단하고 킹스칼리지를 떠나기로 결정했다. 떠날 준비를 하면서 프랭클린은 그간의 결과를 윌킨스에게 전달했는데 윌킨스가 프랭클린의 허락 없이 왓슨에게 엑스선 회절사진을 보여주었고, 이에 대해 후일 왓슨은 "그 사진을 보는 순간 입이 딱 벌어지고 심장이 뛰기 시작했다."라고 회고했다. 한편 단백질 연구를 하고 있던 페루츠Max Perutz는 프랭클린의 보고서를 크릭에게 보여주었는데, 이 보고서에는 후일 DNA 구조에서 두 가닥이 반대 방향으로 향하고 있다는 결론을 내리는 단서가 들어 있었다.

아무튼 1953년 4월 25일자 『네이처』에는 DNA 구조에 관한 세 편의 논문이 나란히 발표되었는데, 1962년 노벨 생리의학상은 첫 편의 저자인 왓슨과 크릭, 그리고 둘째 편의 주저자인 윌킨스에게 수여되었다. 노벨상은 사후에는 주어지지 않고 최대 세 명까지만 주어지는데, 세 번째 논문의 주저자인 프랭클린이 1962년 당시 살아 있었다면 어떻게 되었을까?

1.2. 좋은 과학기술 글쓰기를 위하여

상품의 포장이 나쁘면 제값을 못 받는 경우가 있듯이 좋은 연구결과를 가지고도 좋은 글을 통해 효과적으로 전달하여 좋은 인상을 남기지 못하면 소기의 목적을 달성했다고 볼 수 없다. 훌륭한 곡이라도 연주를 잘 해야 빛이 나고 좋은 재료라도 요리를 잘 해야 좋은 음식이 되는 것과 마찬가지다. 물론 객관성을 생명으로 하는 과학 연구에서 뛰어난 결과는 결국 인정을 받게 마련이지만 주어진 내용을 토대로 최대한 효과적인 글쓰기를 통해 좋은 인상을 남기고 자신의 인생에서 발전의 기회로 삼는 것이 바람직하다.

과학기술 글쓰기는 독립적 연구자로 살아가는 경우에도 중요하지만 연구소나 기업체에서 연구·개발을 관리하는 매니저가 되면 더욱 중요해진다. 상대방을 설득하는 글은 프로젝트의 사활을 결정할 수도 있고 새로운 기회를 여는 계기가 될 수도 있다. 루즈벨트 대통령에게 보낸 아인슈타인의 편지처럼 하나의 이론이 핵에너지의 개발로 현실화되어 역사의 방향을 바꾼 글도 있다. 따라서 우리도 지금 쓰고 있는 글이 자신과 사회에 어떤 의미를 가질까를 고민하는 자세로 글쓰기에 임해야 한다.

과학기술 글쓰기에도 정확성과 간결함이 생명인, 감정이 개입할 여지가 없는 업무형 글도 있고, 독자의 감성에 호소하는 글도 있다. 각각의 경우에 적용되는 구체적 사안들은 뒤에서 자세히 다루기로 하고, 여기서는 좋은 과학기술 글쓰기를 위해 일반적으로 고려해야 할 몇 가지 요소를 정리해본다.

1.2.1. 글의 제목

우선 글의 첫인상을 좌우하는 제목을 신중하게 선택해야 한다. 첫인상은 오래가는 법이어서 처음 만나는 사람에게 좋은 인상을 주는 것은 무척 중요하다. 글은 직접 만나지 못한 사람들에 의해서도 읽히기 때문에 더 많은 사람에게 인상을 남기게 된다. 그 인상이 만든 작은 차이가 일생을 좌우할 만큼의 큰 차이로 발전하는 경우가 허다하다. 많은 노력을 기울이고 시간을 투자해서 어떤 결과를 얻어놓고도 보고서나 논문 작성을 소홀히 해서 점수를 잃는 일이 없도록 글이 남길 첫인상에 주의를 기울여야 한다. 믿기 어려운 일이지만 처음 눈이 가는 제목에 철자의 오류가 있는 경우도 있다. 이렇게 첫인상이 좋지 않으면 독자는 내용을 신뢰하지 않게 될 뿐 아니라 내용의 약점을 찾으려는 심리 상태가 된다. 따라서 시간을 투자해서 한 번 더 살펴보는 것은 아주 중요하다.

첫인상을 결정하는 데 중요한 역할을 하는 것이 제목이다. 빅뱅우주론을 반석 위에 올려놓은 펜지어스Arno Allan Penzias와 윌슨Robert Woodrow Wilson이 1965년에 발표한 우주배경복사 발견 논문의 제목은 너무나도 평이한 "A Measurement of Excess Antenna Temperature at 4080 Mc/s"였다. 4 기가헤르츠에서 작동하는 마이크로파 안테나에서 약간의 에너지가 측정되었다는 보고가 1978년 노벨 물리학상으로 이어진 것이다. 그것이 그렇게 중대한 발견인 줄 알았다면 논문 제목이 바뀌지 않았을까? 물론 이 예는 제목보다 내용이 중요하다는 사례가 될 테지만, 흥미롭게도 펜지어스는 노벨상 수상 강연의 제목을 '원소의 기원The Origin of Elements'으로 택했다. 우주의 기원을 원소의 기원으로 천명하는 인상적인 제목이다.

깊은 인상을 남기는 책 제목에는 다음과 같은 것들이 있다.

- 세이건Carl Sagan의 『창백한 푸른 점Pale Blue Dot』
- 레더만Leon Lederman의 『신의 입자The God Particle』
- 와인버그Steven Weinberg의 『처음 3분간The First Three Minutes』
- 호프만Roald Hoffmann의 『같기도 하고 아니 같기도 하고The Same and Not the Same』

• 도킨스Richard Dawkins의 『이기적 유전자The Selfish Gene』

책을 덮은 후 몇 년이 지나서라도 제목을 떠올리면 책의 전체 내용이 떠오르는 것이 좋은 제목이다. 레더만이 『신의 입자』에 붙인 "우주가 답이라면 질문은 도대체 무엇인가? If the Universe is the answer, what is the question?" 같은 재치 있는 부제도 좋다. 아무튼 책이건 논문이건 일단 제목에서 강렬하고 좋은 인상을 남기는 것이 바람직하다.

왓슨과 크릭의 논문 제목은 "핵산의 분자구조Molecular Structure of Nucleic Acids"로 다소 평이한 느낌을 주지만 아주 짧으면서도 논문의 핵심내용을 담고 있다. 지금 생각해보면 "핵산의 이중나선구조Double Helical Structure of Nucleic Acids"라고 했으면 더욱 좋았을 테지만 당시로서는 이중나선구조는 검증되지 않은 가상적 구조였기 때문에 제목으로 사용하기에는 용기가 필요했으리라 짐작된다.

1.2.2. 글의 구조

음식상에도 그릇과 접시들이 제자리에 있어야 하듯 글에도 적절한 구조가 있어야 한다. 글의 각 부분에도 나름대로의 역할이 있게 마련이다. 그런데 글의 다양한 요소들이 제자리를 찾지 못하고 뒤섞여 있으면 정돈되지 못한 밥상이 식욕을 떨어뜨리듯 계속 읽어 나갈 의욕이 사라진다. 예컨대 논문의 서론에서 본문의 핵심내용과 결론을 상세히 설명하는 것은 본문에서 긴박감을 빼앗아가는 셈이다. 서론은 논문의 배경을 제시하고 본문을 읽고자 하는 호기심을 자극하는 것으로 충분하다.

대중적인 글에서도 첫 대목은 코스 요리의 전채처럼 가벼우면서도 주의를 끄는 중요한 부분이므로 다른 글에서는 찾아볼 수 없는 자신만의 독특한 문장이 되도록 해야 한다. 물론 요리에도 스테이크 같은 주요리가 있듯이 논문의 핵심은 '결과와 논의' 부분이다. 후식이 "다시 우리 음식점을 찾아 주세요."라는 메시지를 주듯이 논문의 말미에 두고두고 머리에 남을 생각거리를 던져주는 것도 대단히 좋다.

글의 구성 면에서도 왓슨과 크릭의 논문은 매우 훌륭하다. 앞서 언급한 대로 제목은 '핵산의 분자구조Molecular Structure of Nucleic Acids'이고 '디옥시리보핵산의 구조A Structure for Deoxyribonucleic Acid'라는 부제가 붙어 있다. 이 논문은 보통 학술지논문과 달리 서론, 실험방법, 결과, 논의 등의 구분 없이 하나의 연결된 글로 되어 있는데, 본문은 다음과 같이 시작된다. "우리는 여기에 디옥시리보핵산DNA 염의 구조를 제안하고자 한다. 이 구조는 생물학적으로 대단히 흥미로운 특징을 지니고 있다." 서두에 제기한 생물학적으로 흥미로운 면이란 도대체 무엇일까 하는 궁금증을 가지고 본문을 읽다 보면 자신들이 제안하는 이중나선구조가 유전물질의 복제 메커니즘을 암시한다는 언급이 말미에 나온다.

어떤 글을 읽고 나서 새로 알게 된 것이 없다면 시간 낭비일 뿐이고, 글 쓴 사람에 대해 부정적인 인상만 남을 것이다. 그래서 항상 자신의 글이 새로운 정보를 제공하고 있는가에 대해 고민해야 한다.

서두와 말미 사이, 그러니까 논문의 중간 토막에는 폴링이 제안한 모델의 문제점이 제시되고 곧이어 그림과 함께 이중나선의 기하학적 구조가 묘사된다. 그리고 이러한 이중나선구조는 수소결합을 통해 A-T, G-C 염기쌍이 만들어짐으로써 이루어진다는 설명이 나온다. 그 다음에 샤가프Erwin Chargaff에 의해서 DNA에는 A와 T, 그리고 G와 C가 1 : 1의 비율로 들어 있다는 사실이 알려져 있었다는 언급이 나온다. 논리적으로 보면 샤가프 비율을 먼저 언급하고 그 실험 데이터에 입각해서 염기쌍을 모델에 도입했다고 하는 편이 타당했을지도 모른다.

한 페이지에 불과한 왓슨과 크릭의 논문은 ① 이미 제안된 구조, ② 자신들이 제안하는 구조, ③ 제안하는 구조의 근거, ④ 제안하는 구조의 의미로 전체적으로 빈틈없이 구성되어 있다. 뒤쪽에 가서 이미 발표된 엑스선 결과는 이중나선 모델을 엄밀히 시험하기에는 불충분하다는 언급이 나오고 모델을 만들 당시에는 자신들의 논문에 이어지는 윌킨스와 프랭클린의 논문에 대해 자세한 내용을 알지 못했다는 변명 아닌 변명이 등장 이야깃거리를 제공하기는 하지만 논문 핵심내용의 중요성 면에서, 그리고 논문의 구성과 가독성 면에서 세기적 논문의 하나임에는 틀림이 없다.

1.2.3. 글의 내용

셋째, 유의미한 정보를 제공하는 글이 되어야 한다. 우리가 남의 글을 읽는 것은 무엇인가를 얻기 위해서이다. 특히 내가 알지 못했던 새로운 정보를 얻는 것이 일차적 목표라 할 수 있다. 따라서 과학기술 글쓰기에서는 새로운 정보를 잘 요약해서 분명하게 전달하는 것이 중요하다. 그것은 새로운 실험결과일 수도 있고 다른 사람의 결과에 대한 새로운 해석일 수도 있다. 어떤 글을 읽고 나서 새로 알게 된 것이 없다면 시간 낭비일 뿐이고, 글 쓴 사람에 대해 부정적 인상만 남을 것이다. 그래서 자신의 글이 새로운 정보를 제공하고 있는가에 대해 항상 고민해야 한다.

물론 글의 종류에 따라 정보의 질과 수준이 크게 다를 수 있다. 학부의 실험보고서라면 표준화된 실험과정에 따라 수행한 자신의 실험결과가 다른 사람의 결과와 같은지 다른지, 다르다면 얼마나 다른지도 일종의 정보가 된다. 학위논문이라면 지금까지 세상의 다른 누구도 행하지 않은 새로운 실험이나 계산, 또는 이론적 탐구의 결과를 담고 있을 것이다. 그리고 소위 '인용지수impact factor'가 높은 저널에 실릴 만한 논문이라면 단지 새로울 뿐 아니라 중요한 정보를 제공해야 한다. 우주의 팽창이 가속화되고 있다든지, 실리콘 웨이퍼silicon wafer를 나노미터 두께로 만들면 태양전지의 효율을 획기적으로 개선할 수 있다든지 하는 것은 새롭고 중요한 정보의 예가 될 것이다. 왜냐하면 전자는 우주 에너지의 73%를 차지하면서도 아직 정체가 미스터리로 남아 있는 암흑에너지의 단서가 되고, 후자는 인류의 에너지 문제 해결에 실마리를 제공할 수 있는 현실적으로 중요한 일이기 때문이다.

정보가 제대로 전달되려면 쓰는 사람과 읽는 사람 사이에 교감이 일어나야 하고, 교감을 일으키려면 독자의 눈높이에 맞추어 글을 써야 한다. 전문 분야의 연구논문인 경우에는 그 분야에서 어느 수준에 도달한 독자를 대상으로 글을 쓰는 것이 전제가 된다. 한편 교육이나 홍보의 목적을 가지는 대중적인 글은 일방적인 정보의 제공을 넘어서서 독자와 눈높이를 맞추어 효과적으로 정보를 전달할 수 있어야 한다.

1.2.4. 기존 연구와의 연계성

넷째, 축적된 지식을 비탕으로 새로운 생각을 이끌어내는 글이 되어야 한다. 집을 지을 때도 벽돌을 한 장 한 장 쌓아가듯이 대부분의 경우 지식도 그렇게 쌓여간다. 좋은 글이란 지식의 제공에 그치지 않고 새로운 생각을 이끌어내며 지식의 나아갈 바를 제시하는 글이다.

왓슨과 크릭이 논문 말미에 조심스럽게 언급한 "우리가 가정한 (염기 사이의) 특정한 쌍이 바로 유전물질의 복제 메커니즘을 암시한다는 것을 우리는 알아차렸다."라는 문장은 생명과학에서 혁명적 변화를 유도한 예언으로 많은 사람들의 기억에 남아 있다. 건축물이건 날벌레건 기능에 맞는 구조를 가지게 마련인데 DNA 이중나선구조는 유전정보의 저장과 복제에 최적의 구조임이 곧 밝혀졌고, 왓슨과 크릭의 논문은 '분자생물학'이라는 새로운 생명과학의 패러다임을 가져왔다. 중요도에서는 차이가 있을지언정 우리의 글도 다른 사람으로 하여금 새로운 생각을 하고 새로운 연구·개발을 하는 촉매 역할을 할 수 있다면 바람직할 것이다.

하이젠베르크Werner Karl Heisenberg와 함께 양자역학을 발전시킨 슈뢰딩거Erwin Schrödinger의 『생명이란 무엇인가?What is Life?』도 많은 영향을 끼친 글로 유명하다. 상대성이론과 함께 현대물리학의 양대 기둥을 이루는 양자역학을 확립하고 1933년 노벨 물리학상을 수상한 슈뢰딩거는 생명 현상으로 관심을 돌렸다. 후일 슈뢰딩거 방정식은 물리학과 화학에 필수적인 도구가 되었고, 『생명이란 무엇인가?』는 생명과학의 발전에 지대한 영향을 끼쳤다. 그 책의 영향으로 방향을 전환해 노벨상까지 받은 과학자는 위의 왓슨과 크릭(1962년 생리의학상)뿐 아니라 델브뤽Max Delbrück(1969년 생리의학상), 길버트Walter Gilbert(1980년 화학상) 등 상당수에 이른다. 이 책에서 슈뢰딩거는 생명을 "질서로부터의 질서order from order"와 "무질서로부터의 질서order from disorder"로 요약하고 있다. 특히 아직 이중나선구조가 알려지기 전에 유전정보가 어떤 기본단위의 배열로 기록될지 모른다고 언급한 그의 예언자적 지혜는 놀랍기만 하다. 후일 단백질의 아미노산 서열과 DNA의 염기 서열을 결정하는 방법은 생명과학과 생명공학이 발전하는 데 핵심을 이루게 된다.

1.2.5. 글의 정확성

아무리 좋은 옥이라도 티가 있다면 아쉽듯이 과학기술 분야의 글에 과학적으로 정확하지 않은 내용이 들어 있다면 그것은 명백한 티가 아닐 수 없다. 특히 과학자의 높은 윤리성이 요구되는 요즘 윤리적 취약점은 심각한 티가 된다. 여기서는 앞에서 언급한 왓슨과 크릭의 논문에서 두고두고 지적되는 티를 예로 들어 살펴보고 타산지석으로 삼도록 하자.

프랭클린이 킹스칼리지를 떠난 후 왓슨과 크릭은 프랭클린과 교류를 계속하였고, 특히 노벨상 수상 후 이미 세상을 떠난 그녀의 결정적인 기여를 명백히 하였다. 그런데 1953년 『네이처』에 실린 논문에서는 프랭클린의 기여에 대해 상당히 모호하게 넘어가는 인상을 주고 있다. 왓슨과 크릭의 논문 가운데 주요 부분을 인용하면서 짚고 넘어갈 점들을 살펴보자.

> 핵산의 구조는 이미 폴링과 코리에 의해 제안된 바 있다. 그들은 자신들의 논문 원고를 발표하기 전에 우리에게 제공해주었다. 그들의 모델은 인산이 축의 안쪽에, 염기들이 바깥쪽에 놓인 채 서로 꼬인 세 개의 체인으로 되어 있다. 우리 생각에는 이 구조는 다음 두 가지 이유 때문에 만족스럽지 못하다 : (1) 우리는 엑스선 사진으로 얻은 물질은 산이 아니라 염이라고 믿는다. 산 형태에 존재하는 수소 원자가 없이, 더구나 음전하를 띠는 인산 이온들이 축 가까이에서 서로 반발할 텐데, 어떤 힘이 이 구조를 지탱할 수 있을지 의문시된다.

실은 과거에 왓슨이 한 세미나에서 '인산이 안쪽을 향하는 구조'를 제안했을 때 프랭클린이 잘못을 지적한 바 있는데, 왓슨이 이 문장을 쓸 때 그 생각이 나지 않았을 리가 없다. 또 몇 쪽 뒤인 740쪽에 나오는 프랭클린 논문에는 인산이 바깥쪽, 염기가 안쪽이라는 서술이 나오는데 이를 인용하지 않고 있다. 물론 왓슨과 크릭의 논문이 투고되었을 당시에는 프랭클린의 논문이 발표된 것이 아니므로 반드시 인용할 필요는 없다. 그러나 윌킨스의 논문을 인용한 것과는 형평성이 맞지 않는다. 프랭클린의 논문에는 자신의 실험결과가 몇 쪽 앞에서 왓슨과 크릭이 제안한 모델과 맞는다는 언급이 나온다.

> (2) 일부 반데르발스 거리가 너무 짧아 보인다. 또 다른 세 개의 체인 구조가 프레이저에 의해 제안되었다. 그의 모델에서는 인산이 바깥쪽에 위치하고, 염기들이 안쪽에 놓여 있으면서 수소 결합으로 연결되어 있다. 서술된 바로는 이 구조는 상당히 모호하며 따라서 우리는 거기에 대해 언급을 하지 않겠다. 우리는 디옥시리보핵산 염에 대하여 전혀 다른 구조를 제안하고자 한다. 이 구조는 같은 축을 감싸는 두 개의 나선형 체인으로 이루어져 있다.

프랭클린의 논문에는 나선이 두 개인지 세 개인지 확실하지 않으나 두 개인 것이 거의 확실하다는 언급이 나온다. 윌킨스와 프랭클린 모두 불완전한 회절사진으로부터 성급한 결론을 내리는 것을 회피하는 면이 보인다. 왓슨과 크릭은 다른 사람의 불완전한 실험결과로부터 맞는 모델을 제안하는 행운을 누린 셈이다. 여기서도 프랭클린의 논문을 인용했어야 하지 않았을까 하는 생각이 든다. 더구나 그녀의 데이터를 보고 자신들의 모델을 만들 수 있었다면 말이다.

> 실험적으로 디옥시리보핵산에서는 아데닌과 티민의 비율, 그리고 구아닌과 시토신의 비율이 항상 1에 아주 가깝다는 것이 알려졌다.

여기서는 샤가프Erwin Chargaff의 논문(1952)과 와이어트H. V. Wyatt의 논문(1952)을 제대로 인용하고 있다. A : T, G : C에 관한 샤가프 비율이 왓슨-크릭 모델의 핵심에 위치하고 있다. 샤가프가 노벨상에서 빠진 데 대해 두고두고 억울해 했다는 것도 이해가 간다.

> 과거에 발표된 디옥시리보핵산에 관한 엑스선 데이터는 우리의 구조를 엄밀하게 시험하기에는 불충분하다.

애스트베리William Astbury의 1947년 논문과 윌킨스Maurice H. F. Wilkins와 랜들John Randall의 1953년 논문(738쪽)은 인용했으나 740쪽에 발표된 프랭클린과 고슬링Raymond Gosling의 논문은 인용하지 않았다.

윌킨스의 논문과 프랭클린의 논문을 자세히 비교해보면 둘 다 확실한 결론을 내리지 않은 점에서는 마찬가지지만 윌킨스는 나선의 수와 인산과 염기의 위치에 대해 명확한 언급을 피하고 있어서 제안하는 구조가 도대체 어떤 것인지 모호한 반면 프랭클린은 염기가 안쪽에, 인산이 바깥쪽에 자리잡은 두 개의 나선으로 이루어진 구조가 가장 가능성이 높다고 확실히 말하고 있다. 프랭클린이 깨닫지 못한 것은 아데닌과 티민, 그리고 구아닌과 시토신이 1 : 1로 수소결합을 이루어 두 개의 나선을 붙잡아주고 있다는 사실이었고, 이 부분이 왓슨-크릭 모델의 핵심이므로 DNA 구조 발견에 왓슨과 크릭이 가장 결정적 기여를 한 것은 틀림없다. 그러나 자신들에게 프랭클린의 결과를 보여준 윌킨스의 논문은 본문에서도 어느 정도 인용한 반면 프랭클린의 결과에 대해서는 논문 마지막에 "우리는 또한 런던 킹스칼리지의 윌킨스, 프랭클린 등의 미발표 결과의 일반적인 내용과 아이디어로부터 자극을 받았다." 정도로 가볍게 취급한 것은 요즘이라면 용납되지 못할 일이라 생각된다. 하긴 "미발표 결과unpublished result, private communication"라는 식으로 언급하기도 어려웠을 것이다. 본인의 허가를 받고 데이터를 본 것이 아니기 때문이다.

좋은 글은 지식의 제공에 그치지 않고 새로운 생각을 이끌어내며 지식의 나아갈 바를 제시한다. 우리가 쓰는 글도 다른 사람들이 새로운 생각과 연구를 하는 데 촉매 역할을 할 수 있다면 바람직할 것이다.

왓슨과 크릭도 자신들의 모델이 실제 DNA의 구조로 밝혀지고 수많은 사람들에 의해 읽혀질 줄은 몰랐을지도 모른다. 아무튼 이처럼 과학의 역사에서 가장 중요한 논문의 하나가 된 왓슨과 크릭의 1953년 논문에서 프랭클린의 기여를 충분히 인정하지 않은 것은 옥에 티라고 할 수 있다.

1.2.6. 글을 쓰는 태도

마지막으로 자신의 글에 애착을 가져야 한다. "할 가치가 있는 일이라면 잘 할 가치가 있다."라는 말이 있다. 따라서 쓸 가치가 있는 글이라면 잘 쓸 가치가 있는 것이다. 쓰는 사람의 성의가 드러나지 않는 글은 읽는 사람의 입장에서도 성의가 가지 않게 마련이고, 반응도 당연히 시큰둥할 수밖에 없다.

글은 곧 얼굴이라는 자세로 글쓰기에 임하면 자신의 글에 애착이 생기고 남이 읽고 기분 좋아할 글이 되도록 최선의 노력을 기울이게 될 것이다. 사실 피아노 소품도 그렇고 오페라 아리아도 그렇고 우리가 즐기는 많은 것들은 앞서 간 사람들이 열심을 다하여 만들고 남긴 것들이다.

우리가 매일매일 하는 일 중 대부분은 일상적이고 곧 잊혀지는, 다시 말해서 큰 의미가 없는 일들이다. 그래서 남들이 주의를 기울여 읽고 두고두고 인용할 수 있는 글을 남기는 것은 매우 의미 있는 일이다. 자기가 쓴 논문이나 책을 10년, 20년 후에 꺼내서 읽을 때 후회가 없고 오히려 뿌듯한 느낌을 가질 수 있다면 얼마나 자랑스럽고 보람 있는 일이겠는가? 이처럼 시간이 흐른 후에도 애착을 가질 수 있는 글이 되려면 쓸 때부터 애착을 가지고 최선을 다해야 한다. 이명법을 창시한 18세기 스웨덴의 생물학자 린네Carl von Linné는 그야말로 나뭇잎 하나, 꽃잎 하나, 작은 새 하나라도 빠뜨리지 않으려는 시인의 열정으로 모든 생물을 분류하고 이름을 붙여 나갔다고 한다. 우리도 이러한 열정으로 글쓰기에 임하자.

연습문제

1. 본문에서 제시한 좋은 과학기술 글쓰기의 몇 가지 요소를 중요도에 따라 우선 순위를 매겨보고 그렇게 생각하는 이유를 제시해보라.

2. 본문에서 제시한 좋은 과학기술 글쓰기의 몇 가지 요소들 이외에 추가되어야 할 다른 요소를 제시해보라.

3. 얼마 전 미국의 경제전문지 『포브스』는 1950년 이후 '세계를 바꾼 15인'을 선정했는데 구소련 대통령 고르바초프, 통화주의 창시자 프리드만, 집적회로를 발명한 킬비, 월드와이드웹을 창시한 버너스-리 등과 함께 왓슨, 크릭, 그리고 프랭클린이 들어 있었다. 인터넷에서 이와 관련된 자료를 찾아보고 왓슨이 쓴 『이중나선』을 참고하여 DNA 이중나선구조 발견에 대하여 노벨 생리의학상이 수여된 1962년까지 프랭클린이 살아 있었다면 노벨상 수상자 명단이 바뀌었을지 A4 용지 한 장 분량으로 자신의 생각을 요약해보라.

용어설명 〉〉〉

- **설명** explanation
- **논증** argumentation
- **추론** inference

'설명'이란 일반적으로 사건의 경위나 내용을 풀어서 밝히는 것을 의미한다. 어떤 것의 원인을 밝히는 것으로서의 인과적 설명causal explanation의 뜻으로 사용될 때도 있는데, 이 경우의 설명은 비록 논증과 유사한 구조를 가지고 있지만 엄밀히 말해 양자는 구별된다. '논증'이 간단히 말해 주장과 그에 대한 정당화 근거로 이루어진 명제들의 집합이라면, 인과적 설명은 피설명항과 그에 대한 이유나 원인을 해명하는 설명항으로 이루어져 있으며 그 속에 근거(원인)가 주어져 있더라도 주장은 없다. 반면에 논증의 과정이 사고 속에서 이루어질 때 그것을 '추론'이라고 부른다. 따라서 추론이 언어로 드러난 것이 논증이라고 할 수 있다.

제2장
과학기술 글쓰기의 필요성과 특성

과학기술 글쓰기 역시 글을 통한 의사소통방식이라는 점에서 일반적 글쓰기의 특징을 가지겠지만 과학기술 글쓰기에서 특별히 고려해야 할 점도 있다. 이 장에서는 과학기술 글쓰기의 특성을 이해하기 위해 먼저 과학기술 글쓰기에 대한 요구가 증대되는 현실을 이해하고, 과학기술 글쓰기 교육이 강조되는 대학의 현실을 최근에 도입된 공학교육인증제와의 관계를 통해 살펴보고자 한다. 끝으로 과학기술 분야 글쓰기의 종류와 특성을 살펴보기로 한다.

2.1. 과학기술 글쓰기의 중요성

현대사회에서 원활한 의사소통능력은 어느 분야에서나 공히 요구되는 기본적인 능력이다. 그중에서도 특히 새로운 이론과 연구결과가 끊임없이 쏟아져 나오는 과학기술 분야에서 그 중요성은 더더욱 크다고 할 수 있다. 이는 과학기술 분야의 종사자들에게는 자신이 새롭게 발견했거나 증명하고자 하는 내용을 효과적으로 전달하고 타인이 전달하는 내용 역시 정확히 이해하는 일이 필수적일 뿐 아니라 더 자주 반복적으로 요구되고 있기 때문이다. 이러한 의사소통방식 중에서 가장 중요한 위치를 차지하고 있는 것이 글을 통한 의사소통이라는 점에서 과학기술 글쓰기의 중요성은 새삼 강조할 필요가 없을 것이다.

더욱이 과학기술 글쓰기는 단순히 자신의 전공 분야의 연구결과를 효과적으로 전달하는 하나의 의사소통수단을 넘어서 오늘날 과학기술 분야 종사자들의 핵심적인 활동영역이 되어버렸다. 실제로 과학기술자들을 대상으로 한 설문조사는 현장에서 활동하는 과학기술자들이 얼마나 많은 시간을 글쓰기 및 이와 연관된 활동에 보내고 있는지를 잘 보여준다(〈표 2-1〉 참조).

이 설문조사연구에 따르면, 거의 절반 이상의 응답자가 글쓰기 능력이 자신의 경력에서 중대한 영향을 미쳤다고 응답했다. 특히 소장급 중에서는 이렇게 응답한 사람이 71%에 이르렀다. 〈표 2-1〉에서 볼 수 있듯이, 일반 연구원의 경우 실제 업무 시간의 3분의 1 이상을 전문적인 글쓰기에 사용하고 있으며, 업무 중 전문적인 글쓰기와 관련된 비중은 상급자가 될수록 높아진다.

〈표 2-1〉 이공계 연구집단에서 업무 시간 중 전문적인 글쓰기에 할애하는 시간의 비중(%)

구분	글쓰기	읽기 및 편집	발표준비	합계
연구원	22	7	6	35
책임급 연구원	22	11	7	40
소장급	25	18	8	51
독립 컨설턴트	33	9	8	50

출처 : D. Bower, 1985, Technical Communication in Industrial R&D Groups : A questionnaire survey, MIT S. B. Thesis(J. G. Paradis and M. L. Zimmerman, 1997, *The MIT Guide to Science and Engineering Communication*, The MIT Press에서 재인용).

한번은 미국공업교육학회가 성공한 245명의 엔지니어들을 대상으로 부하직원의 진급평가에서 글쓰기와 말하기 능력을 얼마나 중요하게 여기는가에 관한 설문조사를 실시한 적이 있었다. 이 조사에 따르면, 자신의 업무에서 전문적인 문서를 작성하는 능력이 필수적이라고 답한 사람이 110명, 매우 중요하다고 답한 사람이 124명, 조금 중요하다거나 중요하지 않다고 답한 사람은 9명에 지나지 않았다. 또한 부하직원의 진급을 추천할 때 피추천인의 글쓰기 능력이 부족하다는 점이 의사결정에 영향을 주느냐는 질문에 대해서는, 필수적이라고 대답한 사람이 63명, 항상 중요하다고 답한 사람이 153명으로, 더러 도움이 된다거나 중요하지 않다고 대답한 26명에 비해 글쓰기 능력을 중시하는 대답이 압도적으로 많았다(Davis, 1997; Middendorf, 1980; 금동화, 2000).

이처럼 과학기술 분야 종사자들에게 글쓰기는 이제 단순히 의사소통의 수단을 넘어서 자신이 하는 일의 성공 여부를 결정하는 중요한 요소가 되었다. 과학기술은 객관적인 사실을 밝히고 자연의 진리를 찾아내는 노력이기 때문에 자신의 연구결과를 논문으로 작성하여 발표하는 과정은 부수적이라고 말하는 사람들도 있다. 그러나 과학기술 분야에서야말로 논문과 포스터 또는 프레젠테이션과 같은 의사전달(커뮤니케이션)의 문제가 매우 중요한 역할을 한다. 과학과 기술의 진보는 이와 같은 의사전달을 통해 이루어진다고 해도 지나치지 않다.

과학기술 분야에서 의사전달의 핵심은 '정확성'과 '설득력'이다. 독창적이고 참신한 발견이라도 이를 동료 전문가들에게 적절하게 설득하고 이해시키지 못한다면 과학기술자 공동체에서 제대로 사용될 수 없다. 다시 말해 과학의 진보에 역할을 할 수 없게 된다. 학술지에 싣는 논문이든 학술대회에서 발표하는 포스터나 슬라이드이든 간에 그 내용을 올바르게 전달할 수 있어야만 비로소 그 진가가 살아날 것이다.

전문적인 과학기술자는 과학기술 분야의 의사전달 규칙과 관행, 약속 등을 올바로 배워야 한다. 또한 과학기술 분야에서 지식의 진보는 상호 협동과 협조를 통해 이루어지기 때문에 공동연구와 협동이 매우 중요하다. 특히 거대과학의 시대에 공동으로 연구를 수행하는 일은 과학기술자에게 숙명이라고 할 수 있다.

2.2. 과학기술 글쓰기 교육과 공학교육인증제

과학기술 분야에서 글쓰기 능력이 중요시됨에 따라 최근 국내외 대학은 글쓰기 교육을 점차 강화하고 있는 추세이다. 특히 미국 대학에서는 최근 20여 년 동안 전문 분야에서의 글쓰기 교육을 점점 더 강화해오고 있는데, 그 대표적인 예로 매사추세츠공과대학(MIT)을 들 수 있다.

MIT는 20여 년 전 사회적으로 중요한 자리에 진출한 졸업생들의 의견을 반영하여 재학생을 대상으로 글쓰기 교육을 크게 강화했다. 졸업생들이 대학에서 배워야 할 가장 중요한 과목으로 글쓰기를 지목한 경우가 가장 많았기 때문이다. MIT는 대단히 혁신적인 프로그램을 운영하고 있으며, MIT의 글쓰기 교육은 사실상 대학 교양교육의 전부라고 할 수 있을 정도이다.

MIT의 글쓰기 교육은 CI-H와 CI-M의 두 단계로 이루어진다. 여기에서 CI란 '의사소통강화Communication Intensive'를 말하는데, 일반적인 교양과목 이수학점인 CI-H 이외에도 전공과목 중에서 CI가 인정되는 과목을 택하여 다시 전문적인 글쓰기 교육을 받는 것이 CI-M이다. 모든 1·2학년 학생들은 두 과목의 CI-H 학점을 이수해야 한다. CI-M의 경우는 대체로 3학년부터(몇몇 전공의 경우에는 2학년부터) 각 전공의 규정에 맞도록 전공과 글쓰기 과목을 연계하여 이루어진다. 이와 같은 상황은 비단 MIT에 국한되는 것은 아니라 미국의 대학들을 중심으로 광범위하게 이공계 글쓰기 교육이 강화되고 있다.

우리나라에서도 다양한 방식으로 대학의 글쓰기 교육을 강화하려는 움직임이 나타나고 있다. 국내 대학에서의 글쓰기 교육은 기존의 대학국어 중심의 작문 수업에서 점차 비판적 사고를 강조하는 학술적 글쓰기 교육과 이를 바탕으로 한 전공 영역별 글쓰기 교육을 옮겨가고 있다. 과학기술 관련 분야를 공부하는 이공계 학생들을 위한 전공 관련 글쓰기 교육으로서의 과학기술 글쓰기는 많은 국내 대학이 공학교육인증제를 도입하면서 더욱 활발하게 진행되고 있다. 이는 공학교육인증제가 요구하는 교육성과를 만족시키기 위해서 글쓰기 교육이 담당해야 하는 부분이 생각보다 많기 때문이다.

현재 우리나라에서 시행되고 있는 공학인증제도는 공학에서 비판적 사고 교육의 중요성을 강조하면서 시작된 미국의 공학교육인증 기준과 거의 일치한다. 이는 우리의 공학인증제도가 공학 관련 교육 수준에 대한 동등성을 보장하기 위한 국제협의체인 워싱턴어코드Washington Accord의 산물이기 때문이다. 일찍이 미국은 1983년에 공교육의 문제점을 지적한 연구보고서가 발간된 이래로 비판적 사고를 공교육에 본격적으로 도입하려는 노력을 기울였다. 이러한 시도는 대학의 공학교육 분야에도 마찬가지로 이루어졌다. 이미 1932년 이래로 공학도의 교육 프로그램을 시도해왔던 미국은 미국공학교육인증원ABET이 비판적 사고 교육의 중요성이 잘 반영된 공학교육인증 기준을 발표하고 나아가 미국, 영국, 호주, 캐나다, 뉴질랜드, 아일랜드와 같은 선진 6개국을 중심으로 공학교육인증 국제협의체인 워싱턴어코드를 결성함으로써 이 인증기준이 세계적인 표준의 역할을 하기 시작하였다.

우리나라 역시 1999년에 한국공학교육인증원ABEEK을 설립하고 2001년부터 국제적 기준을 적용한 공학교육인증을 시도했으며, 마침내 2007년 6월 20일에 미국 워싱턴에서 열린 제8차 IEM(International Engineering Meeting) 대회에서 워싱턴어코드에 정회원으로 가입하게 되었다.[1] 이로써 우리나라는 한국공학교육인증원이 인증한 프로그램 졸업생의 교육 수준이 국제적 표준이라는 의미뿐 아니라, 우리나라 졸업생이 회원국 모두에서 법적·사회적으로 회원국의 졸업생과 동등한 자격을 부여받을 수 있게 되었다.

한국공학교육인증원이 제시한 공학인증기준2005(KEC2005, 2006년 12월 22일 개정)에 따르면 공학교육인증을 받고자 하는 공학교육 프로그램은 4년 이상의 교육과정을 통해 공학사를 수여하는 과정으로 이루어져야 하며 다음의 기준들을 만족시켜야만 한다.

- 프로그램 교육목표
- 프로그램 학습성과 및 평가
- 교과영역
- 학생
- 교수진
- 교육환경
- 교육개선
- 전공 분야별 인증기준

이상의 여덟 가지 기준은 사실상 미국공학교육인증원이 제시한 인증기준(EC2000)을 따르고 있는데,[2] 이들 각각의 기준에 대해 한국공학교육인증

---

1. 2007년 6월까지 워싱턴어코드는 미국, 영국, 캐나다, 아일랜드, 호주, 뉴질랜드, 남아프리카공화국, 홍콩, 일본, 싱가포르 등의 10개의 정회원 국가와 말레이시아, 독일, 대만, 한국 4개의 준회원 국가로 이루어졌으나, 이번에 한국과 대만이 정회원으로 가입하고 러시아, 인도, 스리랑카가 준회원으로 가입함으로써 총 12개의 회원과 5개의 준회원으로 구성되기에 이르렀다(한국공학교육인증원 홈페이지 참조).
2. 미국공학교육인증원이 제시한 EC2000의 인증기준은 7개의 일반기준General Criteria과 전공별 프로그램 기준Program Criteria으로 나누어져 있다. 이 가운데 전공별 프로그램 기준이 한국공학교육인증원에서 제시한 '전공분야별 인증기준'에 해당하며 나머지는 약간의 차이를 빼고 거의 유사하다. 일반기준은 학생, 프로그램 교육목표, 프로그램의 학습성과와 평가, 교육요소, 교수진, 시설, 행정 및 재정 지원 등과 같다(진상윤, 2001: 53).

원은 이들 기준에 해당하는 요구사항을 구체적으로 제시하고 있다. 이 세부 기준들 가운데 공학교육인증제가 추구하는 교육과정의 내용을 가장 잘 보여주는 것은 '프로그램 학습성과 및 평가' 항목이다. 공학인증기준 2005(KEC2005)는 '프로그램 학습성과 및 평가'와 관련하여 다음과 같이 설명하고 있다.

> 학생이 졸업 시 갖추어야 할 능력과 자질은 다음 항목과 같으며, 학습성과별로 측정 가능한 구체적인 내용과 성취 수준이 설정되고 문서화된 절차로 평가되어 그 결과가 프로그램 개선에 반영되어야 한다. 또한 교육목표 달성을 위하여 필요하다면 자체적으로 정의한 학습성과를 추가할 수 있다.
>
> (1) 수학, 기초과학, 공학의 지식과 정보기술을 응용할 수 있는 능력
> (2) 자료를 이해하고 분석할 수 있는 능력 및 실험을 계획하고 수행할 수 있는 능력
> (3) 현실적 제한조건을 반영하여 시스템, 요소, 공정을 설계할 수 있는 능력
> (4) 공학 문제들을 인식하며, 이를 공식화하고 해결할 수 있는 능력
> (5) 공학 실무에 필요한 기술, 방법, 도구들을 사용할 수 있는 능력
> (6) 복합 학제적 팀의 한 구성원의 역할을 해낼 수 있는 능력
> (7) 효과적으로 의사를 전달할 수 있는 능력
> (8) 평생교육의 필요성에 대한 인식과 이에 능동적으로 참여할 수 있는 능력
> (9) 공학적 해결방안이 세계적·경제적·환경적·사회적 상황에 끼치는 영향을 이해할 수 있는 폭넓은 지식
> (10) 시사적 논점들에 대한 기본지식
> (11) 직업적 책임과 윤리적 책임에 대한 인식
> (12) 세계문화에 대한 이해와 국제적으로 협동할 수 있는 능력

이들 기준들 중에서 (7)~(12)까지의 6개 기준이 교양교육과 관련된 것으로서, 이는 공학교육인증제도 자체가 공학교육에서 교양교육의 비중을 얼마나 높게 요구하고 있는가를 잘 보여주는 것이라고 할 수 있다. 그런데 이들 교양교육 관련 기준들은 많은 부분 과학기술 글쓰기 교육을 통해

만족시킬 수가 있다. 첫 번째로 '효과적으로 의사를 전달할 수 있는 능력'이라는 기준은 글쓰기 교육을 통해 기본적으로 충족시킬 수 있는 교육내용이다. 두 번째로는 글쓰기 교육이 글감과 관련하여 특정한 내용과 관계있는 한 '공학적 해결방안이 세계적·경제적·환경적·사회적 상황에 끼치는 영향을 이해할 수 있는 폭넓은 지식'과 '시사적 논점들에 대한 기본지식'과 관련된 기준을 만족시킬 수 있을 것이다. 마지막으로 글쓰기 교육은 표절과 연구윤리에 대한 교육을 통해 '직업적 책임과 윤리적 책임에 대한 인식'을 제공해주는 데에도 일정 부분 기여할 수 있을 것이다.

2.3. 과학기술자가 써야 하는 글의 종류

과학기술 분야의 전공자가 주로 써야 하는 글에는 어떤 것들이 있을까? 몇 가지 중요한 예만 보더라도 학술논문, 포지션 페이퍼, 실험보고서, 연구계획서, 대중의 과학 이해를 돕는 글 등 다양하다. 이들 중 학부생들이 대학생활 중에 피해 갈 수 없는 것으로는 실험보고서와 학술논문이 있다. 이 중에서도 특히 학술논문을 작성하는 능력은 점점 더 중요해지는데, 대학원에 진학하거나 연구소에 취직하는 단계에서 연구능력에 대한 요구가 과거보다 더 증가하고 있기 때문에 석·박사 학위논문은 물론이고 학사학위논문도 점점 그 중요성이 커지고 있다. 실험보고서나 학위논문 등 학술활동에 기본이 되는 글을 잘 쓸 수 있는 능력은 전문적인 과학기술자가 된 뒤에도 여전히 중요하다. 학술대회에서 발표하는 논문이나 학술지에 게재하는 논문이 근본적으로 실험보고서나 학위논문과 같은 구조이기 때문이다.

또한 연구계획서의 중요성도 점점 커지고 있다. 오늘날 과학기술 분야의 연구는 모두 연구비를 지원하는 기관에 연구계획서를 제출하고 동료

심사를 통해 연구계획서가 승인된 후에야 연구계약이 이루어져 본격적으로 시작된다. 그뿐만 아니라 학위논문을 쓸 때나 연구소나 대학 등 새로운 직장을 얻고자 할 때에도 연구계획서가 중요하다. 게다가 연구소 등에서도 새로운 연구가 시작되는 출발점은 언제나 연구계획서 또는 제안서이므로 특히 젊은 과학기술자에게는 학술논문을 작성하는 능력 못지않게 연구계획서를 훌륭하게 쓰는 능력이 필요하다.

과학기술 글쓰기에서는 글의 목적과 독자를 반드시 고려해야 한다. 어려운 개념이나 전문적인 용어가 많이 등장하는 과학기술 글쓰기에서는 독자에 따라 이를 설명하는 방식을 달리해야 한다.

과학기술자는 전문적인 독자를 대상으로 하는 글 이외에도 비전문가인 일반 독자를 위해 자신의 전문 분야에서 다루어지는 주제를 상세하게 설명하는 글을 써야 하는 경우도 많다. 종종 과학기술자가 학술적인 논문만 잘 쓰면 된다고 생각하는 경우도 있지만, 점점 더 다양화되고 있는 현대의 과학기술에서는 자신의 연구 분야가 지니는 사회적 의의와 탐구의 가치를 설득하기 위해서라도 전문적인 내용을 비전문가가 알기 쉽게 설명하는 능력이 필요하다. 게다가 과학기술 분야 자체가 점점 더 세분화되고 있기 때문에 비슷한 분야나 관련 전공의 다른 동료들에게조차 전문적인 내용을 상세하고 친절하게 안내하는 글을 쓸 수 있는 능력이 중시되고 있다. 따라서 특정 주제에 대해 자신의 입장을 세우고 논변을 통해 설득하는 글을 쓰는 능력이나 타인의 글을 비판적으로 개괄할 수 있는 능력, 그리고 나아가 과학기술(공학)의 윤리적 맥락에 대한 의견을 제시하는 능력을 기르는 학술적인 글쓰기 훈련이 필요하다.

현대사회에서 과학기술 분야의 커뮤니케이션은 비단 문자로 작성된 글에 국한되지 않고 프레젠테이션을 위한 슬라이드나 그림, 표 등의 시각적인 자료나 컴퓨터에서 볼 수 있는 형태의 확장된 문서를 통해서도 이루어지고 있다. 따라서 젊은 과학기술자는 이와 같은 다양한 새로운 형식의 문서를 작성하는 능력도 차분히 키워나가야 한다.

2.4. 과학기술 글쓰기의 특성

모든 종류의 글쓰기는 글의 목적과 독자에 따라 고유한 성격을 갖는다. 일반적으로 볼 때 과학기술 글쓰기는 다른 종류의 글쓰기와는 구별되는 특성을 갖는다. 이는 과학기술 글쓰기가 수사적 미학과 구성의 치밀함, 그리고 인간사회의 절실한 반영 등을 추구하는 문학적 창작과는 분명 구별되는 독특성을 갖기 때문이다. 따라서 과학기술 글쓰기가 일반적으로 과학적 방법에 근거하고 있다는 고유한 성격을 고려할 때 다른 종류의 글쓰기에 비해 다음과 같은 점들에 특히 유의해야 한다.

첫 번째는 '분명함'이다. 분명함이란 개념이나 문장이 두 가지 이상의 뜻을 갖지 않고 하나의 뜻으로 이해될 수 있음을 말한다. 따라서 과학기술 글쓰기에서는 자신이 사용하는 개념이 지시하는 대상이나 사태가 어떤 것인지가 분명하여 독자가 이를 이해함에 혼란이 없어야 한다. 다시 말해 동일한 개념을 다르게 사용한다거나, 일반적인 개념과 달리 사용하면서도 그 의미를 설명하지 않는다든지 하는 것은 반드시 피해야 한다.

두 번째는 '명료성'이다. 명료성이란 단어나 문장의 뜻이 모호하게 해석되지 않도록 그 기준이 정확함을 말한다. 과학기술 글쓰기는 주로 전문적인 지식을 다루기 때문에 내용이 명료한 글을 쓸 것이 요구된다. 이것은 다른 영역의 글쓰기에서도 마찬가지이지만, 과학기술 글쓰기에서는 이 점이 특히 강조된다. 따라서 과학기술 글쓰기에 등장하는 용어에서는 가능한 한 '작다', '크다'와 같이 기준이 모호한 개념은 피하는 것이 좋다.

세 번째는 '정확성'이다. 정확성이란 사용하는 개념이나 단위가 객관적인 사실과 부합 가능함을 의미한다. 과학기술 글쓰기는 일반적으로 객관적인 자료나 데이터에 근거하는 경우가 많기 때문에 무엇보다도 자료의 정확성이 요구된다. 또한 글 속에 제시된 데이터가 실수로 잘못 기재되거나 정확한 객관적 사실과 일치하지 않는 것도 문제겠지만, 데이터를 측정하거나 기록하는 과정에서 의도적인 조작이 가해진다면 이는 심각한 문제가 될 수 있다. 과학적 방법에서 객관성이란 측정이나 실험을 통한 결과의 반복 가능성을 의미하는데, 글 속에 제시된 데이터나 측정결과가 동일한 실험이나 관찰을 통해 확인되지 않는다면 그 글은 더 이상 가치가 없기 때문이다.

네 번째는 '공정성'이다. 과학기술 글쓰기에 요구되는 또 하나의 중요한 자세는 불편부당한 태도이다. 자신의 입장이나 연구결과가 비록 객관적으로 증명 가능한 것이라 하더라도 이것이 상충하는 이론들 중 하나의 입장만을 대변하는 것이라면, 그리고 반대의 입장 역시 또 다른 실험이나 이론에 근거하여 입증할 수 있다면, 이러한 상황을 독자들이 이해할 수 있도록 가능한 공정하게 기술할 필요가 있다. 더 나아가 자신의 연구과정 자체에서 편파적인 출발과 방법을 동원하여 의도적으로 하나의 결론으로만 논의를 이끌어간다면 이는 더욱더 큰 문제가 될 수 있다. 과학기술 글쓰기는 기존의 연구결과에 의거하여 자신의 주장을 뒷받침할 때가 많은데, 이때 기존의 연구나 전문가의 주장을 정당하게 인용하거나 받아들이는 것이 올바른 논증의 방식이다. 그러나 전문가들 사이에서도 서로 상충하는 입장들이 존재한다면, 단순히 하나의 입장만을 지지하는 연구결과에 근거한 주장은 '잘못된 권위에의 호소'라는 논증상의 오류를 범하게 되는 것이다.

다섯 번째는 '체계성'이다. 대부분의 글들이 그러하겠지만, 특히 과학기술 글쓰기는 혼란스러운 구성으로 인해 독자의 이해에 방해가 되는 것을 피해야 한다. 과학적 방법에 근거한 글쓰기일수록 그 글의 진행과정이 논리적이고 체계적어야 함은 당연하다. 자신이 설명 또는 주장하려는 내용이 가장 효과적으로 전달되고 논리적으로 입증될 수 있도록 글의 체계를 구성해야 한다.

과학기술 글쓰기에서는 이상과 같은 특성 외에도 일반적 글쓰기에서 요구되는 기본적 요소도 늘 염두에 두어야 한다. 특히 글의 목적과 그 글을 읽는 독자가 누구인지를 반드시 고려해야 한다. 글쓰기의 일차적 목적이 특정 정보를 제공하거나 자신의 생각을 전달하는 데 있기 때문이다. 특히 어려운 개념이나 전문적인 용어가 많이 등장하는 과학기술 글쓰기에서는 독자에 따라 이를 설명하는 방식이 달라져야 한다. 동일한 이론이나 생각도 이를 전문가 집단에게 전달하느냐, 혹은 일반 대중이나 어린 학생들에게 설명하느냐에 따라 분명 다르게 전달되어야 할 것이다. 이처럼 독자를 고려한 글쓰기를 한다는 것은 가능한 한 이해하기 쉽게 글을 쓰려고 노력하는 것이다.

연습문제

1 과학기술 분야의 글에는 어떤 것이 있는지 알아보자.

2 국내외의 대학에서 이루어지고 있는 전문적인 글쓰기에 대해 인터넷 등을 이용해 알아보자.

3 실험보고서나 학술논문을 하나 택하여 그 글이 과학기술 글쓰기의 특성과 관련하여 어떤 문제점이 있는지 찾아보자.

용어설명 〉〉〉

- **분명함** clarity
- **명료함** precision
- **정확함** accuracy

'분명함'은 애매성ambiguity의 반대 의미로서, 개념이나 문장이 두 가지 이상의 뜻을 갖지 않고 하나의 뜻으로 이해될 수 있음을 뜻한다. '명료함'은 모호성vagueness의 반대 뜻으로 단어나 문장의 뜻이 모호하게 해석되지 않도록 기준이 명확할 때 얻어진다. '정확함'은 개념이나 자료가 객관적 사실과 부합함을 의미한다.

제3장 글쓰기의 윤리

분야를 막론하고 글을 쓰는 것은 매우 고통스럽고 힘든 일이다. 과학기술 분야는 독창성이 특히 강조되기 때문에 새로운 글을 쓰는 것이 더욱 어렵다. 적지 않은 저자들이 이러한 어려움을 피하기 위해 남의 글을 자신의 글로 만들어버리곤 한다. 그러나 이렇게 다른 사람의 글을 표절하는 것은 윤리적으로나 법적으로 절대로 용납되지 않는 일이다. 의도적으로 남의 글이나 생각을 도용하는 것은 당연히 표절에 들어가지만, 또 많은 사람들이 표절의 한계를 잘 모르고 있어서 의도하지 않은 상태에서 표절을 하기도 한다.

독창적이고 참신한 생각을 제시하기란 누구에게나 쉽지 않은 일이며, 많은 노력과 시간이 필요하고 때로는 행운도 따라야 한다. 하지만 독창적이거나 새로운 생각을 생성하는 것이 그렇게 어렵기만 한 것은 아니다. 독창성과 참신성은 그 기준에 따라서 달라지기 때문이다. 예를 들어, 기존의 이론을 완전히 바꿀 만한 생각이면 그것을 발견하기란 쉽지 않겠지만, 기존의 이론을 더 세련되게 만드는 데 기여하는 생각이면 그렇게 어렵지 않을 수도 있다. 그리고 이런 작은 기여를 위한 노력이 축적되면 그런 놀라운 생각이 나올 수도 있다.

표절의 원인들 중의 하나는 이런 독창적이고 참신한 생각에 대해 가지는 막연한 공포감이다. 학생들은 그런 생각을 위해 노력할 기회가 많지 않았고 그런 생각을 하는 태도에도 익숙하지 않기 때문에 관련된 책이나 논문의 내용을 정리하고 짜깁기하여 자신의 것으로 제시하고 싶은 유혹에 빠지기 쉽다. 부실한 시간 관리도 표절의 원인이다. 보고서 과제가 주어질 때 적절한 계획을 세우지 않고 시간에 쫓기는 상황이 되면 다급한 마음이 잘못된 선택을 이끌기 쉽다.

학생들의 이런 태도도 문제이지만 더 근본적인 원인은 그런 태도를 조성한 교육 환경이다. 수업 내용을 이해하고 단순히 암기하는 데 치중한 교육의 방법과 평가는 학생들이 자기만의 참신한 생각을 만드는 데 큰 도움이 될 수 없다. 구체적인 안내 없이 보고서를 작성하게 하는 교수방법이나 내용을 정리하고 짜깁기만 해도 충분히 과정을 마칠 수 있는 평가방법은 독창적인 사고를 하는 데 큰 장애이다. 또한 충분히 평가되어 평가자의 의견이 담긴 과제를 학생들이 돌려받을 수 없는 것도 큰 문제이다. 자신의 생각을 생성할 수 있는 능력을 계발하지 못한 학생들은 부족한 부분을 채우기 위해 표절이라는 쉬운 방법을 택하게 되는 것이다.

이 장에서는 표절이 무엇이고 왜 문제가 되는지 확인한 후, 표절의 구체적인 사례를 검토하여 표절에 대한 정확한 이해를 도모하겠다. 이 장의 끝에는 부록으로 연구과정에서 발생하는 비윤리적인 연구활동의 유형들을 소개한다. 표절을 피하는 가장 좋은 방법은 올바른 인용이다. 제III부 제8장에서 올바른 인용방법 등 출전표기 및 참고문헌 작성방법을 소개하겠다.

3.1. 표절의 정의와 원인

연구결과는 연구자의 생각과 실험내용이 담긴 결과이지만 다른 사람의 생각이나 결과도 포함한다. 연구자는 다른 사람의 생각이나 결과를 자신의 결과에서 어떤 방식으로든 인정해야 하며, 이를 인정하지 않을 때 표절이 된다. 또한 다른 사람의 생각이나 결과를 자신의 생각이나 결과로 제시하거나, 그 둘 간의 구분을 모호하게 만드는 것도 표절이다. 일반적으로 연구와 교육에서 표절을 다음과 같이 정의할 수 있다.

> 표절은 상식 등 일반적인 수준의 지식이 아닌, 다른 사람의 고유한 말이나 생각을 출처를 밝히지 않고 사용하는 것이다.

표절은 부주의하거나 잘못된 방식으로 이루어진 인용과 구분될 수 있다. 인용 방법과 형식이 잘못되면 표절이 아니라 자료를 잘못 이용한 것으로 볼 수 있다.[3]

표절의 대상은 다양하다. 표절은 인쇄 및 온라인으로 출판된 다른 사람의 생각이나 말과 글뿐 아니라 (출판되지 않은) 필사본 그리고 다른 학생의 독창적인 생각이나 말과 글에도 적용된다. 다른 사람의 고유한 생각, 방법, 연구, 미술작품, 그래픽, 컴퓨터 프로그램, 음악과 다른 여러 창작물로 제시된 표현 등을 포함한다. 표, 그림, 그래프, 조사자료, 웹사이트, 통신매체를 이용한 기록도 포함한다.[4] 말이나 글에서 표절의 대상은 문장,

---

3. 표절의 경계를 정하기는 어렵다. 잘못된 인용도 표절로 규정하는 견해가 있다. 표절을 의도하지 않았거나 표절된 내용인지 모르는 상황 등도 표절의 경계를 모호하게 만든다. 무지가 표절에 대한 책임을 면하게 할 수 없다는 견해가 있지만 이 역시 논란의 여지가 있다.
4. 표절의 대상은 출판물과 비출판물로 구분할 수 있다. 출판물은 책, 잡지, 신문, 웹사이트, 연극, 영화, 사진, 그림 등이다. 비출판물은 강의, 노트, 수업시간에 배포된 자료, 연설, 다른 학생의 글, 연구 서비스에서 제공한 자료 등이다.

절, 특정 개념으로 구분될 수 있고 일부 창작물에서는 표현의 내용과 형식으로 구분될 수 있다. 학교 교육과정에서 빈번히 이루어지는 표절의 사례에는 어떤 것이 있는지 살펴보면 다음과 같다.

- 다른 학생의 보고서나 논문 등을 자기의 것으로 제출한다.
- 상품으로 판매되는 보고서나 논문 등을 구입하여 제출한다.
- 출처를 밝히지 않고 다른 글의 일부나 전체를 자신의 글에 붙인다.
- 출처를 밝히지 않고 핵심이 되는 구나 절을 자신의 글에 붙인다.
- 출처를 밝히지 않고 다른 사람의 특징 생각을 자신의 글에 (자신의 생각인 것처럼) 제시한다.

인용부호나 이름 또는 쪽수를 실수로 생략하거나 다른 사람의 글을 풀어서 다시 제시했지만 여전히 처음 글의 내용들이 그대로 남아 있을 수 있다. 이런 사례를 표절로 판단하기 어렵지만 그런 사례가 반복되면 표절 행위로 판단할 수 있다.

3.2. 표절이 문제인 이유와 출전표기의 장점

표절은 다음과 같은 이유로 윤리적·법적으로 문제가 된다.

- 다른 사람의 자산을 허가 없이 사용하는 것은 자산의 소유자가 가진 자유와 권리를 침해하는 것이다. 같은 맥락에서 고유한 생각을 담은 창작물 등 지적 재산intellectual property의 소유권을 침해할 수 없다.[5]

---

5. 정보를 임의로 위조하거나 변조하는 것은 표절이 아니지만 윤리적·사법적인 문제가 된다. 저작권 등 지적 재산권을 침해하는 것과 표절의 관계를 검토할 필요가 있다. 출처

· 불공정한 행위이다. 다른 사람의 생각을 어떤 노력도 없이 자신의 이익으로 만들었기 때문에 일종의 무임승차이다.
· 다른 사람의 생각을 오해하거나 왜곡할 수 있다.
· 표절로 가득 찬 연구는 그 분야의 연구기반을 붕괴시켜 더 이상의 연구를 진행시킬 수 없게 만든다.
· 자기 존엄성을 훼손한다.
· 자신의 연구를 발전시킬 수 있는 조언이나 제안을 얻을 수 없다.

출처를 밝히는 것은 연구논문 등 학술적인 글을 쓰는 데 다음과 같은 도움을 준다.

· 출처를 밝혀 자신의 연구범위와 한계를 설정할 수 있다.
· 자신이 읽고 참고한 자료의 범위를 명시하여 연구의 신뢰성을 높일 수 있다.
· 전달하는 정보를 신뢰하게 만든다.
· 후속 연구를 위한 기반이 된다. 다른 연구자들이 그들의 연구를 위해 관련 출처를 검토하는 데 도움을 준다.
· 자신의 글을 적절한 맥락에 위치시킨다. 출처의 내용은 다양한 관심과 관점을 가지므로 출처의 성격을 밝힐 필요가 있다. 예를 들어, 출처가 일방적인 관점을 가졌거나 다소 확신이 떨어지면 그 사실을 처음에 밝혀야 한다. 이와 같이 출처를 해명하면 자신의 글의 범위와 관련 맥락을 결정하는 역할을 한다.

를 밝히지만 그 출처를 영리를 위한 목적으로 사용하면 지적 재산권을 침해한 것이다. 그러나 비평, 논평, 뉴스 보도, 학교 교육, 연구를 위한 목적으로 사용하면 지적 재산권을 침해한 것이 아니다. 출처를 밝히면 그것으로 충분하다.

3.3. 표절의 사례들

표절은 표절되는 내용의 범위와 방식에 따라서 몇 가지로 구분할 수 있다. 표절의 여러 사례를 보는 것은 표절의 여러 유형을 이해하는 데 도움이 된다. 우선, 일반적으로 학생들이 자주 범하는 표절의 사례를 살펴본 다음, 이공계에서 자주 발생하는 표절의 사례를 소개하겠다.

3.3.1 일반적인 표절의 사례

아래의 원문을 학생들이 보고서 등 학술적인 글에서 부적절한 방식으로 이용한 사례를 살펴보자.

[원문]

나는 카오스와 관련된 이 모든 것들이 우리가 우주를 생각하는 방식에 있어 진정 혁명적인 생각으로 귀결된다고 믿는다. 하나의 체계를 주관하는 간단한 법칙이나 방정식을 안다고 해서 그 현상의 모든 것을 예측하기에는 충분치 않다. 현상은 반대로 과도하게 복잡한 모양이나 현상들, 복잡한 원인으로부터가 아니라 매우 단순한 몇몇 알고리즘의 카오스적인 작용에 의해 나타나기도 한다. 결과적으로 카오스의 수학은 우리 주변 세상의 구조에 대한 새롭고도 깊은 통찰력을 제공한다. 동시에 어째서 추상적인 수학이 이 세상을 설명하는 데 있어 그렇게 믿기 어려울 정도로 효과적인가 하는 오랜 질문을 던지고 있는 것이다.

출처 : 존 캐리, 2004, 프랙탈과 카오스 - 폴데이비스, 지식의 원전, 이광렬 외 역, 바다출판사, 792쪽.

사례 1

몇 개의 어휘만 바꾸어 원문 전체 내용을 그대로 옮긴다.

해설 : 가장 극단적인 수준의 표절이다. 인터넷이 발달하면서 이런 표절이 더욱 쉽고 편하게 이루어질 수 있다. 같은 수업을 듣기니 이미 같은 수업을 들은 친구의 보고시를 이런 방식으로 표절하는 일이 가끔 발생한다. 이런 표절은 범죄 행위 수준이라고 할 수 있다.

사례 2

[축약을 통한 표절] 다른 사람의 생각을 가져온다.

카오스의 모든 현상들은 우주를 생각하는 데 혁명적인 생각임에 틀림없다. 수학이나 물리학의 법칙으로 이 현상을 예측할 수 없다. 반면에 매우 복잡한 현상이나 알고리즘의 혼돈작용에 의해 나타날 수 있다. 결국, 혼돈에 관한 수학은 이 세계에 대한 깊은 의미를 전달하고 동시에 추상적인 수학의 놀라운 효과가 어디에서 유래하는지를 계속 묻는 것이다.

해설 : 이 지문은 원전의 내용을 축약과 말 바꾸기를 이용하여 다시 서술하였고 출처를 밝히지도 않았다.

사례 3

[문장 일부를 그대로 사용하는 표절] 부적절하게 풀어쓰고 출처를 밝히지 않거나 모호하게 제시한다.

혼돈 현상은 우주에 관한 두 가지 충돌하는 해석을 준다. 첫째, <u>하나의 체계를 주관하는 간단한 법칙이나 방정식</u>으로 <u>그 현상의 모든 것을 예측하기에는 충분치 않다.</u> 둘째, <u>과도하게 복잡한 모양이나 현상들과 그렇게 복잡한 원인으로부터가 아니라 매우 단순한 몇몇 알고리즘의 카오스적인 작용</u>으로 나타난다.

해설 : 밑줄 친 부분은 원전의 내용과 동일하며, 출처를 밝히지 않고 그대로 이용하였다. 원문을

있는 그대로 또는 거의 그대로 베끼는 것이 의도적인 표절인 것은 쉽게 알 수 있지만, 다른 사람의 글을 자기도 모르게 가져오는 경우도 분명히 표절이다. 이와 같은 표절을 피하기 위해서는 정확히 어디서부터 어디까지가 다른 사람의 말이고 필자 자신의 생각은 무엇인지를 분명히 하는 것이 중요하다. 또한 어떤 식으로든 다른 사람의 글을 그대로 반복하기보다는 그 글을 확실하게 이해하고 곱씹어서 자기 나름의 언어로 다시 서술할 수 있는 능력을 키워야 한다. 표절을 피하면서 다른 사람의 글을 정확히 인용하는 법에 대해서는 제8장에서 상세하게 다룰 것이다.

사례 4

기존 연구를 정리하였지만 기존 연구의 내용을 옮긴 것인지 자신이 이해하여 전달한 것인지 분명하지 않다.

정의는 오랜 역사를 가진 개념으로 아리스토텔레스의 전통적 정의론이 그 출발점으로서 평등과 자유의 상호보완을 통해 사회정의를 실현하려 한다. 사회적 정의는 개인의 행동과 덕성보다는 사회의 구조와 정책에 관련이 있다. 그리고 일반적으로 사회적 이익과 부담의 분배를 포함하여 분배적 정의라 불리며 한정적인 의미의 경제적 정의와 동일한 개념으로 사용한다. 정의는 사회의 구조가 어떠해야 하는가의 논의에 있어서 가장 기본적인 개념이다. 모든 사회는 유지되어야 할 구조를 필요로 하며 그 구조에 관한 반성적 개념이 필요하다. 정의는 사회적 기본가치 개념으로서 한 사회를 결속시키는 것이다.

해설 : 이 글의 필자는 롤즈J. Rawls의 『정의론A Theory of Justice』을 소개하기 위해 정의의 개념을 설명한다. 정의의 개념에 대한 조사와 분석의 결과를 담은 내용이지만 필자가 분석한 결과인지, 다른 해설서의 일부 내용을 그대로 전달한 것인지 분명하지 않다. 위 글을 꼼꼼히 읽으면 다른 해설서의 내용을 그대로 전달한 것을 알 수 있다. 밑줄 친 부분의 개념들은 필자가 다른 책이나 논문에서 가져온 핵심개념으로 구체적인 해설이 필요하다. 이들 개념을 필자 자신이 이해한 내용으로 설명하지 않고 출처도 정확히 밝히지 않았다. 이처럼 '사회적 정의', '구조', '반성적 개념' 등 추상적인 개념을 나열하는 방식은 표절로부터 자유로울 수 없다. 올바른 간접인용의 방법(제8장)이 도움을 줄 수 있다.

3.3.2. 이공계 실험보고서와 논문에서 자주 발생하는 표절의 사례

1) 다른 연구자의 자료를 출처를 밝히지 않고 사용한다.

형식이나 내용의 출처를 정확히 밝히지 않고 표, 그림, 슬라이드 등을 이용하면 표절이다. 예를 들어, 다른 논문에 있는 그래프를 자신의 논문에 그대로 옮기면서 그 그래프가 자신의 것인지 다른 논문에서 가져온 것인지 분명히 밝히지 않으면 표절의 의심을 받을 수 있다.

2) 다른 사람의 문제풀이 과정을 자신의 것으로 만든다.

학부 학생들이 문제로 주어진 과제를 해결하는 과정에서 일방적으로 다른 학생의 풀이과정을 그대로 옮겨서 제출하면 표절이다. 다른 학생과 협력하여 문제를 해결해야 하는 과제는 예외이지만 자신이 어떤 내용에 대해서 어떤 기여를 했는지 밝혀야 한다.

3) 다른 학생의 실험보고서를 참고하여 자신의 실험보고서를 작성한다.

실험보고서는 자신이 직접 실험하여 얻은 결과를 토대로 작성해야 한다. 예를 들어, 실험에 참여하지 않은 채 같은 그룹의 다른 학생이 얻은 결과를 바탕으로 보고서를 작성하면 일종의 표절이다. 또한 실험보고서를 작성하는 과정에서 이미 소개된 일반적인 표절과 바로 앞서 소개된 표절이 발생할 수 있다.

4) 이미 제출한 보고서나 논문의 내용을 다른 수업이나 학술지에 다시 제출한다.

이전 학기에 제출한 보고서의 전체 또는 일부 내용을 다른 학기에 다시 제출하면 표절이다. 이미 게재된 논문의 제목을 바꾸어 그대로 다른 학술지에 게재하거나 핵심 아이디어(또는 핵심 가설과 결론, 실험방법)는 그대로 유지하면서 내용과 형식의 일부를 바꾸어 다른 학술지에 게재하는 것도 자기 표절이다. 이런 표절은 관련 분야의 발전을 막을 뿐 아니라 독창적인 다른 논문이 투고될 수 있는 기회를 빼앗는 행위다.

부록 1. 미국 노스캐롤라이나대학교(UNC-Charlotte)의 사례

- **제출한 과제를 학생 자신이 작성했다는 사실을 확인하고 표절 방지 프로그램의 테스트를 허락하는 서약서**

제한된 저작권을 소유 그리고 FERPA(학사규정)에 속하는 것을 승인

학생명 : ______________________

강좌명 : ______________________

학기 : ______________________

교수자명 : ______________________

1. 나는 위 강좌에서 주어진 글쓰기 과제의 원 작성자이며 소유자라는 사실을 확인합니다.
2. 나는 나의 과제에 대한 저작권을 전적으로 소유합니다.
(규정 – http://www.legal.uncc.edu/policies/PS-113.html 참고)
3. 나는 과제가 FERPA(학사규정 – http://www.legal.uncc.edu/policies/ps-69.html) 아래서 내 학사기록의 일부로 인정되는 것을 이해합니다.
4. 나는 학생의 학문적 진실성 규정을 지키려는 노스캐롤라이나대학교(UNC-Charlotte)를 돕기 위해, 나의 과제가 표절을 발견하기 위한 목적만으로 표절 적발 프로그램인 Trunitin.com에 공개되는 것을 허락하고 이에 동의합니다. 나는 Trunitin.com이 이 목적 이외의 다른 어떤 목적으로 과제를 복사, 이용, 전달, 공개하지 않는 것으로 이해합니다.
5. 내가 수용한 허락의 범위와 승인은 나 자신이 철회하여 나의 교수자에게

전달될 때까지 유효하지만, 이런 허락에 준하여 노스캐롤라이나대학교(UNC-Charlotte)가 이전에 과제를 공개한 것과 이처럼 문서로 규정한 철회에 앞서 이루어진 승인에 영향을 주지 않을 것입니다.

학생의 서명 ____________________

날짜 ____________________

이 승인에 따라 나의 학사기록은 기밀에 관한 주와 연방의 법과 규정에 준하여 공개됩니다. 이 규정과 법은 서식으로 구체화된 나의 승인이나 다른 규정에 의해 허용되는 승인 없이 이 기록의 공개를 금합니다.

부록 2. 미국 프린스턴대학교의 학사규정

학술적 저술의 출전표기에 관한 기본규정

• **기본원칙**: 출처를 명시해야 할지의 여부가 분명하지 않다면 인용을 하는 편이 더 낫다. 인용을 하는 가운데 저지르는 실수가 그렇지 않은 것보다 낫다.

• **인용**: 출처의 내용이 사소해도 인용부호와 적절한 들여쓰기 등을 이용해 그 내용이 제시되어야 한다. 저자, 제목, 출판장소와 날짜, 쪽수를 명시해야 한다. 어떤 문장이나 절이든지 학생 자신의 것이 아니라면 출처를 명시해야 한다.

• **풀어쓰기**: 풀어쓰기나 요약의 출처는 주석이나 본문에 명시해야 한다. 저자의 원문을 완전히 다른 말로 표현하거나 재배치한다고 해서 이 책임으로부터 자유로울 수 없다. 가끔 학생들은 글을 쓰기 이미 오래전에 그 출처의 내용을 읽었기 때문에 그 아이디어나 절의 일부를 아무 생각 없이 그대로 제시했다고 주장하지만 그것은 합당한 답변이 아니다. 학생은 항상 적절한 표시를 해야 할 책임이 있고 이용한 출처를 반드시 밝혀야 한다.

• **아이디어와 사실**: 다른 곳에서 가져온 아이디어나 사실은 주석이나 본문에 구체적으로 명시해야 한다. 그 아이디어나 사실이 그 학생에 의해 윤색되어도 그렇게 해야 한다. 널리 알려지거나 일반적으로 수용된 생각, 사실, 공식, 정보가 항상 인용을 요구하는 것은 아니다. 일반적인 지식을 판단하는 기준은 분야마다 다르다. 일반적인 지식인지 확실하지 않으면 담당 선생님과 상의한다. 학생들은 논문을 쓸 때 가끔 다른 학생의 논문이나 일부 내용을 참고한다. 이때 그 학생의 이름과 소속이 제시되어야 하고 필요하면 선생님과 상의해야 한다.

• **주와 참고문헌**: 보고서나 논문을 준비할 때 참고한 모든 출처는, 인용한 출처만 포함시키라는 특별 지시가 없는 한, 모두 참고문헌으로 제시되어야 한다. 그러나 참고문헌에 출처를 나열하는 것만으로 출처를 적절히 확인했다고

말할 수 없다. 각주나 미주는 인용된 글이나 정보 바로 다음에 명시되어야 한다. 인용한 문장이나 절을 약간이라도 바꾸었다면 출처의 내용에 저자가 어느 정도 의존하였는지 분명히 제시해야 한다.

• **전자 출처**: 인터넷, CD, 전자우편 등으로 제시된 출처도 확인해야 한다. 예를 들어, 웹사이트의 주소, 저자의 이름, 사이트의 저자, 그 사이트에 접근한 날짜가 제시되어야 한다. 인용방법을 선생님과 상의한다.

• **실험실 작업, 컴퓨터 프로그램, 과제**: 실험실의 작업이나 컴퓨터 수업에서 공동작업으로 보고서를 제출할 때 자신이 기여한 범위를 확인해야 한다. 과거에 수행되거나 제출된 보고서의 일부를 수정된 형태로 제출할 때 원본과 함께 제출해야 한다. 과거의 보고서로부터 발전된 보고서가 작성되었다면 그 사실을 보고서의 첫 부분에 명시해야 한다.

• **구두 보고서**: 구두 보고를 위한 글을 제출하는 학생도 위 규정에 따라 출처를 명시해야 한다.

• **인용의 표준형식들**(MLA, APA, Chicago Manual 등)을 따른다.

• **학술작업에서 이루어진 잘못된 행위에 대한 정의**: 표절, 허락 없이 보고서를 반복해서 제출하는 행위, 잘못된 인용, 잘못된 데이터를 사용하는 경우이다.

위 규정들을 위반하여 문제가 된 경우에 책임을 면할 수 있는 유일한 길은, 문제의 행위가 어떤 규정도 위반하지 않는 경우뿐이다. 그 규정을 모르거나 위반 당시에 어떤 심리적 압박에 시달렸다는 답변은 받아들여질 수 없다.

어떤 규정을 위반하든지 심각한 문제이지만 다음의 경우는 더욱 심각하다.

1) 다른 사람이나 기관이 만든 보고서를 제출했다.
2) 과거에 그런 위반을 한 사례가 있다.
3) 다른 학생의 것을 도용했다. 이후 주인에게 반환되어도 예외가 될 수 없다.

이런 심각한 경우에 1년 정학이나 자퇴를 통보받는다. 앞서 소개한 규정들을 위반한 경우 이 정도 수준의 징계는 아니지만 어떤 방식으로든 징계를 받는다.

부록 3. 관련 웹사이트

1. 표절에 관한 웹사이트

- http://www.web-miner.com/plagiarism (표절에 관한 매우 많은 웹사이트를 소개)
- http://www.cln.org/themes/plagiarism.html (표절에 관한 많은 웹사이트를 소개)
- http://www.plagiarism.com/ (표절을 발견하고 예방하는 강좌에 관한 소개)
- http://www.ncusd203.org/central/html/where/plagiarism_stoppers.html (교수자를 위한 웹사이트)
- http://www.virtualsalt.com/antiplag.htm (연구논문 쓸 때 표절을 막는 방법)
- http://www.wpacouncil.org/ (Council of Writing Program Administrators)

2. 표절에 관한 소개와 표절을 막는 방법을 소개한 미국 대학교의 웹사이트

- http://owl.english.purdue.edu/owl/resource/589/01/ (퍼듀대학교 글쓰기센터)
- http://www.northwestern.edu/uacc/plagiar.html (노스웨스턴대학교 글쓰기센터)
- http://www.indiana.edu/~wts/pamphlets/plagiarism.shtml(인디애나대학교 글쓰기센터)
- http://www.unc.edu/depts/wcweb/handouts/plagiarism.html(노스캐롤라이나대학교)
- http://www.wisc.edu/writing/Handbook/index.html(위스콘신대학교 글쓰기센터)
- http://www.princeton.edu/pr/pub/rrr/06/57.htm(프린스턴대학교의 표절에 관한 규정)

부록 4. 비윤리적인 연구행위

비윤리적인 연구행위는 위조fabrication, 변조falsification, 표절plagiarism로 구분된다. 위조와 변조는 실험 등 실제 연구과정에서 발생하는 비윤리적인 연구행위이고, 표절은 연구결과를 전달하는 과정에서 발생하는 비윤리적인 연구행위이다. 비윤리적인 연구행위는 다음과 같이 정의될 수 있다.

- **위조** fabrication : 실제로 존재하지 않는 데이터를 만들거나 연구결과를 허위로 만들어 기록하거나 보고하는 것이다.
- **변조** falsification : 연구에 사용된 재료와 장비뿐 아니라 연구과정 등을 조작하여 데이터나 연구결과의 내용을 바꾸거나 삭제하여 실제 사실과 일치하지 않는 결과를 만드는 것이다.
- **표절** plagiarism : 다른 사람의 고유한 생각이나 실험 내용 및 결과를 그것의 출처를 밝히지 않고 사용하는 것이다.

비윤리적인 연구행위는 데이터를 수집하는 과정, 데이터를 처리하는 과정, 연구결과를 제시하는 과정에 모두 해당된다. 우선, 각 단계에서 비윤리적 연구행위가 무엇이며 그런 행위가 왜 허용될 수 없는지 설명하고, 연구결과를 제시하는 과정에서 자주 발생하는 표절의 원인이 무엇인지, 그것이 어떤 결과를 초래하는지 설명하겠다.

1. 비윤리적 연구행위의 유형

1) 데이터를 모으는 과정

실험 데이터와 그것을 모으는 과정과 방법은 다양하다. 양질의 실험 데이터를 모으는 것은 매우 중요하다. 예를 들어, 기상을 예보하는 데 슈퍼컴퓨터의 연산 능력은 중요하다. 그러나 수집된 실험 데이터에 문제가 있으면 슈퍼컴퓨터는 신뢰하기 어려운 예측을 할 가능성이 매우 높다. 일반적으로 과학자들은 핵심가설과 데이터가 일치하지 않을 때 일반적으로 가설을 수정하기보다는 데이터를 먼저 검사한다. 핵심가설을 수정하는 것은 모든 과정을 다시 시작해야 하는 부담이 있다. 따라서 연구자들은 연구 초기에 가설에 부합하는 데이터를 수집하기 위한 노력을 한다. 그 노력이 과도한 집착으로 바뀌면 다음과 같이 부적절한 방식으로 데이터를 수집하는 유혹에 빠지기 쉽다.

• **변인을 적절히 통제하지 않고 데이터를 모으기**

실험에서 결과에 영향을 주는 모든 변인을 알 수 없으므로 모든 변인을 통제하기는 어렵다. 실험자가 실수로 발견하지 못한 변인이 잘못된 실험의 결과를 가져올 수 있다. 이런 결과로 실험자를 비판할 수 없다. 그러나 그런 실수가 반복되면 그 실험자는 실험을 의도적으로 조작한다는 의심을 받을 수 있다.

• **제3자가 지적한 통제 변인을 생략하기**

실험계획이나 가설에 친숙하지 않은 제3자는 특별한 선입견 없이 실험결과에 영향을 줄 잠재적인 통제 변인을 지적할 수 있다. 실험자는 그런 가능성을 잘 알지만 현재 실험의 결과를 보존하기 위해 그런 지적을 무시할 수 있다. 이런 행위 역시 실험을 의도적으로 조작하는 잘못된 행위이다.

• **부적절한 샘플 크기를 사용하기**

어떤 연구의 결과가 상대하는 샘플의 크기가 너무 작아서 그 결과를 신뢰하기 어려울 수 있다. 연구자가 이 문제를 알지 못했다 해도 책임에서 완전히 자유로울 수는 없다. 특히 이런 실험이 반복되면 그 책임은 더욱 무겁다. 물론 문제를 이미 알았다면 이는 실험을 조작한 잘못된 행위이다.

• **원하는 관찰 내용만을 선택하기**

실험자는 실험의 모든 결과를 보고해야 할 의무가 있다. 가설을 긍정하는 결과만을 선택하거나 보고하는 것은 잘못된 행위이다.

• **일정 기간 동안 보존이 필요한 데이터의 손실**

연구자는 일정 기간 동안 원 데이터를 보존할 의무가 있다. 예를 들어, 미국의 NIH(National Institutes of Health)는 연구자가 논문 발표부터 최소한 3년 동안 원 데이터를 보존할 것을 요구한다.

2) 데이터 처리과정

수집한 데이터를 분석할 때 데이터의 내용이 처음 예측과 일치하지 않을 가능성은 충분히 있다. 분석한 데이터의 내용이 최소한 예측을 반박하지는 않지만 예측을 입증하기에 약할 수 있다. 이런 상황에서 통계 수치의 일부를 수정하는 등 부적절한 방식으로 데이터를 처리하려는 유혹에 빠지기 쉽다.

• **데이터 수정하기**

삭제나 수정 등으로 데이터를 가설에 맞게 변화시키는 것은 비윤리적인 행위다. 모든 실험에서 데이터는 처음에 수집된 상태 그대로 이용되어야 한다.

• **데이터 만들기**

연구자는 가설을 뒷받침하려고 데이터를 가공하려는 유혹에 빠지기 쉽다. 가공의 정도가 어느 정도인지 상관없이 이런 행위는 허용될 수 없다.

• **부적절한 통계시험 하기**

연구목적에 따라서 다양한 통계시험을 이용한다. 그러나 목적과 통계시험이 맞지 않으면 그것은 부적절한 방식으로 시험이 이루어진 것이다. 예를 들어, 어떤 통계시험은 선형으로 나타나는 데이터의 상관관계의 계수를 결정하는 데 사용된다. 그러나 이 시험을 사용하려는 데이터의 관계가 선형이 아니면 그 시험은 의미가 없고 그 시험을 이용한 결과가 가설을 입증해도 수용될 수 없다.

3) 결과를 제시하는 과정

실험 등 연구의 최종결과는 실험보고서과 논문 등 학술적인 글의 형식으로 발표된다. 이 과정에서 핵심가설과 증거의 일관성을 위해 또는 가설의 입증을 더 강화하기 위해 잘못된 방식으로 실험결과를 변형할 수 있다. 또는 다른 사람의 생각이나 실험내용을 동의를 구하지 않고 사용하거나, 그 생각이나 내용을 자신의 것으로 발표하는 것도 여기에 포함된다.

- **주장과 반대되는 결과를 언급하지 않고 무시하기**

반복된 실험의 결과는 실험과정에서 발생하는 변화 때문에 처음 결과와 다를 수 있다. 이런 차이를 확인했을 때는 이를 보고해야 한다.

- **참여하지 않은 연구논문에 이름 올리기**

공동 연구에서 어떤 연구자의 이름을 올리거나 빼야 하는지 분명하지 않을 수 있다. 연구에 주요한 기여를 하지 않았다면 이름을 올려서는 안 된다.

- **관련된 다른 연구자의 논문이나 반대 결과의 논문을 생략하기**

과학의 발전은 단독으로 이루어질 수 없으며, 상호 수혜의 결과이다. 과학의 발전은 현재 연구에 관련된 다른 연구의 출처를 밝히는 데서 시작한다. 과학자는 독자가 문제와 관련된 모든 측면을 알 수 있도록 해야 한다. 따라서 현재의 연구결과와 반대되는 결과를 담은 논문의 존재도 밝혀야 한다.

- **가설 바꾸기**

가설이 처음 예상한 결과와 실험 데이터가 충돌할 수 있다. 그런 경우 가설을 바꾸면 안 되고, 반대 결과를 이끈 가설을 입증하거나 반증할 수 있는 또 다른 실험을 시행해야 한다.

- **희박한 가능성을 확실한 사실로 바꾸기**

논문을 쓰는 과정에서 가설의 신뢰도를 처음에는 낮은 가능성으로 제시하다가 나중에 확실한 것처럼 제시하는 사례가 많다. 가설의 진위를 시험하지도 않은 상태로 초록에서 가설이 참이라는 것을 보여준다고 기술하는 사례도 있다. 또한 대조하기 위한 대안 가설을 제안하지 않았지만 그렇게 했다고 주장하는 경우도 있는데, 이는 모두 잘못된 행위이다.

- **상관관계를 인과관계로 결론 내리기**

상관관계에 대한 분석으로 인과관계를 찾을 수 있지만, 인과관계와 상관관계는 다르다. 상관관계를 인과관계로 제시해서는 안 된다.

• **부정적인 결과를 보고하지 않기**

이것은 데이터를 수정하는 행위와 같은 잘못이다.

• **데이터가 없는 상태에서 초록을 쓰기**

학회의 논문 제출 마감 전에 초록을 제출하려고 데이터도 없이 초록을 쓰거나, 초록에 결과는 없고 과정만 제시하기도 한다. 실제로 결과 없이 과정만 제시하는 발표자도 있다. 이런 초록은 제출하면 안 된다.

• **같은 결과를 반복하여 출판하기**

동일한 논문을 두 개 이상의 다른 학술지에 게재해서는 안 된다.

• **이름을 올리거나 제출할 때 공동 저자들의 동의를 구하지 않기**

논문을 게재하여 공동 저자의 이름을 올릴 때 각 저자의 동의를 반드시 구해야 한다.

2. 비윤리적인 연구행위가 허용될 수 없는 이유

비윤리적인 연구행위가 무엇인지 알아도 그런 행위를 쉽게 범한다. 비윤리적인 행위가 초래할 여러 심각한 결과에 대한 충분한 성찰이 없기 때문이다. 그런 심각한 결과들은 비윤리적인 연구행위가 허용될 수 없는 중요한 이유이다.

첫째, 비윤리적인 연구행위는 과학의 진보를 막을 뿐 아니라 인류에게 큰 악행이 될 수 있다. 예를 들어 환자의 치료를 위해 만든 약이 위조나 변조의 결과이면 그 약이 환자에게 어떤 해악을 끼칠지 쉽게 생각할 수 있다. 과학 연구의 결과가 위조나 변조된 것이면 과학이 향하는 파국이 무엇인지 분명하다.

둘째, 비윤리적인 연구의 행위자는 다른 사람의 희생으로 부당한 이익을 얻게 된다. 연구의 결과가 다른 사람에게 직접적인 피해를 주지 않을 수 있다. 그러나 그 결과로 얻은 수혜는 다른 사람들이 기만을 당한 결과이다. 예를 들어, 변조된 약으로 얻은 제약사의 이익은 다수에게 끼친 해악의 대가이다. 또한 변조나 날조된 결과로 연구비를 받는 연구자 때문에 올바른 방식으로 연구를 한 연구자가 연구비를 받지 못하는 불평등이 발생한다.

셋째, 과학 활동에서 가장 중요한 연구자 간의 신뢰를 훼손한다. 현대 과학의 많은 실험은 연구자 단독으로 수행되지 않는다. 같은 연구실 내의 동료 연구자들 그리고 같은 목표로 연구를 하는 다른 연구실의 연구자들이 공동으로 협조하는 과정에서 연구결과를 얻는다. 이런 공조에서 상호 신뢰는 절대적으로 필요하다. 많은 사람들이 약속을 지키지 않으면 약속 자체가 성립할 수 없는 것처럼 많은 연구자가 연구결과를 날조하거나 변조하면 연구 자체가 불가능하고 과학은 존립할 수 없을 것이다.

연습문제

1 자신의 전공 분야 학술논문 2편 이상을 찾아서 출전표기(인용표시)가 정확히 되었는지 확인해보자.

2 다른 사람의 글(저서 또는 논문)에서 일부를 발췌하여 요약하기와 바꿔 쓰기를 연습해보고 이에 대해 출처를 표시해보자.

용어설명 〉〉〉

- **요약** summary
- **바꿔 쓰기** paraphrase

'요약'이 문장이나 문단의 내용을 그 요점을 잡아서 간단히 간추리는 일이라면, '바꿔 쓰기'는 문장이나 문단의 내용을 다른 표현으로 재구성하여 기술하는 일이다. 따라서 요약은 가장 핵심적인 내용을 찾아내는 것에 주안점을 두는 반면에, 바꿔 쓰기는 원래 문장이나 문단에 포함되어 있는 사고 단위들의 논리적 연관관계를 정확히 드러내는 것이 필요하다.

제II부

연구주제의 선정과 글쓰기의 준비

과학활동을 위해서는 수많은 정보와 그것을 분류·검토하는 작업이 필수적이다. 내가 생각하고 있는 것이 연구주제로 타당한지, 연구하고자 하는 주제가 전체 과학 분야 중 어떤 영역에 속하며 어느 정도의 중요성을 갖는지 그리고 그와 관련한 기초적 자료나 학술적 문헌, 그 밖에 특허나 규격 등은 어떻게 되는지 등 여러 가지 사항을 점검해야 한다. 제II부에서는 이런 문제들에 대해 하나의 기준점을 제시하였다.

제II부 제4장에서는 연구주제를 어떻게 설정하고 구체화하는가를 중심으로 설명하였다. 제5장에서는 연구주제와 관련된 참고문헌이나 각종 자료를 검색하고 검토하는 과정을 상술하였다. 마지막으로 제6장에서는 연구논문을 쓰기 전에 연구계획서를 작성하는 법에 대해 설명해두었다. 연구계획서를 충실하게 작성하면 연구논문을 쓰는 데에 들어가는 시간과 노력을 상당히 줄일 수 있을 것이다.

제4장

연구주제와 연구문제

4.1. 생각하는 능력과 글 쓰는 능력

글 쓰는 능력이 부족하다거나 어떻게 하면 글을 잘 쓸 수 있을까 하고 고민하는 사람들이 많다. 이런 경우에는 많은 사람들로부터 잘 쓴 글이라고 인정되는 글의 내용과 형식을 모방하는 것도 하나의 좋은 방법이 될 수 있다. 그냥 "나는 글을 잘 쓰지 못한다."라고 할 게 아니라 잘 썼다고 인정받는 글을 꼼꼼히 읽어가면서 왜 그 글이 잘 쓴 글인지 생각해보고, 내가 쓴 글은 무엇이 부족하기에 나 스스로 잘 쓰지 못했다고 생각하는가를 탐색해보자.

우리가 잘 썼다고 생각하는 글의 공통점은 글쓴이가 말하고자 하는 바를 정확하게 표현했다는 것이다. 다시 말해 글의 목적과 문제, 핵심주장이 분명한 글이라 할 수 있다. 글쓰기를 두려워하거나 자신이 없는 까닭은 대부분 자신이 무슨 말을 하고 싶은가, 무엇을 주장하고 싶은가, 어떤 문제에 답을 하고 싶은가에 대해 분명한 생각을 갖고 있지 못하기 때문이다. 하고 싶은 말과 답하고 싶은 질문을 정확하게 가려내고 표현하는 것

과학기술 글쓰기 능력은 타고나는 것이 아니라
실험 작업을 직접 눈으로 보고 손으로 느낌으로써 훈련되는 것이다.
조각가가 대상의 움직임과 감정과 영혼을 돌이나 청동에 옮겨 담는 것처럼
과학자들은 과학기술 글쓰기를 수행하는 것이다.

은 머릿속으로만 생각해서 이루어지는 것은 아니다. 눈으로 관찰하고, 손으로 만지고, 실험실에서 직접 작업하면서 생각이 다듬어지고 문제에 대한 해법을 도출하게 된다. 조금 과장해 말하면 실험실에서 손과 발이 고생을 많이 할수록 과학기술 글쓰기를 잘 할 수 있다.

과학실험과 과학기술 글쓰기의 관계는 마치 조각가가 조각을 하는 과정과 같다. 조각가는 대상을 스케치하고, 모형을 만들고(이때 하나의 모형만을 만드는 게 아니라 필요에 따라 부분 부분을 확대해서 별개의 작품처럼 만든다), 주물을 뜨고 전체 형태를 완성해서 마무리한다. 이 과정에서 우리가 흔히 간과하는 것이 조각의 재료를 손으로 만지며 질감을 느끼고, 완성되어가는 조각 모형을 눈으로 관찰하는 작업이다. 돌을 깎고 청동 모형을 만들어 주물을 뜨는 손작업, 재료를 녹이고 굽는 열기와 손으로 전해오는 감각 등이 조각을 하는 과정에서 대단히 중요하다. 재료 물질을 깎고 다듬는 장비와 손작업에 대한 투명한 인식은 과학자가 실험실에서 실험과정의 절차와 장비, 결과가 도출되는 과정을 눈으로 보고 손으로 만지는 작업과 같다. 좋은 글은 그런 글을 쓰는 기술이 따로 있는 게 아니라, 실

험에서 직접 재료를 만지고 절차에 따라 진행하면서 생겨나는 생각의 명료함, 손으로 전해져 오는 직접적 감각(이것을 손발이 고생한다고 표현할 수 있다)을 통해 탄생한다. 따라서 좋은 과학기술 글쓰기는 생각만으로 되는 것이 아니라 손발로 쓰는 것이라고도 할 수 있다.

이런 점에서 과학기술 글쓰기 능력은 타고나는 것이 아니라 관찰과 실험 작업을 직접 눈으로 보고 손으로 느낌으로써 훈련되는 것이다. 조각가가 대상의 움직임과 감정과 영혼을 돌이나 청동과 같은 재료 물질에 옮겨 담듯, 과학자들은 주어진 문제의 해법을 조각하듯 과학기술 글쓰기를 수행한다고 할 수 있다.

4.2. 연구주제

"뭘 쓰지?"란 글을 쓰기 전에 가장 먼저 하는 질문이기도 하고, 수업에서 에세이나 기말보고서 등의 과제를 받고 나서 내내 머릿속을 떠나지 않는 질문이기도 하다. "뭘 쓰지?"라는 질문은 글의 주제를 가리킨다.

생리학 실험에서 스트레스 현상과 관련된 실험보고서를 제출하라는 과제를 받았다고 가정해보자. 인간이 사회활동을 하면서 일어나는 유기체의 반응을 가리키는 스트레스 현상은 누구나 경험하고 있지만 개념적으로 정확하게 규정하기란 어렵다. 스트레스는 뇌혈관과 심장질환, 당뇨병 등 많은 병을 유발하는 원인이 되기도 하지만, 적당한 스트레스는 오히려 긴장감을 주어 삶의 원동력이 되기도 한다. 스트레스에 대한 반응 역시 심리적 반응, 행동적 반응, 신체적 반응 등 여러 차원에서 나타나고 사람마다 거기에 반응하는 양상이 다르기 때문에 정확히 측정하기도 어렵다. 언뜻 보면 단순 명쾌한 현상이라도 막상 연구대상으로 삼으면 대단히 복잡한 차원을 포함하고 있는 경우가 대부분이다.

예를 들어 '스트레스'라는 현상을 두고 학생마다 각기 다른 관심을 가질 수 있다. 컴퓨터 마우스 사용에 따른 손목의 스트레스 현상에 관심을 가질 수도 있고, 직장인들이 스트레스에 어떻게 대응하는지에 대해 흥미를 느낄 수도 있다. 어떤 학생은 스트레스를 정확하게 측정하는 척도나 측정 기계의 개발에 흥미를 가질 수 있다. 이처럼 "뭘 쓰지?"라고 질문하면서 이 궁리 저 궁리를 하는 게 바로 주제를 찾는 단계이다.

그러나 머릿속으로 생각만 한다고 주제가 잡히지는 않는다. 앞에서 머릿속으로 생각했던 물음에 대한 답은 이미 나와 있다. 그렇게 많은 생리학 관련 연구자들이 이런 문제를 연구하지 않았을 리가 없지 않은가. 이쯤에서 스트레스에 대해 어떤 연구가 되어 있는지를 알아보는 게 자연스럽다. 포털 사이트나 도서관 전자 데이터베이스에서 논문을 검색하면 수백, 수천 편의 논문과 자료들이 찾아진다.

몇몇 자료와 논문을 읽다 보니 스트레스에 대응하는 인간의 생리적 반응을 측정하는 논문들이 흥미를 끌었다. 수업시간에 스트레스 인지에 노출되면 사람의 신체는 교감신경계를 활성화시키고 부교감신경계의 작용을 억제하기 때문에 심장박동이 증가하고, 혈압이 오르고, 땀이 나거나 근육이 긴장되는 등의 생리적 변화가 일어난다고 배웠다. 이들 생화학적 반응은 흔히 혈청, 타액, 소변 등에 들어 있는 호르몬이나 신경전달물질의 양을 통해 측정되고 있었다. 이 중에서 타액에 있는 코르티솔cortisol을 스트레스 측정의 생체지표로 많이 사용하고 있는 걸 알 수 있었다.

이 단계에서도 여전히 너무도 많은 연구주제들과 맞닥뜨리게 된다. 생리적 반응과 생화학적 반응이 어떻게 나타나는가, 생리적·생화학적 반응을 어떻게 측정할 것인가, 스트레스에 대한 생화학적 반응과 주관적 평가는 어떤 관계가 있는가 등등 떠오르는 많은 주제들 중에서 하나를 선택해야 한다. 여기에서 흥미 있게 보이는 주제들의 목록을 만들어보는 것도 좋다. 또 주제가 가진 여러 가지 문제의 차원을 입체적으로 상상해보거나 그림으로 그려보는 것도 좋은 방법이다.

이 단계에 오면 주제선정은 연구문제를 만드는 단계로 옮아가게 된다. 연구문제를 만드는 작업이 바로 연구주제를 구체화하는 일이 되는 셈이다. 급성 스트레스와 만성 스트레스가 어떤 생리적 반응을 나타내는가에 관한 실험연구는 의미 있는 연구문제이기는 하지만 연구의 규모가 너무 커서 학부생이 감당하기 어려울 수 있다. 급성 스트레스와 만성 스트레스를 받는 상황과 피실험자가 필요하고, 생리적 반응을 측정하는 도구와 시설을 갖추어야 하기 때문이다. 따라서 현실적으로 실험할 수 있는 연구문제로 좁히는 작업이 필요하다. 예를 들어 취업시험을 보는 같은 과 친구나 실험실에서 연구에 열중하는 대학원 선배 10명을 피실험자로 해서 이들이 일상적이고 만성적인 스트레스 상황에서 어떤 생화학적 반응을 보이는가(예를 들어 타액 속의 코르티솔의 변화)와 그들이 스스로 평가하는 주관적 스트레스 사이에는 어떤 상관관계가 있는가 정도로 줄여볼 수 있다.

정리하면, 연구주제를 선택하는 기준은 다음과 같다. 첫째, 연구하는 사람 자신이 그 현상에 대해 흥미를 느끼는 주제를 선택해야 한다. 둘째, 주어진 여건에서 실험이나 조사가 가능한 주제인가를 생각해야 한다. 셋째, 연구질문에 스스로 답을 해봄으로써 무엇을 발견하고 무엇을 말하고 주장하고자 하는가를 물어야 한다.

과학기술 글쓰기에는 실용적 측면에서 문제해결을 추구하는 글이 있고, 이론적 측면에서 학술적 기여를 목표로 하는 경우가 있다. 학부 졸업논문의 경우 특정 연구주제가 할당되는 경우가 종종 있고, 전공 분야의 종사자들이 풀고자 애쓰는 공동의 문제가 자연스레 연구주제가 되는 경우도 많다. 이처럼 연구주제 선택의 자유가 제한되는 경우에는 그것이 실용적 측면을 목표로 하든 아니면 이론적·학술적 측면을 목표로 하든 '독창성'에 초점을 두고 연구주제를 선정하는 것이 바람직하다. 이미 이룩된 연구성과에 조금이나마 자기 나름의 것을 보태는 것이 있어야 그 연구는 의미를 가질 수 있기 때문이다. 예를 들어 조선공학에서는 추진기 뒤에서 발생하는 진공현상, 일명 공하현상(空河現象)cavitation이 해결해야 할 문제 중 하나이다. 공하현상은 배의 방향타 근처에서 기압의 저하로 인해 발생하는데, 이로 인해 소음, 에너지 효율 저하, 방향타의 손상 등이 생긴다. 이 주제와 관련한 기존의 연구성과가 별도의 날개장치를 통한 해결법과 유동차단장치를 이용한 해결법이라고 할 때, 이 두 해결법의 에너지 효율 비교를 자신의 연구주제로 삼을 수도 있을 것이다.

4.3. 핵심주장과 연구문제

연구주제를 선정하고 나면 주제 안에서 무엇을 발견하고 무엇을 주장하고자 하는가에 대한 생각을 어렴풋하게 가질 수 있게 된다. 이를 '핵심주장thesis'이라고 한다. 기말보고서에 대한 논평에서 가장 자주 제기되는 질문이 "그래서 자네가 주장하는 바가 무엇인가?"이다. 사실fact을 단순히 묘사하는 것은 주장argument이나 핵심주장thesis이 될 수 없다. 아무리 많은 사실을 모아놓고 사태가 이렇다고 말해도 그것이 주장이 되지는 않는다. 이렇기 때문에 20쪽이 넘는 보고서를 제출하더라도 글쓴이의 주장이 없다거나 불분명하다는 교수의 논평을 받을 수도 있다.

핵심주장은 논문에만 있는 것은 아니며 길이에 상관없이 모든 글은 주장을 가지고 있어야 한다. 글쓴이가 말하고자 하는 바가 그것이기 때문이다. 핵심주장은 대부분 글의 앞머리에 나타난다. 많은 영어 논문은 "이 연구의 목적은The purpose of this study is to..."이라는 식으로 첫 문장에서 아예 연구목적을 밝히고, "이러한 목적을 위해 다음과 같은 연구문제에 답하고자 한다."라고 서술한다. 연구목적과 연구문제를 설정하고, 거기에 답함으로써 핵심주장을 제시하고자 한다는 순서로 되어 있다.

주장문에는 크게 사실발견적exploratory 주장문과 설명적explanatory 주장문이 있다. "만성적 스트레스 상황에 따라 혈압, 맥박, 체온, 근육긴장 등 생리적 반응이 얼마만한 강도로 나타났다."라는 진술은 사실발견적이다. "만성적 스트레스 상황을 측정하는 데는 피부전도도(이마와 손가락 끝의 피부온도의 차이)가 가장 효율적 지표이다."라는 진술은 설명적이다. 연구의 목적에서 볼 때 어느 게 더 우월하거나 중요하다고 할 수는 없다. 연구하는 사람이 무엇을 하고자 하는가에 따라 주장의 성격이 달라질 뿐이다. 다만 설명적 주장은 '왜'를 설명해야 하기 때문에 좀 더 정교하고 이론적인 연관성을 요구하는 경우가 많다. 활성산소가 노화, 순환계질환, 암, 치매나 파킨슨씨병과 같은 신경성 질환 등 200여 가지의 병리현상에 관련되어 있다는 사실은 사실발견적 연구들을 통해 밝혀진 것이다. 왜 활성산소와 같은 유리기(遊離基)[6] 물질들이 특정 물질과 결합해서 산화적 스트레스oxidative stress를 일으키는가라고 묻게 되면 설명적 주장을 도출할 수 있게 된다.

글의 주장은 구체적일수록 좋고, 독자의 흥미와 관심을 끌 수 있다. 활성산소에 대한 초보적인 연구 수준에서는 그것이 어떻게 체내 이물질을 잡는가뿐만 아니라 세포내 미토콘드리아나 유전자 물질을 파괴해서 노화를 촉진하게 되는가 등 사실발견적 주장을 제기하게 된다. 연구가 일정 수준에 오르면 활성산소 작용을 억제하는 항산화 효과에 대한 이론, 항산화 효과를 측정하는 연구로 나아가게 된다. 예를 들어 노화를 촉진하는 활성산소 효과이론(Harman, 1956)이 1950년대에 제기된 이래 1970년대 미토콘드리아 생성이론(Harman, 1972)을 거쳐 상당히 많은 실험연구들에서 일관되게 입증되었다.

정리하면, 핵심주장은 발견한 사실로부터 도출된 의미와 시사점을 통해 말하고자 하는 바를 가리킨다. 그렇기 때문에 핵심주장은 연구

6. 활성산소를 말하며 자유라디칼free radical이라고도 한다. 불안정한 구조로 매우 큰 반응성을 가지며 수명이 짧은 것이 특징이다.

문제에 대한 대답이기도 하다. “활성산소가 어떻게 병을 유발하는가?”라는 질문을 하고 동맥경화를 일으키는 현상을 소재로 선택할 수도 있고 미토콘드리아에 작용하는 과정에 주목할 수도 있다. 동맥경화를 소재로 택하면 연구문제는 다시 산화된 저밀도 지방단백질low density lipoprotein(LDL)이 어떻게 동맥내벽에서 거품세포를 형성해서 동맥경화를 일으키는가 하는 것이 될 수 있다.

4.4. 좋은 연구주제 선정을 위한 준비

대학에 들어와서 고학년이 되면 전공 안에서 흥미롭고 관심이 가는 분야가 생기게 된다. 대학원 과정과 달리 학부수준에서는 이론적으로 의미 있는 것보다는 자신이 흥미를 느끼는 주제영역을 택하는 것이 일반적이다. 그렇지만 도전정신이 넘치는 과학도나 공학도는 이론적으로 의미 있는 주제를 선택할 수도 있다. 좋은 주제는 이렇게 자신에게 흥미가 있고, 또 정말 한번 공부해보고 싶은 문제로부터 나와야 한다.

학부수준에서도 교수가 진행하는 연구에 참여하는 기회가 점차 많아지고 학생들이 직접 연구주제를 발전시키고 해답을 찾게 하는 수업도 활발해지고 있다. 고학년이 되면 자신의 흥미와 관심 분야를 두세 가지 정도 선택하고 거기에 맞춰서 수강과목을 선정하는 것이 좋다. 수업시간에 실험을 하거나 보고서를 쓸 때 본인의 관심사와 연관된 연구주제를 염두에 두면, 해당 주제나 연구 분야에 관련된 지식을 습득하고, 문제에 대해 사고의 깊이를 더할 수 있다. 이런 점에서 연구주제는 이것저것 내키는 대로 정하지 말고, 자신의 관심사를 심화시킬 수 있도록 학기별로 기획을 해보는 게 좋다. 과학기술 글쓰기는 과학도로서 자신의 뇌리를 떠나지 않는 궁금한 문제를 만드는 기회이기도 하고, 여러 과목을 통해 답을 모색해보는 작업과정이기도 하다.

4.5. 스트라이플링과 피츠의 연구과정 모델

많은 문헌에서 광범위하게 활용되는 스트라이플링Stripling과 피츠Pitts의 모델[7]을 참조한다면 상당한 도움이 될 것이다. 이 모델은 학생들의 연구과정에서 나타나는 주요 사고과정에 초점을 맞추어 연구논문 작성과정을 다음과 같이 열 단계로 나누어 서술하고 있다.

스트라이플링과 피츠의 연구과정 모델

1. 광역주제 선택
2. 주제 개괄
3. 주제 좁히기
4. 연구주제 개발 및 연구목적 진술
5. 연구문제의 서술
6. 연구과정과 결과물 제출을 위한 계획 수립
7. 자료의 검색과 검토
8. 자료의 평가 및 주석과 서지사항 기술
9. 개괄적 결론 도출 및 정보 조직
10. 최종 결과물 생성 및 제시

---

7. 1988년 제안된 스트라이플링Stripling과 피츠Pitts의 연구 모델은 1980년 이후 제시된 수많은 연구과정 모델 중 가장 널리 인정되고 있는 모델이라고 할 수 있다. 이 연구 모델 외에 쿨타우Carol Collier Kuhlthau 정보탐색 모델(1989), 아이젠버그Michael B. Eisenberg와 버코위츠Robert E. Berkowitz의 Big6 모델(1990), 파파스Papas와 테페Thebe의 지식정보능력 개척 모델(1995) 등이 제시된 바가 있다(고영만(2005) 참조).

1) 광역주제 선택

예를 들어 '인간 신체의 생물학적·의학적·생리학적 특성'과 같이 여러 학문 영역에 걸친 매우 포괄적인 관심을 가진 경우뿐만 아니라 '스트레스의 원인과 해결책'이라는 일견 구체적인 것처럼 보이는 주제 역시 광역주제가 될 수 있다. 왜냐하면 앞서 말한 바와 같이 스트레스와 연관하여 생리적 반응, 생화학적 반응, 행동적 반응, 정서적 반응, 신체적 반응 등 다양한 하위주제가 설정될 수 있으며, 이것 역시 아직은 구체적인 연구주제로 설정되기에는 매우 광범위한 내용을 담고 있기 때문이다. 그렇지만 아예 이런 관심이 없거나 자신에게 주어진 연구주제가 어떤 광역주제의 하위주제에 해당하는지 모른다면 제대로 된 연구를 하기란 사실상 불가능하고, 따라서 연구논문 등을 통해 연구의 성과를 제출한다는 것 역시 어려울 것이다.

2) 주제 개괄

광역주제에 대해 이 주제가 어떤 하위주제들을 다루고 있으며, 기본적인 논의사항이나 배경이론 등이 무엇인지 살펴보는 과정을 말한다. 이 단계에서 바로 앞서 언급한 바와 같이 스트레스와 관련된 주제 중에서 생리적 반응에 대한 연구를 할 것인지 정서적·심리적 반응에 대한 연구를 할 것인지를 결정해야 한다. 더 나아가 생리적 반응 중에서 스트레스에 대한 생리적 대응에 대한 연구를 할 것인지 스트레스와 각종 질병의 상관관계에 대한 연구를 할 것인지 등을 결정해야 한다.

3) 주제 좁히기

광역주제의 개괄을 통해 자신이 더 본격적으로 고려하고 있는 주제가 무엇인가를 결정할 수 있게 된다. '주제 개괄'에서 언급한 정도의 주제도 여전히 매우 많은 문제와 주제를 포함하고 있기 때문에 본격적인 연구문제로서는 아직 부적합하다. 예를 들어 '급성 스트레스와 만성 스트레스가 어떤 생리적 반응을 나타내는가' 하는 정도로 주제가 좁혀져야만 연구문제로 성립할 수 있다.

4) 연구주제 개발과 연구목적 진술

연구주제를 개발하고 연구문제로 정립했다고 해도 연구가 제대로 진행되기 위해서는 몇 가지 절차가 남아 있다. 그중 하나가 바로 연구목적을 분명히 하는 일이다. 예를 들어 '급성 스트레스와 만성 스트레스가 어떤 생리적 반응을 나타내는가' 하는 연구주제를 개발했다고 하자. 그런데 연구자가 도대체 이런 연구를 왜 하는가에 대해 답할 수 없다면, 도끼를 만들고도 장작을 패려는 것인지 장식용으로 쓰려는 것인지 모르는 것과 마찬가지이다. 즉 장작이나 나무를 패려는 목적을 가지고 도끼를 만드는 것과 장식을 위해 도끼를 만드는 것은 다르기 때문에 연구주제를 설정하기 위해서는 반드시 연구목적이 무엇인가를 분명히 해야 한다.

다른 예로, '수소의 생물학적 생산기술의 가능성에 대한 연구'라는 주제를 생각해보자. 어떤 목적으로 이런 연구를 행하는가? 만약 이 연구가 환경문제를 해결하려는 수많은 노력과 가능성 중에서 대체에너지 분야에 관심을 가지고, 그중에서 수소에너지를, 그리고 그 수소에너지를 자동차 연료로 상용화할 수 있는가를 연구·검토하는 목적을 가지고 있다면 추후 결과가 어떻든 일단 연구주제와 연구목적이 매우 분명한 것임에는 틀림없다. 유사하게 '첨단 디스플레이'에 대한 연구 역시 디스플레이 중에서 LCD 기술에 대해 관심을 가지고, 그중에서도 화면 변화 속도가 매우 빠른 동영상을 처리할 때 일그러지는 현상을 제거 또는 완화할 수 있는 기술 개발을 목적으로 한다면 확실히 더 의미 있는 연구가 될 것이다.

5) 연구문제의 서술

연구의 진행을 위해 필요한 각 단계의 질문을 만든다. 질문을 만든다는 것은 곧 해결해야 할 문제가 무엇인가를 확인·검토함을 의미한다. '급성 스트레스와 만성 스트레스가 어떤 생리적 반응을 나타내는가'라는 연구주제에 대해 타액, 혈청, 소변 등에서 코르티솔은 어떤 변화를 나타내는가, 타액 속의 코르티솔 변화와 소변의 코르티솔 변화를 구분해서 평가해야 할 이유가 있는가 없는가, 객관적 수치상의 변화와 주관적 느낌의 변화 간에는 어떤 상관관계가 있는가 등 연구문제의 해결을 위해 필요한 세부적인 질문을 만드는 작업은 필수적이다.

6) 연구과정과 결과물 제출을 위한 계획 수립

주어진 시간과 조건에서 최대한의 결과를 도출하기 위해서는 연구일정을 수립하는 것이 필수적이다.(이 점에 대해서는 제6장과 제7장을 참조할 것.)

7) 자료의 검색과 검토

연구주제에 합당한 정보와 참고문헌 등을 검색하고 검토하여 자신에게 필요한 자료인가 등을 평가·분석한다.(이와 관련한 세부적인 사항은 이어지는 제5장을 참조할 것.)

8) 자료의 평가 및 주석과 서지사항 기술

많은 연구자들이 자신이 필요로 하는 자료를 획득한 이후에는 그 자료들의 출처에 대해 기록하거나 정리하지 않는 경향이 있다. 이런 일을 소홀히 하는 경우 심하면 표절 시비에 휘말릴 수도 있으며, 일상적 연구의 진행과정에서는 자료 정리가 잘 안 되어 연구의 진행을 더디게 만들기도 한다.(자료의 평가에 대해서는 제5장을 참조하고 주석 및 서지사항 기술에 대해서는 제8장을 참조할 것.)

9) 개괄적 결론 도출 및 정보 조직

관련 자료에 대한 검토가 끝났다면, 결론을 내리고 그에 따라 정보를 조직화하여 결과물의 전체 윤곽을 잡는다. 즉 연구논문이든, 보고서든, 제안서든 간에 자신이 연구한 바에 대한 구체적인 성과물을 제출하기 위해 틀을 잡아야 한다.(이 점에 대해서는 제7장을 참조할 것.)

10) 최종결과물 생성 및 제시

초고에 대한 검토와 반성을 거친 후 개선·보완점을 찾아 보강한 후 최종결과물을 제출한다. 위의 9개 항목을 성실하게 수행했다면 초록 쓰기와 고쳐 쓰기(퇴고) 과정만 남을 것이다.(이 점에 대해서는 제9장과 제11장을 참조할 것.)

부록. 본격적인 글쓰기에 앞서

생각이 매끄러우면 글도 매끄럽게 써진다. 명료한 사고가 명료한 글쓰기에서 나오는지는 확신할 수 없지만, 명료한 글쓰기가 명료한 사고에서 나온다는 것은 틀림없다. 어떤 사람은 글을 쓸 때면 꼭 개요를 만드는가 하면 어떤 사람은 개요를 쓰고 싶어 하지 않는다. 어떤 사람은 원고마감(제출마감)까지 기다려야 옥고가 나온다고 믿지만, 어떤 사람은 그런 압박이 없어야 글을 잘 쓸 수 있다고 말한다. 누구에게나 적용되는 방법 같은 것은 없으며, 각자가 자신만의 글 쓰는 방식을 개발할 필요가 있다. 하지만 다음과 같은 아이디어를 시험해보는 것도 나쁘지 않을 것이다.

1. 쓰기보다 생각이 먼저

무엇보다 먼저 '독자'와 '주제'에 대해 깊이 있게 생각하는 것이 필요하다. 일련의 질문들을 만들어보고 거기에 차례로 답해보라. 이 글은 어떤 형식으로 쓸 것인가? 이 글을 읽을 사람은 누구인가? 이 글의 독자에게 나는 어떤 식으로 말해야 하는가? 독자들이 궁금해하는 것은 무엇인가? 내가 이 글을 쓰는 동기는 무엇인가? 나는 내가 쓰고 있는 것을 믿고 있는가? 참고문헌에 넣을 자료들을 확보하고 있는가? 이런 질문들에서 너무 머뭇거리는 것도 바람직하지 않지만, 충분한 생각이 없다면 아직 글을 쓸 준비가 안 되어 있는 것이다.

2. 쓰기 전에 얘기해볼 것

글로 쓰기 전에 먼저 친구나 동료에게 쓰려는 내용을 얘기해보는 것이 좋다. 스스로에게 글의 내용을 말하고 이를 녹음기로 녹음하는 것도 좋은 방법이다. 소리를 내서 말하는 과정에서 머릿속에서만 맴돌던 아이디어들이 논리적으로 자리를 찾아가는 경우가 많다. 비슷한 관심을 가진 동료나 친구에게 머릿속의 생각을 얘기하다 보면 그들로부터 훌륭한 논평을 받을 수도 있다. 논평이 있든 없든 간에 머릿속의 생각을 얘기하는 동안에 어떤 것을 써야 할지 주제가 명료해지는 경우가 많다.

3. 아이디어를 자유롭게 써보기(끼적거려보기)

종이 위에 단어를 나열하는 것으로 시작해도 좋다. 아이디어를 핵심단어로 표현해서 네모나 동그라미 안에 적어 이를 화살표로 연결해본다. 독자가 질문할 만한 의문점들을 나열해보는 것도 도움이 된다. 나중에 글이 어느 정도 틀을 갖추게 되면 이렇게 단어를 나열해 연결해본 종이는 휴지가 될지 모르지만, 적어도 그 단계까지 가는 데에 이런 작업이 유용한 것은 틀림없다.

4. 개요 만들기

순간적으로 머릿속에 떠오르는 아이디어를 자유롭게 끼적여보거나 다른 사람에게 생각을 얘기해보는 단계 뒤에는 개요를 작성하는 단계가 유용하다. 어떤 경우에는 개요를 먼저 쓸 수도 있다. 개요는 완성된 문장으로 쓸 수도 있고 단어들을 나열할 수도 있다. 중요한 것은 '유연성'이다.

5. 대략의 요약문을 먼저 쓸 것

자신이 쓰려는 내용을 한 문장 또는 몇 문장으로 요약해보는 것도 글쓰기에서 매우 유용하다.

6. 중간부터 시작할 것

맨 처음을 시작하기 힘든 사람은 중간부터 시작해보는 것도 하나의 방법이다.

출처: M. Davis, 1997, *Scientific Papers and Presentations*, Academic Press, Ch. 3.

연습문제

1. 자신이 흥미를 느끼는 연구 분야에서 이론적 진전에 크게 기여한 논문의 주제를 두 가지만 찾아보자.

2. 자신의 전공 분야의 논문 3편을 선택하여 연구목적과 연구문제, 핵심주장을 서술한 문장을 찾아보자.

3. 자신이 과학도로서 탐구해보고 싶은 주제와 그 이유를 세 가지 써보자.

4. 수업시간에 제출된 다른 학생의 보고서에서 연구목적과 연구문제, 연구문제에 대한 글쓴이의 대답이 명확하게 서술되어 있는지를 논평해보자.

용어설명 〉〉〉

- **핵심주장** thesis
- **논증** argumentation

'핵심주장'은 모든 종류의 글에서 발견될 수 있는 가장 핵심적인 내용이라고 할 수 있는데, 특히 논문에서는 '자신이 가장 핵심적으로 주장하고자 하는 바'를 의미한다. 따라서 핵심주장이 분명히 드러나고 그것을 정당화하는 과정이 타당할수록 좋은 논문이다. '논증'은 경우에 따라서 '입론(立論)'이라고 불릴 수도 있는데, 핵심주장을 구체적으로 명시하고 이를 정당화하는 과정을 함께 포괄하여 이르는 말이라고 할 수 있다.

제5장

참고자료의 검색과 검토

만유인력의 법칙을 발견한 천재 과학자 뉴턴은 지독한 메모광이었다고 한다. 그는 물리학, 수학, 천문학 등 자연과학의 모든 분야뿐만 아니라 연금술, 성서 연대기 등에 대해서도 치밀하게 메모를 했던 것으로 알려져 있다. 일상에서 스쳐 지나가는 아이디어나 영감은 물론이고 새로 얻은 지식, 수치나 그래프, 그림, 공식 등에 대해서도 빠짐없이 기록해두었다. 모든 방면에서 지극히 정밀했던 뉴턴의 지식과 판단력의 원천은 아마도 그의 이런 꼼꼼한 메모 습관이라고 해도 과언이 아닐 것이다. 그는 젊은 시절부터 어느 누구도 반론을 제기할 수 없을 정도의 위엄을 갖추고 있었다고 하는데, 메모로 축적된 구체적인 데이터는 필연적으로 그의 주장에 설득력을 실어주었을 것이다. 르네상스 시대의 위대한 발명가인 레오나르도 다 빈치 역시 뉴턴처럼 엄청난 메모를 남겼다고 한다.

레오나르도 다 빈치나 뉴턴의 시대는 정보량이 오늘날보다 훨씬 적었기 때문에 메모만으로 충분했을지도 모른다. 하지만 아무리 적은 양의 메모일지라도 뉴턴이 메모를 활용한 사례를 볼 때 정보에 대한 구분은 필수적이라고 볼 수 있다. 뉴턴은 사적인 가계부로부터 경제·정치 분야, 물리학,

수학, 천문학에 이르는 학문 분야별 메모는 물론이고 아이디어, 새로운 자료, 새로운 이론과 주장 등에 대해서도 별도로 메모한 것으로 알려져 있다. 우리가 꼭 뉴턴을 따라 할 필요는 없지만, 오늘날처럼 정보가 넘쳐나는 시대에 필요한 정보를 얻으려면 정보가 일반적으로 어떻게 분류되는지, 어떤 종류의 정보를 어떤 경우에 활용해야 하는지 그리고 정보를 검색하기 위해서는 어떤 전략을 세워야 하는지 정도는 사전에 알고 있어야 한다.

5.1. 과학기술정보의 분류

정보는 표시형식에 따라 문자정보, 수치정보, 화상정보, 영상정보, 음성정보 등으로 나눌 수 있다. 문자정보는 문헌(책이나 논문 등), 신문기사, 특허, 설명서 등 문서화되어 있는 정보를 말한다. 수치정보는 말 그대로 각종 변화 및 비교 수치, 통계자료 등을 의미한다. 물론 수치정보만 있는 경우보다는 문자정보와 함께 문헌이나 특허, 설명서 안에 포함되어 있는 경우가 많다. 화상정보에는 도형, 사진, 회화, 디자인 정보 등이 해당되고, 영상정보에는 TV, 영화, 비디오 정보 등이 있다. 최근에는 화상정보나 영상정보의 비중이 커지고 있으므로 컴퓨터와 인터넷을 활용하여 이들 정보를 검색하고 수집 · 활용할 수 있는 능력을 갖추어야 한다. 마지막으로 음성정보에는 CD와 DAT(digital audio tape) 등이 있다.

이런 정보들 중 어떤 유형의 정보가 자신의 연구에 적합하고 또 필요한가를 결정해야 한다. 예를 들어 '급성 스트레스와 만성 스트레스가 어떤 생리적 반응을 나타내는가'라는 연구를 수행하기 위해서는 환자군을 설정하여 일정한 임상실험을 수행해야 하는데, 만약 선행 실험자료가 있다면 이를 활용할 수도 있을 것이다. 이때 자료는 수치자료로 되어 있을 것이므로 이 연구주제에는 수치자료가 필수적이라 할 수 있다. 사실 거의 모든 과학기술 분야 연구가 수치자료나 화상·영상 자료를 필요로 한다. 어떤 유형의 정보를 선택하여 활용해야 하는가도 중요하지만, 글을 통해 이를 잘 표현하는 능력 또한 중요하다.[8]

우리가 일상적으로 접하는 정보는 학술문헌이다. 보통 학술문헌은 학술저서와 학술논문을 지칭하는데, 전자는 단행본으로 출판되어 시중에 판매되고 있으며 후자는 학술논문집에 수록되어 있다. 학술논문집은 대개 비매품이지만 학교의 전자도서관을 활용하면 대부분의 학술논문을 다운받아서 볼 수 있으며, 그 밖에 몇몇 학술정보를 취급하는 인터넷 검색 사이트를 이용하면 유료 또는 무료로 제공받을 수 있다.

학술문헌과 같이 자신이 속하지 않은 기관이나 연구소에서 생산한 정보를 보통 '외부정보'라고 하고, 자신이 속한 기관이나 기업에서 생산되는 정보를 '내부정보'라고 지칭한다. 외부정보는 다시 크게 공개정보, 반공개정보, 비공개정보로 구분된다. 공개정보란 학술문헌 외에 신문, 잡지, 공보 등에 게재되어 있거나 상용 데이터베이스에 실려 있어서 누구나 쉽게 입수할 수 있는 정보를 말하는데, 학술문헌이 바로 공개정보의 대표적인 사례이다. 반공개정보는 시중에 판매되거나 공개되지 않고 특정 조직에 한해서만 공개되는 정보를 말하며 회보, 기술보고서, 분석보고서 등이 여기에 속하고 이를 흔히 '회색문헌gray literature'이라고 지칭한다. 그 밖에 특수한 자격을 갖춘 관련자에 한해서만 입수할 수 있는 비공개정보가 있다. 통상 내부정보에 해당하는 것들은 다음과 같다.

- 기술 및 신제품 개발, 설비 신·증설 등의 계획이 담긴 계획자료
- 기술개발동향, 수요동향의 조사자료
- 기술의 개발이나 개선 등에 유효한 아이디어 제안자료

---

8. 수식이 들어간 문서의 작성이나 그림, 그래프를 포함하는 문서의 작성에 관해서는 이 책 제12장과 제13장을 참조하기 바란다.

· 각종 기술 검토 및 해석자료
· 설계 데이터, 설계 계산서 등의 설계자료
· 기술개발, 시험, 시운전 등 보고형태인 기술보고자료
· 잡지 등에 투고하거나 학회 등에 발표하는 원고 등 대외발표자료
· 특허출원자료
· 설비기기자료
· 시스템의 관리자료나 사내의 기획, 기준, 취급설명서 등의 관리자료
· 회의의 의사록 및 토의자료인 회의자료
· 해외출장보고 등 출장보고자료
· PR 자료, 팸플릿 등[9]

정보에 대한 일반적 분류와 더불어 '정보원information source'이 통상 어떻게 분류되고 있는지도 알아두자. 정보원이란 말 그대로 정보가 만들어지는 원천을 말한다. 물론 궁극적으로 정보의 원천은 전 우주이고, 정보를 정보로서 유의미하게 만드는 정보의 발견·생산·가공·조직·전파의 원천은 인간이다. 그렇지만 우리가 실질적으로 정보를 획득할 수 있는 원천에는 어떤 것들이 있는가가 바로 정보원의 분류에 관심을 갖는 이유가 된다. 우리가 필요로 하는 정보들이 생산되어 집결되고 전파되는 것은 도서, 학술지, 연구·기술보고서, 회의자료, 회색문헌, 표준과 규격, 특허, 학위논문 등을 통해서다. 연구자가 정보를 입수하기 위해서는 여러 종류의 정보 중에서 어떤 정보와 정보원이 자신에게 필수적인가를 분명히 인식해야 한다. 예를 들어 신소재 테니스 라켓에 대해 개발하기 위해서라면 유사한 특허가 등록되어 있는지, 관련 소재의 기술적 이용에 대한 연구·기술보고서가 있는지 등을 검토해야 할 것이다.

---

9. 정보의 유형에 따른 구분 및 출처에 따른 구분에 관해서는 노상도 외(2005)의 제2장을 참조하였다.

5.2. 정보검색의 전략

많은 연구자들이 필요한 정보를 얻기 위해 상당한 시간과 경비, 노력을 할애하지만 정작 그 방법에 있어서는 의외로 비효율적인 경우가 많다. 더 효과적으로 필요한 정보를 얻기 위해서는 정보수집을 위한 전략이 있어야 한다.

첫째, 자신이 원하는 정보가 일반적·개괄적 지식에 해당하는 것인지, 특정한 세부 연구 분야의 이론적·기술적 성과물인지를 분명히 해야 한다.

둘째, 자신이 관심을 가지고 있는 주제 또는 연구과제가 과학기술계의 제 학문 분야나 학제 간의 연구에서 어떤 위상 또는 위치에 해당하는지에 대한 얼개를 가지고 있어야 한다. 예를 들어 '무인항공기의 소형화와 실시간 데이터 전송기술'에 관한 연구를 한다고 가정하자. 그렇다면 소형화와 관련한 자료수집과 함께 실시간 데이터 전송기술과 관련한 자료를 수집해야 한다. 전자는 기계공학 관련 분야에 해당하고 후자는 전자공학 분야에 해당한다. 그러므로 정보와 자료를 검색할 때에는 해당 학술지나 연구단체의 자료를 수집해야 한다. 그런데 만약 자신의 연구주제가 어떤 위치에 있는지를 모르거나, 그것을 간과한다면 정보수집에 실패하거나 많은 시간을 낭비할 가능성이 크다.

셋째, 관련 분야 전문가의 조언을 적극적으로 구해야 한다. 예를 들어 '수소에너지의 생물학적 생산기술'에 대해 연구한다고 가정하자. 이를 연구하고자 하는 사람은 에너지 분야의 전문가일 가능성이 크다. 그러므로 미생물들이 대사과정에서 수소를 생산할 수 있는지, 있다면 어느 정도이며, 그것이 경제적 효용성이 있는 정도까지 증가할 가능성이 있는지 등에 대해서는 문외한이거나 개괄적인 지식밖에 없을 가능성이 크다. 따라서 이 주제를 연구하고자 하는 연구자는 미생물 에너지 대사 분야의 전문가를 찾아서 조언을 받을 필요가 있으며, 가능하다면 공동으로 연구를 진행해야 할 것이다.

〈그림 5-1〉 서울대학교 중앙도서관 검색 화면

마지막으로 인터넷 검색 엔진을 적극 활용해야 한다. 대부분의 중요한 정보는 인터넷을 통해 검색하고 입수할 수도 있으므로 인터넷 검색을 잘 활용하면 많은 시간과 경비를 절감할 수 있다. 예를 들어 '수소에너지의 생물학적 생산기술'에 관한 자료를 검색하기 위해 그저 인터넷 검색 사이트나 학교 도서관의 소장 자료 검색란에 들어가서 '수소'라는 단어로 검색하거나, 가까운 선후배나 동료에게 구두로 물어보는 정도로 검색을 시작한다고 가정해보자. 이와 같은 검색방식은 너무 광범위한 자료가 검색되거나 자신이 원하는 종류의 정보를 얻기가 힘들고 시간도 많이 걸린다.

예를 들어 서울대학교 중앙도서관에서 'hydrogen'이라는 단어로 검색하면 단행본 295권, e-book 13권, 정기학술간행물 3권, e-저널 5건, 서울대학교 학위논문 196건, 타 기관 학위논문 122건, 비도서 1건이 검색된다. 그 밖에 학술정보가 잘 제공되는 것으로 알려진 구글 학술검색(scholar.google.com)에서 'hydrogen'이라는 단어만으로 검색하는 경우, 일차적으로 검색되는 정보만 대략 560만 건이다. 이런 방식으로 검색한다면 검색결과를 전부 모니터하는 것도 불가능할 것이다.

그러므로 정보를 효과적으로 검색하고 활용하기 위해서는 언제 어떤 정보를 활용할지를 정해야 하며, 어떤 세부적인 전략을 가지고 정보를 검색할지도 결정해야 한다. 아울러 인터넷을 통해 정보를 검색하기 위해서는 핵심용어나 주제어를 아는 것만으로는 불충분하며, 어느 분야의 어떤 종류의 문헌이나 정보를 원하는지 그리고 기간에 상관없이 관련 자료를 원하는지 최신 자료만을 원하는지 등을 결정해야 한다. 마지막으로, 연구하고자 하는 분야의 대표적인 검색 사이트 정도는 알고 있어야 한다.

5.2.1. 정보원의 활용전략

1) 문헌

일반 문헌에는 개론서, 사전류(백과사전, 용어설명집 등), 고전 등과 같이 과학기술 분야 전반에 대한 일반적·입문적 내용을 담고 있는 책이 있는가 하면 최신 이론이나 정보를 담고 있는 학술전문서적, 학술지 등이 있다. 연구자들은 우선 자신이 관심을 가지고 있는 주제에 대해 개괄적인 배경지식을 확인하면서 현재 그 수준이 어디까지 와 있는가를 확인하고자 한다면 개론서와 사전류를 활용해야 한다. 그러나 최신 이론이나 기술이 어떤 수준에 도달해 있고 현재 진행되고 있는 연구는 무엇인가를 확인하고자 한다면 학술전문서적이나 학술지에 실린 논문을 살펴봐야 한다. 학술지의 논문은 대학 도서관을 활용하거나 한국학술진흥재단(www.krf.or.kr) 또는 한국학술정보재단(www.riss4u.co.kr)과 같은 곳에서 제공하는 인터넷 서비스를 활용할 수 있다. 또한 국가전자도서관(www.dlibrary.go.kr)을 이용하면 다양한 정보를 얻을 수 있다. 그 밖에 백과사전류로는 위키피디아(www.wikipedia.org)를 이용할 수 있다.

2) 학술잡지 정기간행물

학술잡지 정기간행물에는 최신의 이론이나 성과를 학술적으로 정리한 논문들이 수록되기 때문에 연구주제와 관련한 최근의 연구동향과 그 결과를 확인하려면 반드시 관련 학술잡지를 찾아서 읽어봐야 한다. 대학 도서관에는 각 분야의 정기간행물이 비치되어 있지만 한 대학에 모든 종류의 정기간행물이 비치되어 있다고 보기는 어렵다. 따라서 산업기술정보원에서 발행하는 『외국학술잡지 종합목록』을 이용하면 어떤 분야의 간행물이 어느 곳에 비치되어 있는지를 쉽게 찾을 수 있다. 또한 'Journal Citation Reports'는 세계적으로 가장 많이 이용되고 있는 1,000여 종의 과학잡지 인용도를 정기적으로 평가하므로 이를 이용하면 어떤 간행물이 더 권위 있는 간행물인지를 확인할 수 있다.

3) 색인과 초록

인터넷을 통해 국내외 학술지 논문을 검색하면 관심 주제와 연관된 수많은 논문이 검색창에 뜨게 된다. 가령 건축 현장에서 종합적인 건축공정관리를 하는 적절한 프로그램이 없다는 것을 확인하고, 효율적인 '현장공정관리 프로그램'에 대해 연구하고자 건축도시연구정보센터AURIC(www.auric.or.kr)를 방문하여 관련 논문을 찾아본다고 하자. 〈그림 5-2〉는 '공정관리'라는 검색어로 검색한 결과이다. 보다시피 검색 결과 총 1,870건의 자료 중에서 연구문헌이 900건이고, 그림에 나타나 있지는 않지만 연구논문이 484건이다. 이 많은 논문 중 어떤 문헌이 나의 연구주제와 관련된 것인지를 확

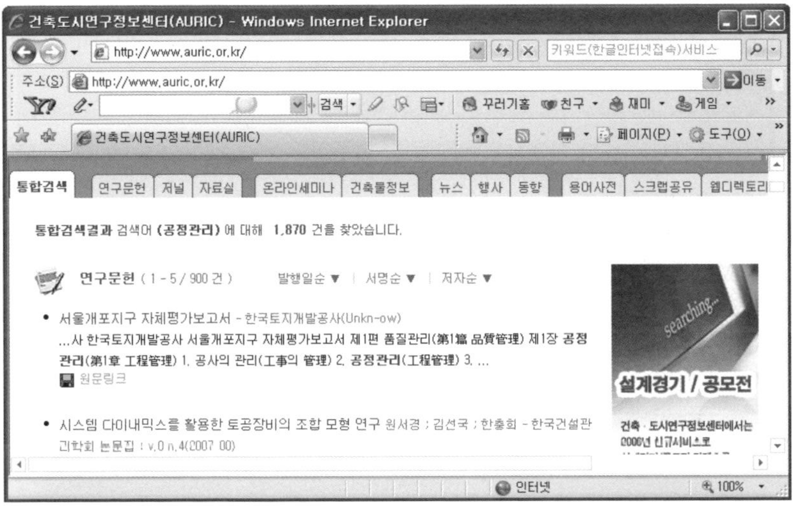

〈그림 5-2〉 주제어 검색 화면

인하기 위해 모든 문헌을 다 읽어보는 것은 불가능하다. 우선 논문의 제목을 통해 연구주제와의 연관성을 확인해야 한다.

〈그림 5-3〉에서 나타난 바와 같이 '지구온난화와 차세대 대체냉매 기술'이라는 제목의 논문은 상기한 연구주제와는 관련이 없을 것이다. 하지만 '건설현장 품질관리를 위한 유비쿼터스 시스템'이라는 논문은 어느 정도 상관이 있는 것처럼 보인다. 과연 본문 전체를 읽어볼 필요가 있는지를 결정하기 위해서는 색인이나 초록abstract을 확인해보면(〈그림 5-4〉 참조) 시간을 절약할 수 있다.

이와 같이 자신에게 필요한 논문인지 확인하기 위해서 논문을 모두 읽어볼 필요는 없고, 우선 제목을 보고 가능성이 있다면 색인과 초록을 통해 취사선택하면 된다. 전자도서관은 소장하고 있는 모든 자료에 대해 일반적 서지사항을 명시하고 있으며, 모든 학술논문은 초록이 작성되어 있기 때문에 논문 전체를 읽지 않고서도 필요성 여부를 판별할 수 있다.

그 밖에 색인과 초록을 확인하고 활용할 수 있는 곳으로는 Applied

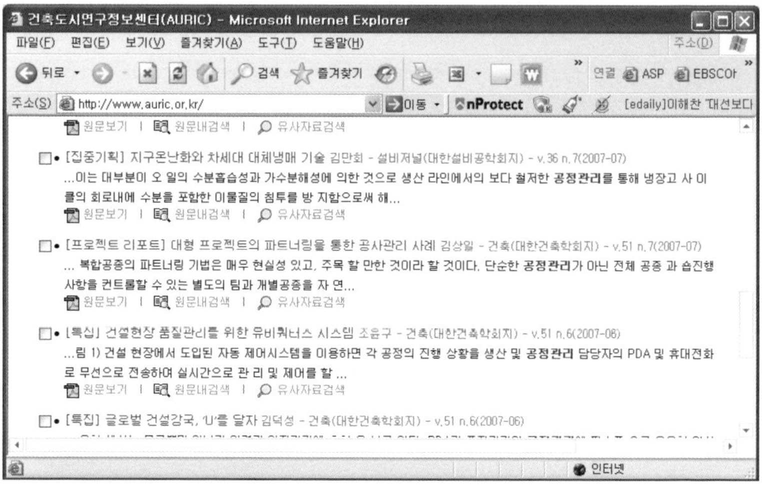

〈그림 5-3〉 논문 검색 화면

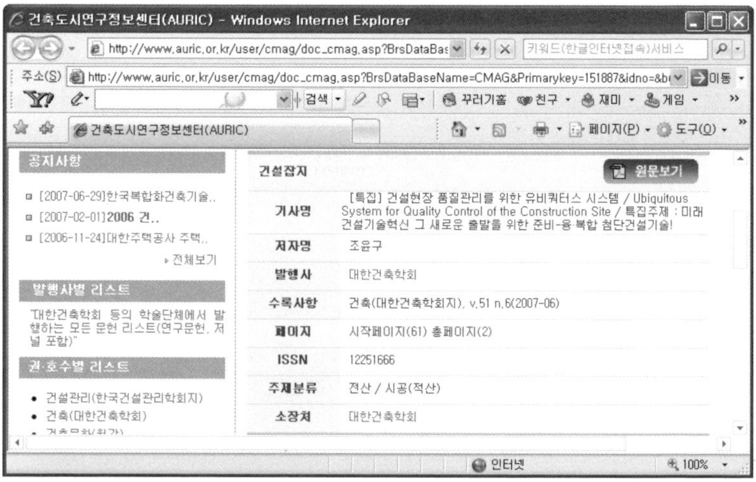

〈그림 5-4〉 색인 검색 화면

Science and Technology(Wilson), Chemical Abstracts(ACS), Current Contents(ISI), Engineering Index(EI), Science Citation Index(SCI) 등이 널리 알려져 있으며, 국내에는 산업기술정보원KINITI에서 제공하는 Korean Scientific Abstracts

가 있다. Korean Scientific Abstracts는 서적 형태로도 출판되고 웬만한 대학 도서관에는 비치되어 있으므로 활용하기가 용이할 것이다. Elsevier 출판사에서 발행하는 세계 최대의 인용초록 데이터베이스 SCOPUS를 이용하는 것도 효과적 방법 중의 하나이다.

4) 보고서

보고서 중에서 실험보고서나 연구보고서, 기술이나 이론에 대한 검토 보고서 등은 연구문제를 해결하는 데 매우 중요한 정보가 된다. 특히 객관적인 검증자료가 필요한 경우 유용하다. 예를 들어 '수소에너지의 생물학적 생산기술'에 대한 연구에서는 특히 미생물의 에너지 대사를 통한 수소에너지의 획득이 관건이 되는데, 이때 어느 정도의 비용과 시간이 소모되는지를 연구한 보고서가 있다면 상당한 도움이 될 것이다. 미국에서 수집하여 발행하는 연구보고서인 NTIS는 산업기술정보원KINITI을 통해 입수할 수 있으며, 산업기술정보원은 국내에서 수집되는 각종 보고서 역시 제공하고 있으므로 이를 활용하면 상당한 도움이 될 것이다.

주요 국가의 연구보고서 수집기관은 다음과 같다.

- 미국 : National Technical Information Service(NTIS)
- 영국 : The British Library Document Supply Center(BLDSC)
- 독일 : Technische Informations Bibliothek(TIB)
- 프랑스 : Institut de l'Information Scientifique et Technique(INIST)
- 일본 : Japan Information Center of Science and Technology(JICST)
- 한국 : 국책연구보고서(KORDIC)

5) 특허

특허는 연구성과를 바탕으로 당장 혹은 추후에 상용화하고자 할 때 매우 중요한 정보가 된다. 역으로 말하자면 상용화를 염두에 둔 연구를 수행할 때 반드시 확인해야 할 정보가 바로 특허 정보이다. 이미 동일 기술이나 유사 기술이 특허로 등록되어 있다면, 연구할 필요가 없거나 그 특허를 바탕으로 그보다 진전된 기술을 연구주제로 설정해야 하기 때문이다. 외국의 특허자료는 KINITI를 통해 검색할 수 있다.

특허 사항을 알아볼 수 있는 국내외 주요 검색 사이트는 다음과 같다.

- 한국특허청(KIPO), http://www.kipo.go.kr
- 산업기술정보원(KINITI), http://www.kiniti.re.kr
- Patent Sever(IBM), http://patent.womplex.ibm.com
- 미국특허청, http://www.uspto.gov
- World Intellectual Property Organization(WIPO), http://wipo.org/eng
- EPO, http://www.european-patent-office.org

6) 제품설명서

제품설명서 역시 중요한 정보이다. 제품설명서를 통해 각 회사에서 생산하는 제품의 기본 사양이나 장단점, 기술 수준을 파악할 수 있을 것이다. 그리고 이렇게 파악된 내용은 개선된 제품 생산을 위한 기초자료로 활용될 수 있으므로 연구주제에 따라서 제품설명서도 중요한 정보가 되기도 한다.

7) 표준과 규격

대량 생산되는 모든 제품에는 표준과 규격이 정해져 있으며, 이는 통상 국제적으로 동일하다. 그런데 통용되는 국제적 표준이나 규격을 모르고 신제품에 대한 연구를 수행한다면, 그 결과가 아무리 훌륭하다 할지라도 무용지물이 되고 말 것이다. 그러므로 제품과 직접적으로 연관되는 연구를 수행할 때에는 반드시 표준이나 규격을 확인해야 한다. 국제 표준과 규격 또는 외국의 표준이나 규격을 확인하고자 할 때에는 한국표준과학연구원의 기술정보실이나 표준협회 등을 이용하여 원문을 구입할 수도 있다.

5.2.2. 정보 검색 및 검토를 위한 세부전략

보다 정확하고 유효한 정보를 얻기 위해서 그리고 내가 얻은 정보가 과연 그러한 정보인가를 확인하기 위해서는 위에서 언급한 기본적 전략만으로는 부족하고 다음과 같은 좀 더 세부적인 전략이 필요하다(Beer & McMurrey, 2005: 158-159).

- 나는 어떤 종류의 글을 쓰고자 하는가?
  - 학술논문
  - 에세이
  - 보고서
  - 제안서
  - 계획서 등
- 어떤 종류의 정보를 원하는가?
  - 실용정보
  - 학술정보
  - 정책 관련 정보
  - 소유권이나 특허권 등
  - 제품정보 등
- 내가 원하는 것이 정확히 무엇인가?
  - 원자료raw data
  - 주제에 대한 개괄
  - 역사적 정보

- 최신 정보
- 경쟁자 또는 동료들의 최근 성과
- 지적 소유권에 관한 정보
- 상표권, 특허권 등

– 나에게 주어진 시간은 어느 정도인가?

– 어떤 정보자료에 접근해야 하는가?

- 전문가들의 최근 학술논문
- 단행본
- 도서관 자료
- 전자적 접근: 인터넷 정보자료, 전자책 등
- 산업체, 대학 등의 공공도서관
- 공공기관의 공식적 통계 및 수치자료 등

– 색인과 초록을 활용하라.

이제 검색 전략 항목들에 대한 점검이 끝났다면, 다시 한 번 '수소의 생물학적 생산기술'과 관련한 자료를 검색해보자. 우선 검토해야 할 자료는 이 주제에 관한 이론적 성과물일 것이다. 그중에서도 최신 성과를 검토해야만 학술논문을 준비할 수 있다. 만약 학술논문이 아닌 보고서나 제안서를 쓰고자 하는 경우라면 원하는 자료는 달라질 수 있다. 이때에는 예상 독자가 어느 정도의 지식을 갖춘 사람들이고 또 어떤 결정권이나 발언권을 가지고 있는가, 그리고 어떤 관심을 충족시켜주어야 할 것인가 등을 고려하여 검색해야 한다.

예를 들어 검색어를 hydrogen으로 하고, 최신 학술논문을 대상으로, 기간을 2006~2007년으로 설정한 후, 생물학이나 환경과학의 분야로 한정하여(대체에너지 개발이라는 큰 화두에서 진행된 연구주제이므로) 검색해보자. 거의 모든 대학의 도서관이 전자 서비스 체제를 갖추고 있으므로 이를 활용하는 것이 유용할 것이다. 만일 서울대학교 중앙도서관을 활용한다면 다음과 같은 경로를 거치게 될 것이다. 중앙도서관에 접속한 후 전자도서관 항목을 클릭하고 거기에서 국제수소학회International Association for Hydrogen Energy(IAHE)를 찾는다. 학술논문의 최신 자료를 원하는 것이고, 수소에너지에 대한 연구이므로 우선 국제수소학회IAHE에서 정보를 검색하는 것이 유리할 것임에 틀림없다. 그리고 앞서 단행본을 포함한 수백 건의 자료가 검색되는 것과는 달리 연구주제에 직접적으로 필요한 학술논문이 검색될 것이다.

막연하게 주제나 핵심어만 가지고는 사실상 검색을 시작할 수 없다. 검색도 일정한 전략과 조건에 따라야만 시간과 비용을 절약하고 유효적절한 정보를 획득할 수 있다.

앞서 대략 560만 건의 검색결과를 얻었던 구글 학술검색(scholar.google.com)을 이용하는 경우라도 세부 검색조건을 지정하면, 검색결과는 상당히 달라진다. 위와 같이 세부 검색조건을 설정하여 검색하는 경우, 애초에 검색한 결과인 560만 건에 비해 이번에는 단지 593건에 불과한 결과를 얻었다. 더욱이 첫 번째 논문의 제목인 "Stoichiometric analysis of biological hydrogen production by fermentative bacteria"(발효성 박테리아에 의한 생물학적 수소 생산의 분석)를 볼 때, 당면한 연구주제와 상당한 관련이 있을 것으로 추정된다. 이런 경우, 곧바로 해당 논문의 제목을 클릭하면 대개 초록이나 논문 전문을 입수할 수 있다. 초록을 검토하면 적합한 논문인지 아닌지를 짧은 시간 내에 판단할 수 있다. 그리고 적합한 논문이라면 그 논문이 참고한 자료와 문헌들 역시 나의 연구에 필요할 가능성이 많으므로 효과적으로 유효한 정보에 접근하고 있는 셈이다.

이러한 방식은 단지 특수한 하나의 사례에 불과하다. 하지만 이런 사례가 우리에게 알려주는 바는 분명하다. 막연하게 주제나 핵심어만을 가지고는 사실상 아무런 검색도 시작할 수 없다는 점이다. 거듭 말하지만, 검색 또한 일정한 전략과 조건에 따라야만 시간과 비용을 절감하면서도 유효적절한 정보를 획득할 수 있다.

5.3. 참고문헌의 검토

최근 급속도로 발전하는 과학기술의 기세를 볼 때 뉴턴이나 아인슈타인과 같은 위대한 천재 과학자가 등장하기는 어렵다. 실제로 대다수 과학기술자들은 뉴턴이나 아인슈타인이 보여주었던 천재적 영감에 의기한 과학활동을 하기보다는 기업이나 연구소에서 제시하는 매우 구체적인 과제를 연구하거나 조사하는 일에 종사한다. 또한 과학기술 분야의 많은 연구들이 적게는 수억 원에서 많게는 수백억, 수천억 원에 이르는 자금이 필요하고 그에 따른 연구시설, 연구기기 그리고 연구 인력이 동원된다. 그런데 만약 수많은 인력과 자금 그리고 시간이 동원된 연구결과가 다른 누군가가 혹은 다른 어떤 연구팀에서 이미 수행한 것인지도 모르고 진행되었다면, 그 얼마나 큰 낭비이며 또 얼마나 허망하겠는가? 과학기술자들은 하루가 다르게 발표되고 보고되는 수많은 정보에 민감해야 하고 항상 정보의 흐름과 유통에 관심을 가지고 있어야 한다.

자료에 따르면, 과학기술과 관련된 정보와 자료는 2~3년에 2배씩 증가한다고 한다. 유통되는 정보량이 예전에 비해 비약적으로 증가하고 있는 까닭에 연구·개발 활동에 종사하는 연구자나 기술자는 자신의 전문 분야에 관한 정보라 할지라도 그 정보들을 완전히 입수하여 조사할 수 없을 정도이다. 더욱이 과학기술 분야는 특정 분야의 분과적 활동보다는 관련된 제 학문들 간의 학제적인 연구활동이 월등히 많기 때문에 전문 분야의 정보와 자료만으로는 자신에게 주어진 연구과제를 해결할 수 없는 경우가 많다. 그러므로 과학기술자는 자신의 세분화된 연구과제와 관련한 정보는 물론이고 좀 더 거시적인 안목을 가지고 학제 간 영역에 관한 광범위한 지식을 파악하는 데 게을러서는 안 된다.

5.3.1. 정보의 분석과 검토

전문가 집단의 자문이나 도서관, 인터넷 등을 이용하여 나에게 필요한 문헌이나 자료가 어느 정도 입수되었다면, 그 문헌이나 자료가 정말로 나에게 필요한 내용을 담고 있는지를 확인해야 한다. 물론 이때 필요의 수준이 구체적으로 어느 정도인지에 대해서도 미리 결정해야 한다. 또한 객관적 사실을 알려주는 수치자료나 통계자료 등이 있을 때 그 정보를 통해 추정할 수 있는 타당한 주장이 있는가 하면 그렇지 않은 주장이 있을 수 있다. 따라서 정보를 분석하고 검토하여 이를 토대로 새로운 주장을 제시할 때 무리하게 추정하는 것은 금물이다.

예를 들어 '지구의 이산화탄소 농도 변화'에 관한 자료와 '지구의 평균온도 변화'라는 자료를 입수한 후, 양자의 변화 곡선이 상당히 겹친다는 것만을 가지고 '지구온난화의 주범은 이산화탄소의 증가'라는 결론을 내린다면 어떻게 되겠는가? 지구온난화의 주범이 이산화탄소의 증가 때문이라는 주장은 상당히 널리 수용되고 있기는 하지만 단지 '지구의 이산화탄소 농도 변화'와 '지구의 평균온도 변화'가 유사성을 가진다는 것만으로 내릴 수 있는 결론은 아니다. 마찬가지로 '석유생산'에 대한 통계자료와 '석유소비'에 대한 통계자료를 획득한 후 소비가 빠른 속도로 생산에 육박하는 점을 근거로 석유자원이 곧 고갈될 것이라는 결론을 내린다면 어떻겠는가? 석유자원의 고갈은 석유의 생산 · 소비가 밀접하게 연관되어 있기는 하지만 그보다는 매장량에 좌우된다. 따라서 매장량에 대한 자료가 있어야만 생산량과 소비량의 변화를 고려하여 언제쯤 고갈될 수 있는지를 추정할 수 있는 것이다.

또 다른 예를 생각해보자. 단백질체(프로테오믹스) 연구와 관련한 자료를 찾던 중 아래와 같은 두 가지 자료를 입수하였다. 첫째는 과학기술부에서 2003년 발간한 『2003 생명공학백서』에는 "세계적으로 단백질체 기술은 미국이 주도하고 있으며 우리나라는 미국의 80~90% 수준이다."(과학기술부, 2003: 129)라고 되어 있다. 그런데 같은 과학기술부의 산하 연구조직인 생명공학정책연구센터에서는 "프로테오믹스 연구의 제반 기술 분야에 대한 기술력은 선진국에 비하여 상당한 격차를 보이고 있다. 일례로 질량분석기기 확보는 미국의 1/50~1/100 수준이며 장비가 고가인 데다 전문 인력의 부족으로 어려움을 겪고 있는 실정이다."(생명공학정책연구센터, 2006: 32)라고 평가하고 있다.

이런 경우 우리는 이 자료들의 신빙성을 의심할 수밖에 없다. 상식적으로 3년 전의 전반적 수준이 80~90%에 육박하는데, 아무리 부분적인 기술수준이라 할지라도 3년이 지난 후에 선진국 수준에 근접하기는커녕 오히려 겨우 1~2%에 불과하다는 것은 납득하기 어렵다. 따라서 전자나 후자 모두 또는 어느 한쪽은 객관적인 평가보다는 주관적인 의도나 관점이 개입되어 있는 신빙성 없는 자료일 가능성이 크다. 만약 양자 모두 타당한 자료라면, 단백질체 연구와 관련하여 특히 질량분석기기의 확보 및 개발이 매우 시급한 과제임이 분명하며, 따라서 이에 대한 연구와 투자가 우선되어야 함을 알 수 있다.

마지막으로 한 가지 예를 더 생각해보자. 건축과 관련하여 '건축 공정관리 프로그램의 개발: DSM 알고리즘을 중심으로'라는 연구를 진행한다고 가정하고 이 연구와 관련하여 어떠한 자료들이 검토되어야 하는지 알아보자. 적어도 ① 종래의 건축 공정관리 프로그램 중 대표적으로 사용되는 몇 가지 프로그램의 장단점에 대한 분석과 평가에 대한 자료들, ② 종래 프로그램과 비교한 DSM 알고리즘의 장점과 현장 사용 가능성, ③ 예시 프로그램과 이에 대한 적용 사례 및 현장 적용의 용이성에 대한 평가 등이 검토되어야 한다.

과학기술자가 직면하고 있는 해결과제는 다양하고 복잡하다. 단지 이론적·기술적 연구에만 국한된 것이 아니라 경제적·정책적·교육적 영역 등 사회의 거의 모든 분야와 영역에 걸쳐 과학적 문제가 산재해 있고, 과학기술자들은 이를 해결해야 할 책임과 의무가 있는 것이다. 일반적으로 ① 해결해야 할 과제가 있고, ② 그에 대한 적절한 대안(해결책)을 제시해야 하며, 마지막으로 ③ 그 해결책에 대한 평가나 반성이 이루어져야 한다. 평가나 반성의 결과에 따라 다시 해결과제를 조정하거나(문제의 설정이나 제기가 적절했는지 등), 1차 해결책을 수정·보완 또는 원점에서 해결책을 새롭게 찾는 과정이 필요할 수도 있다. 물론 이런 수정·보완 등의 과정을 거치지 않는 것이 가장 바람직하며, 그러기 위해서는 다음과 같은 사항을 숙지하여 연구활동에 적용해야 한다.

지나치게 광범위한 문제를 연구주제로 선정하는 것은 곤란하다. 다시 말해 자신이 가진 문제의식이나 관심사를 더 구체화해야만 연구주제로 성립할 수 있는 것이다.

5.3.2. 참고문헌 검토를 위한 전략

1) 해결과제가 무엇인지를 명확하게 인식하자.

(1) 문제의식(화두, 관심주제)과 당면 과제의 구분

지나치게 광범위한 문제를 해결과제(연구주제)로 선정하는 것은 곤란하다. 일반적으로 '환경오염'과 '화석연료의 사용'은 밀접한 관련이 있다고 생각되어 '환경오염을 극복할 수 있는 대안으로서의 대체에너지에 관한 연구'라는 연구주제를 선정했다고 하자. 이 주제를 연구하기 위해서는 환경오염의 원인과 대책에 관한 일반적 이론에 기반한 연구결과뿐만 아니라 수많은 대체에너지의 개발 현황과 기술적·경제적 실현 가능성 등을 모두 조사해야 한다. 이런 식으로 주제를 선정한다면 한 편의 논문으로는 도저히 결론을 내릴 수 없을뿐더러 선행 연구에 대한 분석·정리조차 어려울 것이다. 기껏해야 총괄적인 브리핑이나 개략적인 설명을 위한 정리보고서 정도에 그칠 것이다. 다시 말해 도저히 연구주제로서 성립할 수 없다는 것이다.

하지만 만약 '대체에너지 사용을 통한 환경오염의 경감'이라는 문제의식을 가지고 이를 구체적으로 실현시킬 수 있는 방안을 모색하는 가운데, 예를 들어 '수소에너지의 활용'이라는 좀 더 구체적인 문제에 접근했다면, 이때부터 이 주제는 연구주제로 전환될 가능성이 생긴다. 다시 말해 자신(또는 자신의 연구팀)이 가진 추상적인 문제의식이나 관심사를 더 구체화해야만 연구주제로 성립할 수 있는 것이다.

(2) 어떤 목적과 필요를 만족시킬 것인가의 결정

관심사항을 연구주제화하려고 할 때 반드시 고려해야 할 중요한 요소는 도대체 어떤 목적 또는 필요를 만족시키려고 하는 것인가이다. 목적이나 필요에 대해 몇 가지를 생각해보자. 예를 들어 '수소에너지의 활용'에 관해 관심 있는 관련자(과학기술정책에 관여하는 사람, 기업, 환경단체 또는 환경문제와 대체에너지에 관심을 가진 일반인 등)에게 현재적 상황을 정확하게 전달함으로써 그들의 지지를 얻어내려는 정도의 목적이라면 수소에너지는 물론, 조력, 풍력, 태양열에너지 등 더 일반적인 대체에너지 관련 현황을 함께 설명하고 비교함으로써 그중에서 수소에너지에 대한 연구와 지원이 필요하다는 요지의 설명서(또는 보고서)를 작성하면 될 것이다.

하지만 '수소에너지의 생산기술'이라는 연구현장(기업이든 연구소든)의 연구과제를 성공적으로 수행하기 위한 목적이라면, 더 세부적인 조건을 고려해야만 정확하고 분명한 연구주제를 결정할 수 있다. 수소에너지의 생산기술에 있어서 전기화학적 생산방식, 열화학·광학적 생산방식, 생물학적 생산방식 등 기존의 생산방식에 대한 선행 연구를 검토하여 연구주제를 선정해야만 한다. 그래서 '수소에너지의 생물학적 생산기술에 대한 연구' 정도의 해결과제를 결정할 수 있게 되는 것이다. 물론 이 해결과제 역시 이하에서 거론되는 다른 여러 가지 조건들을 검토하는 과정에서 피드백을 거쳐 더 정교해져야만 한다.

2) 최선의 대안을 찾아내야 한다.

(1) 선행 연구 및 관련 자료의 조사와 연구주제의 명료화

이제 자신과 자신이 속한 연구팀에서 '수소에너지의 생물학적 생산기술에 대한 연구'라는 과제에 대해 최선의 대안을 찾고자 한다고 가정해보자. 어떤 작업을 먼저 수행해야 할 것인가? 우선 해결과제와 관련한 선행 연구를 검토하는 일이 시급하다. 검토해야 할 선행 연구의 범위는 해결과제에 의해 결정된다. '수소에너지의 생물학적 생산기술에 대한 연구'라는 과제에 대해서 순수하게 이론적 가능성들을 모색하고 그중에서 기술적으로 가장 유리한 것이 무엇인가를 문제 삼을 수도 있고, 수소에너지의 생물학적 생산기술과 경쟁할 수 있는 다른 생산기술과의 비교·분석을 토대로 생물학적 생산기술의 우위성을 입증하고자 할 수도 있다. 여기에서는 후자에 대한 연구를 진행한다고 가정하고 생각해보자.

이런 연구를 위해서는 수소에너지의 생물학적 생산기술에 관한 이론적·기술적 차원의 선행 연구뿐만 아니라 경제적 경쟁력에 대한 자료도 필요하다. 만약 이 연구가 미생물을 이용하는 방식이라면 관련된 미생물의 숙성과 배양 그리고 그 특성에 대한 연구자료 역시 중요하다. 나아가 다른 방식의 생산기술, 예를 들어 물의 전기분해기술 등에 대한 선행 연구자료 또한 필요하다. 나아가 경제적 경쟁력에 대한 분석 또한 연구의 목표이므로 이와 관련한 기술 특허나 기업 또는 연구소 내부 분석자료(이른바 회색문헌)가 필요할 수도 있다.

이렇게 볼 때 해결과제(연구주제)에 대한 대안을 제시하기 위해서는 우선 이와 관련한 선행 연구와 각종 정보 또는 자료에 대한 검토가 필수적임을 알 수 있다. 하지만 이를 수행하기 위해 우리가 간과해서는 안 될 중요한 사항이 있는데, 해결과제를 둘러싸고 있는 핵심적인 개념이나 이론이 무엇인가를 결정하는 일이 그것이다. 정보의 검토와 핵심 개념(또는 이론) 간의 관계는 선후관계라기보다는 양자가 동시에 상호작용을 하는 관계이다. 즉 검토 과정이 연구의 주제와 결론을 더욱 정교하게 만들고, 또 연구의 주제와 결론이 정교해질수록 검토 대상이 되는 문헌이나 자료의 범위가 확실해진다.

(2) 선행 연구 및 관련 자료의 분석·검토와 결론의 도출

연구주제와 관련한 선행 연구 및 관련 정보와 자료에 대한 분석과 검토가 이루어지고 연구주제가 더 분명해졌다면, 이제 이를 토대로 결론을 도출하는 일만 남았다. 결론을 도출할 때에는 자신이 검토한 문헌과 자료들이 주제와 관련하여 적절하고 필수적인지를 다시 한번 확인해봐야 한다. 나아가 자신이 간과하고 있을지도 모르는 조건이나 상황에 대해서도 확인해야 한다.

이런 조건이나 상황은 연구주제와 직접적으로 결부된 문제일 수도 있고, 연구활동의 수행과 관련하여 외적으로 주어진 제약이나 조건일 수도 있다. 위와 같은 연구수행과 유관 정보의 분석·검토 과정에서 수소에너지의 생물학적 생산기술을 사용할 때 이산화탄소의 배출이 불가피하고, 그 배출량이 화석연료를 사용할 때보다는 적지만 대기오염 또는 지구온난화와 관련하여 그렇게 유의미한 감소가 아니라면, 사실상 이 연구는 원점에서 다시 시작하거나 연구주제 자체를 포기해야 할지도 모른다.

기업에서 요구하는 경제성의 기준과 관련하여 주어진 기간 내에 그 기준에 합당한 연구결과를 산출할 수 없는 경우도 있을 것이다. 그리고 그 이유가 미생물의 숙성과 배양 그리고 통제 가능한 활용이라는 측면에서 아직 기술적 수준이 상당히 낮기 때문이라면, 연구의 결론은 이 상황에 대한 분석·보고 및 해결 전망을 제시하는 쪽으로 바뀌어야 한다.

이처럼 연구과제의 수행은 생각보다 무척이나 많은 사항들을 고려해야 하고 그에 따라 끊임없는 평가와 반성이 뒤따라야 하는 작업이다. 요약하자면, 결론을 도출하기 위해서는 연구주제와 관련이 있는 선행 연구와 각종 정보자료를 검토해야만 한다. 가능한 대안들을 분류하고 검토하는 과정을 통해 자신이 검토한 정보 및 자료, 선행 연구, 참고문헌 등이 최초 목적과 과제에 부합하는가 등을 점검해야 한다. 그리고 미처 확인하지 못했던 조건이나 상황이 없었는가를 점검해 봐야 한다. 이런 과정을 거쳐야만 더 신뢰할 만한 연구의 결론이 도출된다고 하겠다.

연구 수행 결과가 최초의 목적에 합하는지 다시 한번 확인하고 주어진 시간저·공간저 제약이나 경제적 제약 내에서 해결 가능한 대안인가도 검토해야 한다.

(3) 선택된 결론의 수행·평가·조정

과학기술 분야의 연구는 이와 같은 과정을 거쳐 결론을 도출하는 것만으로 끝나지 않는다. 아직 중요한 몇 가지 과정을 거쳐야 한다. 우선 연구 수행 결과가 최초의 목적에 부합하는가를 다시 한번 확인하고 주어진 시간적·공간적 제약이나 경제적 제약 내에서 해결 가능한 대안인가도 검토해야 한다. 만약 매우 실용적이고 기술 현장에 당장 적용해야 하는 과제라면 현장 적용에 대한 모의실험을 추가로 실시해야 한다. 이론적·기술적으로 다른 관련 분야와 정합적인 결론을 도출하고 있는지도 점검해 봐야 한다.

이런 활동들은 연구수행자의 입장에서 벗어나 평가자나 사용자의 입장에 서봄으로써 더 다각적으로 문제에 접근할 수 있게 해준다. 이런 과정에서 필요하다면 더 많은 정보를 탐색·검토함으로써 자신이 수행한 연구를 확고하게 할 수도 있고, 때에 따라서는 자신이 선택한 정보나 자료, 나아가 자신이 선택한 결론을 포기할 수도 있다.

연습문제

1 자신의 관심사를 연구주제로 구체화해보자.

2 연구주제와 관련된 참고문헌 목록을 작성해보자.

3 연구주제에 대해 적절한 정보나 자료를 제공해주는 검색 사이트를 찾아서 일반문헌, 학술논문, 보고서, 특허, 표준과 규격의 순서로 정리해보자.

용어설명 〉〉〉

- **비교** comparison
- **대조** contrast

비교와 대조는 다른 것과의 관계를 통해 글쓴이가 말하고자 하는 바를 이해하도록 하는 방법을 말한다. '비교'는 유사점과 차이점을 함께 지적하고 분석하는 것인 반면에, '대조'는 차이점에 주목하여 이를 지적하고 분석하는 것을 의미한다.

제6장

연구계획서 작성하기

최근에는 학술 분야는 물론 직업시장에서 연구계획서의 중요성이 점점 더 커지고 있다. 연구계획서는 다양한 영역에서 여러 가지 용도로 활용되고 또 요구되기도 한다. 예를 들어 대학원을 입학할 때 대부분의 학과에서는 향후 어느 분야의 어떤 주제를 연구할 것인지에 관한 연구계획서를 요구한다. 학부를 졸업할 때 제출하는 졸업논문에 대해서도 사전에 연구계획서를 제출하도록 하는 학과도 있다. 장학기관으로부터 장학금을 받기 위해서도 연구계획서는 필요하며, 국책 연구기관이든 사설 연구기관이든 거의 모든 연구기관에서도 취업 대상자에게 연구계획서를 요구하는 것이 오늘날의 현실이다.

이 장에서 다루는 연구계획서는 제15장에서 설명하고 있는 (연구)제안서와는 다르다. (연구)제안서는 한국학술진흥재단이나 한국과학재단 등에서 학술적 연구를 지원하기 위해 요구하는 일정한 양식의 연구계획서를 말한다. 이런 종류의 연구계획서에 대해서는 이 책에서는 업무수행을 위한 글쓰기의 한 유형으로 '제안서'라는 명칭으로 다루고 있으니 혼동하지 않기 바란다.

6.1. 연구계획서란?

연구계획서는 개요 작성과는 다르다. 개요란 말 그대로 이미 수행된 연구의 결과물을 글로 작성하기 전에 그 글(논문)의 윤곽을 그리는 작업이다. 하지만 연구계획서는 연구를 시작하는 단계에서부터 연구의 최종결과물(보통의 경우 '논문')에 이르기까지의 마스터플랜을 의미한다. 따라서 연구계획서에는 개요 작성에는 필요하지 않은 시간계획(연구일정), 예산 등의 내용이 포함된다.

아울러 연구계획서에는 ① 연구제목, ② 연구의 목적, ③ 연구의 필요성과 의의, ④ 기존 연구에 대한 개괄, ⑤ 연구 자료 및 방법, ⑥ 예상되는 결과에 대한 논의, ⑦ 연구일정, 예산, 참여 연구자들의 경력 및 약력 같은 항목들이 포함된다. 이런 항목들을 포함시켜 연구계획서를 다음과 같이 작성할 수 있다.

〈연구계획서 사례 1〉

Ⅰ. 연구목적
Ⅱ. 연구의 이론적 배경
Ⅲ. 연구모형 및 가설
Ⅳ. 연구방법
Ⅴ. 예상되는 결과 및 시사점
Ⅵ. 참고문헌

〈연구계획서 사례 2〉

Ⅰ. 서론
Ⅱ. 연구목적
Ⅲ. 연구방법과 절차
Ⅳ. 기대되는 성과 또는 효과
Ⅴ. 연구진행일정
Ⅵ. 참고문헌

6.2. 연구계획서의 세부 고려사항

연구계획서를 작성할 때에는 다음과 같은 사항을 세부적으로 고려해야 한다. 여기서는 〈연구계획서 사례 1〉을 기준으로 세부적인 고려사항을 점검하기로 한다.

1) 제목

- 주제가 구체적이고 정확하게 드러나야 한다.
- 연구의 목표가 잘 드러나야 한다.

2) 연구목적 : 연구문제의 서술

- 연구의 목적과 의의
- 연구의 주제와 범위
- 용어의 정의와 기본가정(가설)

3) 연구의 이론적 배경

- 기존 연구의 검토
- 관련 참고문헌의 분석 및 평가
- 기존 연구의 의의 및 한계점 부각
- 자신의 연구결과를 뒷받침할 수 있는 문헌의 이용

4) 연구모형 및 가설

- 제안하는 연구주제 및 예상결과의 타당성, 연구 필요성 등의 정당화
- 제안하는 이론 및 가설의 정당화

5) 연구방법

- '실험 및 연구의 계획', '재료와 방법', '실험 및 연구의 절차'를 명시

· 기존 연구방법의 비판적 검토(기존 연구방법과의 차이)
· 제안하는 연구방법의 의의

6) 예상되는 결과 및 시사점

· 연구 수행 전에 예상되는 결과와 그에 대한 근거 서술
· 예상 결과가 어떤 의의나 유용성을 갖는지 서술
· 장래의 연구와 어떤 관련이 있는지 서술

7) 참고문헌

· 참고문헌 목록은 규정된 표기방식에 따라 정확히 기재
· 참고문헌을 종류별로 구분하는 것도 좋은 방법 중 하나임
예) 일차문헌, 이차문헌, 국내문헌, 외국문헌 등

부록 1. 학생이 제출한 연구계획서 사례 1

서울대학교 연주회 홀의 음향적 특성

1. 서론

연주회 홀의 음향적 특성은 연주의 질에 많은 영향을 미친다. 따라서 연주회 홀의 음향적 특성을 정확하게 파악할 필요가 있다. 그러나 서울대학교 연주회 홀의 경우 그 음향적 특성이 잘 알려져 있지 않다. 따라서 이 논문에서는 문화관 대강당, 중강당, 음대 콘서트홀의 음향적 특성을 측정하려고 한다. 측정 항목은 배런(Barron)과 베러넥(Beranek)이 제안한 주요 음향적 특성들이다. 이 논문 결과를 통하여 앞으로의 연주회 장소 선정에 참고가 되는 정보를 생성하려고 한다.

2. 연구목적

이 논문은 서울대학교에 있는 주요 연주회 홀의 음향적 특성을 측정하는 데 목적이 있다. 측정장소는 문화관 대강당, 문화관 중강당, 음대 콘서트홀이다. 측정항목은 배런과 베러넥이 제안한 명료도(clarity), 잔향시간(reveberation time), 초기감쇠시간(early decay time), 측면에너지비율(lateral energy fraction), 크기(total sound level), 저음비율(bass ratio) 등이다.

3. 연구 필요성

연주회 홀의 음향적 특성은 연주회의 질에 많은 영향을 미친다. 같은 단체, 같은 연주라고 해도 연주회 홀에 따라서 따뜻하게 들릴 수도 있고 차갑게 들릴 수도 있다. 일례로 목요일에 KBS홀에서 연주를 하고 금요일에 예술의 전당에서 연주하는 KBS 교향악단의 공연을 차례로 들어보면, KBS홀에서의 연주가 훨씬 답답하다는 것을 쉽게 느낄 수 있다.

현재 서울대학교에서는 정기적으로 많은 음악회가 열리고 있다. 오케스트라, 합창단, 밴드 등의 많은 동아리가 정기 연주회를 열고 있으며, 음대생과 외부 인사들의 독주 공연도 자주 열리고 있다. 이들이 음악회를 주로 여는 곳은 문화관 대강당, 문화관 중강당, 음대 콘서트홀이다. 그러나 대부분의 음악회는 특별한 음향적 고려 없이 장소가 선정된다. 대부분의 음악회는 현재까지의 관행, 객석 수 등의 행정적 고려만을 거쳐 징소의 선정이 이루어진다.

음악회의 질에 많은 영향을 끼침에도 불구하고 홀의 음향적 특성이 지금까지 많은 주목을 받지 못한 이유에는 여러 가지가 있다. 그러한 중요한 이유 중 하나는 현재까지 서울대학교 연주회 홀의 음향적 특성의 측정이 이루어지지 않았기 때문일 것이다. 따라서 이 논문은 서울대학교의 주요 음악회 장소 세 곳의 음향적 특성을 알아내려고 한다. 이 실험에서 알아낸 정보를 바탕으로 여러 음악단체들의 추후의 음악회 장소 선정에 도움이 될 수 있도록 하겠다.

4. 배경이론

연주회 홀의 어떤 음향적 특성이 가장 중요한가에 대해서는 여러 가지 견해가 있다. 배런의 경우에는 명료도(clarity), 잔향감(reverberance), 입체감(envelopment), 친밀감(intimacy), 크기(loudness), 따뜻함(warmth)을 가장 중요한 요소로 뽑았다(Barron, 1933). 베라넥의 경우에는 크기, 잔향감, 명료도, 공간감(spaciousness), 입체감, 친밀감, 따뜻함을 뽑았다(Beranek, 1949). 하지만 이러한 특성들은 매우 주관적인 특성들이다. 주관적 느낌은 사람에 따라 다르며, 주관적 특성들은 수치적으로 나타내기 어렵다는 문제점이 있다. 따라서 이 특성들을 측정 가능하고 객관적인 수치로 나타내는 방법이 제시되었다.

배런의 경우 명료도(clarity), 초기감쇠시간(early decay time), 잔향시간(reveberation time), 측면에너지비율(lateral energy fraction), 크기(total sound level), 저음비율(bass ratio)을 제안하였다. 베라넥의 경우 잔향시간, 초기감쇠시간, 명료도, 양이 상관계수(interaural cross-correlation coefficient), 초기시간지연차, 저

음비율을 제시하였다.

잔향시간이란 소리가 난 후 그 음이 사라질 때까지 걸린 시간을 뜻한다. 즉 소리가 얼마나 잘 울리는가를 측정할 수 있는 매우 중요한 요소이다. 수치적으로는 어떤 음이 난 후 그 음의 세기가 60dB(100만 분의 1)만큼 떨어질 때까지 걸리는 시간이다. 일반적으로 잔향시간이 길수록 잔향감이 높아진다고 알려져 있다. 곡의 종류에 따라 긴 잔향시간이 필요하기도 하고 짧은 잔향시간이 필요하기도 하다.

명료도란 소리가 또렷하게 들리는 정도이다. 즉 이전에 낸 음이나 이후에 낸 음과 섞이지 않고, 얼마나 선명하게 들리는지를 알려주는 요소이다. 수치적으로는 소리가 난 후 80ms 안에 들어오는 소리에너지의 양으로 나타낸다. 관객의 선호도에 따라서 높은 명료도를 좋아하는 사람도 있고, 낮은 명료도를 좋아하는 사람도 있다.

측면에너지비율은 앞쪽에서 오는 소리에너지와 옆과 뒤에서 오는 소리에너지의 비로 정의된다. 이것은 소리가 얼마나 전면에서 오는지 알려주는 수치이다.

초기시간지연차란 전면에서 직접 온 소리와 한 번 반사되어 온 소리가 들어온 시간의 차이로 정의된다.

초기감쇠시간이란 소리가 사라지는 데 걸린 시간이다. 수치적으로는 10dB까지 떨어지는 데 걸리는 시간에 6을 곱하여 구한다.

저음비율이란 고음 에너지와 저음 에너지의 비로 정의된다. 일반적으로 저음이 클수록 따뜻함을 느낀다고 한다. 사람들은 저음비율이 높은 것을 선호하는 경향이 있다.

이 논문의 목적은 녹음된 소리를 분석해 이러한 수치들을 구하는 것이다. 다만 잔향시간은 정밀한 측정이 어렵기 때문에 근사치인 초기감쇠시간으로 대체한다.

5. 측정방법

가. 장비

1) 음원

음원으로는 대형 스피커를 사용한다. 스피커에 튜너를 연결하여 소리를 증폭시키겠다. 튜너에서 원하는 주파수만을 낼 수 있다. 이 기능을 이용하여 다양한 주파수 대역에 대한 실험을 할 수 있다.

2) 수신기

마이크로폰을 노트북에 연결한다. 그리고 노트북에서 녹음을 한다. 장소의 변화가 있을 경우에는 노트북을 원하는 장소로 움직여가면서 측정을 한다. 녹음된 자료를 분석하여 주파수별 음의 세기 및 세기의 변화를 알아낼 수 있다.

나. 분석 소프트웨어

Sony사의 SoundForge 8.0을 이용한다. SoundForge는 음의 발생시간을 시각적으로 정확히 보여주기 때문에 비교적 쉽게 음파 분석이 가능할 것으로 예측된다.

다. 실험절차

1) 명료도, 초기에너지비율, 초기감쇠시간 측정

연주하는 단 한가운데에 대형 스피커를 설치하고 측정을 원하는 곳에 수신기를 설치한 후 녹음을 시작한다. 처음 대형 스피커에 125Hz(저음) 소리를 가한 후 갑자기 소리를 멎게 하고 250Hz, 500Hz, 1kHz(고음)도 마찬가지로 실험한다. 한 곳에서의 실험이 끝나면 수신기의 위치를 변화시키면서 실험한다. 실험 후에는 데이터를 보고 소리의 감쇠 반응 정도를 측정한다.

2) 측면에너지비율

마이크로폰을 앞과 옆과 뒤 방향으로 설치하고 그 사이에 칸막이를 설치한다. 그리고 스피커에서 일정한 음을 낸다. 실험 후에는 앞과 옆과 뒤 방향의 마이크로폰의 음량 비를 계산한다.

3) 저음비율

스피커에서 주파수를 바꾸어 가면서 소리를 발생시킨다. 한 곳에서의 측정이 끝나면 자리를 바꾸어가면서 녹음한다. 실험이 끝난 후 SoundForge의 '주파수 분석' 기능을 이용하여 주파수별 음의 크기를 비교한다.

6. 예상되는 결과

일반적으로 문화관 대강당과 중강당은 소리가 거의 울리지 않고 매우 작게 들린다고 한다. 그에 비하여 음대 콘서트홀은 그 울림이 괜찮다는 평이 많다. 따라서 잔향 시간은 음대 콘서트홀이 더 길 것으로 예상된다. 그 외의 요소들은 예측이 힘들며, 실험분석을 해봐야 정확한 평가가 가능할 것으로 생각된다.

참고문헌

1. Barron, M., 1993, *Auditorium Acoustics and Architectural Design*, E & FN SPON.
2. Beranek, L., 1949, *Acoustic Measurement*, John Wiley & Sons.

부록 2. 학생이 제출한 연구계획서 사례 2

2축 자이로를 사용한 대체마우스의 개념설계
- 지체 장애인과 노인을 위한 마우스를 중심으로 -

1. 서론: 연구의 필요성

컴퓨터의 통신기기로서의 기능은 이미 인터넷의 발전과 더불어 그 중요성을 더해가고 있다. 아니 어쩌면 더 이상 우리는 컴퓨터가 없는 세상에서는 살아갈 수 없을지도 모른다. 컴퓨터를 이용하여 거래를 하고, 자신의 의사를 표현하고 사람들과 교류하는 등 컴퓨터는 이미 일반인들의 생활필수품일 뿐 아니라 가상공간에서 활동하는 데 필수품으로 자리 잡고 있다. 앞으로 컴퓨터는 가전제품과 연동되어 미래 가정환경에서 더더욱 필수불가결한 제품으로 입지를 공고히 할 것이다. 뿐만 아니라 이러한 컴퓨터 기능은 장애인과 노인들에게도 큰 도움이 될 것이다. 하지만 현재의 일반적인 입력장치의 사용이 이들에게는 불편하고 힘들며, 이 점이 이들의 컴퓨터 사용에 장애가 되고 있다. 이런 점을 보완하기 위해 많은 대체마우스들이 개발되었지만 여전히 많은 사람들이 불편을 겪고 있다.

2. 연구목적 및 의의

우선 본 연구에서 대체마우스의 사용대상으로 보는 사람은 그 장애의 정도가 심하지 않은 사람들과 노인들이다. 특히 본 연구에서는 현재의 볼 마우스와 같은 대체마우스로는 하기 힘든 정교한 작업을 원하지만 일반 마우스의 사용이 불편하고, 또한 현재 장애인용 대체마우스의 사용에 심적으로 불편함이 있는 사람 등을 주요 사용대상자로 보았다.

따라서 본 연구의 가장 큰 목적은 운동·제어 능력이 떨어지는 사람이 좀 더 정교한 작업을 할 수 있도록 도와주면서, 더 나아가 일반인도 같이 사용하는 데 불편함이 없는 마우스를 설계하는 것이다.

컴퓨터 사용에 어려움이 많았던 사람들이 저렴한 비용으로 일반인과 똑같이 컴퓨터를 사용할 수 있게 되어 컴퓨터의 사용이 점점 더 중요해지는 일상생활에서 소외받지 않고 편하게 생활할 수 있도록 도움을 주는 것이 본 논문의 가장 큰 의미가 될 수 있을 것이다.

3. 선행 연구 및 실태 조사

본 논문의 경우 기존의 장애인을 위해 개발된 여러 마우스들이 선행 연구 조사대상이 될 것이다. 지금까지의 장애인을 위한 마우스 개발의 이론적 검토는 물론이고 현재 나와 있는 장애인용 마우스의 가격, 사용법 등 장단점을 좀 더 조사해보는 것이 본 연구에 도움이 될 것이다.

4. 연구의 이론적 배경

맨 처음에 제목에서 알 수 있듯이, 본 연구에서 개발하려 하는 것은 2축 자이로가 들어간 자이로 마우스의 일종이다. 따라서 자이로스코프란 무엇인지, 어떠한 것을 할 수 있는지 등을 간단하게나마 알아보도록 하자.

① 자이로스코프(자이로)란 원래 회전하는 물체의 회전각이나 회전 각속도를 측정하는 일종의 관성 센서이다. 좀 더 간단하게 생각해보면 자이로는 회전축이 자유롭게 회전할 수 있게 한 팽이라고 생각하면 된다. 팽이는 회전하면서 각운동량을 갖게 되는데, 토크가 0이라면 회전 방향은 보존된다. 즉 만약 처음에 팽이를 땅에서 90도로 똑바로 세워서 돌리면, 이 팽이는 계속 똑바로 돌기만 할 것이다. 하지만 외부의 힘에 의해 회전축이 변하게 되면 세차운동을 하게 된다. 자이로는 이런 성질을 이용하여 어떤 물체가 운동할 때 운동방향이나 가속도 등을 측정할 수 있게 해준다(자이로의 회전축 1개당 한 방향의 운동을 감지할 수 있음). 자이로스코프는 다른 말로는 '자이로센서'라고 한다.

② 앞에서 말한 것처럼 하나의 자이로는 한 방향의 운동을 감지할 수 있기 때문에, 일반적인 2축 자이로 마우스를 사용하여 우리는 상하좌우의 방향을 컴퓨터에 입력할 수 있는 것이다. 3축 자이로도 존재하는데, 이러한 것을 우리는 3D-마우스라고 한다. 아직 많이 사용되지는 않지만 이러한 3D-마우스의 최종 목표는 영화 〈마이너리티 리포트〉에서 톰 크루즈가 사용하는 장갑형 마우스와 같다고 볼 수 있다.

③ 만약 자이로의 축이 하나인 마우스가 있다면, 그 마우스는 직선밖에 그릴 수 없을 것이다. 예를 들어, 좌우 방향의 축(앞으로 x축으로 표시)만 on되어 있다면 아무리 상하 방향으로 그리려 해도 움직이지 않거나(정확히 90도로 그릴 경우), 좌우로 움직일 수밖에 없다. 실제로 시중에 나와 있는 3D-마우스에는 이러한 성질을 이용하는 기능이 있다. 3D-마우스에서 일부러 x축만 on시키고 상하 방향의 축(앞으로 y축으로 표시)은 off시켜 프레젠테이션 설명 시 직선을 그리기 편하게 하는 기능으로 사용하고 있다.

④ 2축 자이로 마우스의 x축과 y축을 번갈아가면서, 하나씩만 on시킨다면, 어떻게 될까? 아마 사람의 곡선적인 입력을 직각으로 변환하여 입력할 수 있을 것이다. 각각의 축에 서로 상보적인 클락을 준다고 생각해보자. 만약 클락의 주파수가 커진다면 우리는 거의 똑같이 곡선의 입력을 줄 수 있을 것이고, 주파수가 작아지면 상당히 딱딱한 계단형의 입력밖에 줄 수 없을 것이다.

⑤ 따라서 만약 운동·제어 능력이 떨어지는 사람이 위와 같이 장치한 2축 자이로 마우스를 작은 클락 주파수로 사용한다면 편리하게 입력할 수 있다. x축만 on되어 있는 경우, 사용자가 오른쪽 왼쪽만 구분될 정도로 대충 움직여 주면 자이로가 알아서 반듯하게 좌우로 필터링을 해주어 직선의 움직임을 입력할 수 있을 것이다. 이처럼 사용자 개개인의 운동·제어 능력에 따라 적당한 클락의 주파수를 설정하여 마우스를 자신에 맞게 사용할 수 있을 것이다. 일반인의 경우 고주파의 클락을 준다면 일반 마우스와 전혀 차이를 느끼지 못하게 될 것이다.

5. 연구모형 및 가정: 연구대상의 운동·제어 능력에 대한 가정

앞에서도 간략히 말했다시피, 본 연구의 대상(즉, 본 연구결과물인 대체마우스 장치를 사용할 대상)은 운동·제어 능력에 심하지 않은 장애를 갖고 있는 사람과 노인들이다. 하지만 그 기준이 모호할 수 있으므로 우리는 다음과 같이 가정하겠다.

① 마우스 사용자는 최소한 상하좌우에 대한 개념을 가지고 있어야 한다.

② 스스로의 운동·제어 능력으로 왼쪽과 오른쪽, 위와 아래는 구분하여 손을 원하는 방향으로 움직일 수 있어야 한다. 예를 들면 오른쪽 그림과 같다. 오른쪽 그림은 왼쪽에서 출발하여 오른쪽에서 끝난 것이다. 이처럼 오른쪽으로 똑바른 선은 그릴 수 없더라도, 어느 정도 비슷한 수준의 움직임만 보여줄 수 있으면 된다. 다만 움직임을 '제어'할 수 있어야 한다. 즉 그림의 선을 자신이 오른쪽이라고 생각하고 움직일 수 있어야 한다는 것이다. 반대로 왼쪽으로 움직여야지라고 생각하면 옆의 그림의 오른쪽 점에서부터 시작하여 움직일 수 있어야 한다.

그림

③ 컴퓨터 사용 시 자신이 목표로 하고 있는 아이콘이나 버튼 등을 혼자서 인식하고, 현재 마우스 포인터의 위치로부터 그 목표까지의 경로를 상하좌우의 움직임으로 생각할 수 있어야 한다.

즉, 적어도 위의 세 가지 가정을 충족시킬 정도의 운동·제어 능력을 가지고 있는 사람만이 본 연구의 대체마우스를 제대로 사용할 수 있을 것이다.

6. 연구방법

우리가 생각하는 대체마우스에서 가장 중요한 기능을 하는 것은 바로 자이로이다. 자이로의 성능과 종류에 따라 가격도 천차만별이다. 우리는 범용 대체마우스 생산이 목표이기 때문에, 우리에게 필요할 것으로 생각되는 적당한 정밀도를 갖는 저렴한 자이로를 찾아야 할 것이다. 따라서 우선 그 적당한 자이로를 찾기 위해서 자이로에 대한 조사가 필요하다. 이때 현재 나와 있는 2축 자이로 마우스 모델을 참조하는 것이 도움이 될 것이다.

다음으로, 본 연구에서 가장 중요하게 정해야 하는 것은 바로 마우스 사용자가 선택할 수 있는 클락 주파수의 범위이다. 일반인이 사용할 경우에도 불편함을 느끼지 않게 하기 위해서는 어느 정도 큰 주파수까지 포함되어야 할 것이다(하지만 그래봐야 최대 200~300Hz 수준일 것이다).

이를 위해 스타크래프트 프로게이머들의 컨트롤 속도를 알아보는 데 자주 사용되는 APM 측정기를 이용하여 몇몇 사람의 평균적인 통계를 내보려 한다. 또한 프로게이머들의 최대 APM 값을 한계 값으로 참고하는 것이 좋겠다.

마지막으로 일반적으로 가장 많이 사용되는 운영체계인 마이크로소프트사의 윈도 시리즈에서 제공되는 마우스 환경설정과의 상호작용으로 보완할 수 있는 점들을 모색해보고자 한다.

7. 예상되는 결과와 시사점

자이로마우스의 경우 일반 마우스보다는 아직 약간 비싸다. 하지만 현재 시중에 나와 있는 대체마우스처럼 턱없이 비싼 가격이 아니라, 일반 마우스에 비해 몇만 원 정도 더 비싼 수준이다. 3D-마우스의 경우도 약 10~20만 원 정도면 구입할 수 있다. 앞으로 수년 이내에 그 가격이 절반 정도로 떨어질 것이라고 하니, 아마 2축밖에 들어가지 않는 본 연구의 마우스의 가격은 더 싸게 될 것이다. 그리고 큰 불편함 없이 노인과 심하지 않은 지체장애인, 일반인이 같은 마우스를 함께 사용한다면 그들의 일상생활에서의 편리뿐만 아니라 취업 문제에도 상당한 도움이 될 것이라고 생각된다.

참고문헌

[1] Yazdi, N., Ayazi, F. and Najafi, K., 1998, Micromachined Inertial Sensors, IEEE.

[2] 권성진, 2004, 지체장애인의 컴퓨터접근을 위한 대체마우스 개발에 관한 연구, 대구대학교 석사학위논문.

[3] 한국장애인고용촉진공단, 2006, 장애와 공학기술의 특별한 만남 : 장애인 보조공학기기 지원, 노동부.

연습문제

1. 각자가 관심이 있는 주제를 선정해 연구계획서를 작성해보자.

2. 다른 학생들의 연구계획서에 대해 장단점을 따져보고, 어떻게 고치는 것이 바람직한지 생각해보자.

3. 부록에 소개된 <연구계획서 사례 1>을 검토한 후 문제점을 지적해보자.

4. 부록에 소개된 <연구계획서 사례 2>를 통해 연구계획서에 포함되어야 할 내용에 어떤 것이 있는지 알아보자.

용어설명 〉〉〉

- **전제** presupposition, premise
- **가정** assumption
- **가설** hypothesis

좁은 의미에서 '전제'는 논증에서 결론의 바탕이 되는 판단을 의미하지만, 넓은 의미로 볼 때 글의 논증과정이나 추론의 결과가 근거하고 있는 바탕의 생각이며 이는 명시적으로 나타날 수도 있지만 경우에 따라서는 암묵적으로 숨겨져 있을 수도 있다. 가정 역시 추론의 근거가 되는 바탕에 놓인 생각이라 볼 수 있지만, 때로는 논의의 필요에 따라 임시로 정한 이론이나 생각을 뜻하기도 한다. 이런 점에서 '가정'은 아직 참과 거짓이 밝혀지지 않은 명제를 의미하는 '가설'과 유사한 의미로 사용된다.

제III부

글의 기본구성과 실제 작성과정

지금까지 과학기술자에게 글쓰기가 왜 중요하고 글을 쓰기 위해서 준비해야 할 것이 무엇인지 알아보았다면 여기서는 실제 글을 작성하는 과정을 논문을 중심으로 살펴볼 것이다. 논문 제목을 붙이는 요령에서부터 초록·서론·본문·결론을 쓰는 요령 그리고 인용 및 참고문헌 작성방법, 부록 다는 법, 발표자료 만들고 발표하는 요령 등을 구체적인 예를 통해 익히게 될 것이다.

제III부 제7장에서는 논문의 기본구성에 대해 알아보고 각 구성요소를 채워 넣는 방법을 설명하였다. 제8장에서는 이공계 분야에서 주로 사용되는 방법을 중심으로 올바른 인용방법과 참고문헌 작성방법을 상술하였다. 제9장에서는 갈수록 중요성이 증가하고 있는 초록 작성법을 설명하였고, 마지막으로 제10장에서는 과학기술자에게 중요한 의사소통수단인 발표 및 시각자료 만들기에 대해 상술하였다.

제7장

글쓰기의 실제

7.1. 논문의 기본구성

논문은 기본적으로 ① 제목, ② 초록, ③ 도입, ④ 분석과 논의, ⑤ 맺음, 그리고 ⑥ 참고문헌 목록으로 구성된다. 제목은 주장과 결론이 드러나도록 구체적으로 달아주어 독자로 하여금 내용을 짐작할 수 있게 하는 것이 바람직하며, 초록도 논문의 처음부터 끝까지의 핵심적인 내용이 나타나도록 작성해야 한다. 학술지에 따라서는 초록 대신 목차를 싣거나 초록과 목차를 모두 싣는 경우도 있다. 논문 앞에 이름과 소속을 쓰는 것도 잊지 말아야 한다. 논문에서 기본적으로 사용되는 구성은 124~125쪽에 나오는 〈논문 기본구성의 사례 1, 2〉와 같다. 선행 연구가 드물고 과정이 간단한 실험연구에서 대표적으로 사용되는 형태는 〈논문 기본구성의 사례 1〉이며, 실험과정이나 통계처리가 복잡한 연구는 〈논문 기본구성의 사례 2〉를 사용하기도 한다.

'도입'에 해당하는 서론에서는 문제제기를 중심으로 서술하며, 때로는 간단한 선행 연구를 소개하고 비판하기도 한다. '분석과 논의'는 연구자료

논문구성은 내용적으로나 형식적으로 모두 신경을 써야 한다.

연구에서 가장 중요하다고 판단되는 부분이 장과 절 등으로

더 세분되고 분량도 많이 차지해야 한다.

논문 전체의 구성은 본론을 어떻게 구성하느냐에 가장 크게 좌우된다.

와 방법 및 결과에 대한 정리와 논의를 포함하는 부분이며, 맺음은 모든 과정을 종합하여 요약한 후 연구의 한계와 새로운 제안을 덧붙이는 곳이다. 참고문헌 목록은 논문 중에 언급된 모든 문헌과 자료들을 일목요연하게 정리하는 부분이다.

1) 도입

서론의 제목은 '서론', '문제제기', '머리말', '여는 말', '들어가는 말', '들어가며' 등을 사용한다. 서론은 본론을 완성한 후에 최종적으로 확정할 수도 있지만, 미리 작성해놓으면 연구와 논문 작성의 길잡이가 된다. 서론은 주제의 범주에서 벗어나지 않게 치밀하고 명료하게 작성해야 하며, 필요한 경우에는 핵심용어를 정의하기도 한다.

논문 작성의 길잡이가 된다는 점에서 서론은 논문계획서의 역할을 하기도 한다. 기업이나 정부의 프로젝트 발주 같은 경우에는 연구계획서를 제출하게 하고 심사를 통해 연구의 가능성을 예단한다. 학기 중 수업에서는 완결된 형태의 연구계획서를 요구하지는 않더라도 연구의 대상과 방

〈논문 기본구성의 사례 1〉

제목

이름과 소속

초록

I. 서론

· 전체 문제제기와 세부 문제제기

· 연구의 동기와 필요성

· 주요 선행 연구들을 간단히 정리하고 비판

II. 연구방법

· 연구의 자료와 범위 : 영역, 시간, 사례

· 연구의 방법과 절차 : 구체적인 방식과 절차

III. 연구결과와 논의

· 연구결과 발견한 사실의 기술

· 연구결과의 해석과 논의

IV. 결론

· 요약과 함의

· 연구의 한계

· 새로운 연구 제안

〈참고문헌 목록〉

법, 서술 순서 등 꼭 필요한 사항에 대해서는 계획을 세운 다음 연구에 들어가는 것이 일반적이다. 이때 서론에서 그러한 계획을 밝히는 것이 이후 체계적인 연구를 수행하는 발판이 된다.

서론에서 필요한 내용을 구상하고 기술한 다음에는 예상 목차를 구성하는 것이 바람직하다. 글을 쓰면서 목차를 구성하게 되면 체계성을 담보하기 어렵다. 물론 목차도 글을 써가는 도중과 퇴고할 때 다시 바뀔 수

〈논문 기본구성의 사례 2〉

제 목 이름과 소속 초록 I. **서론** · 전체 문제제기와 세부 문제제기 · 연구의 동기와 필요성 II. **선행 연구에 대한 비판적 검토** · 주요 선행 연구의 정리 및 비판 III. **연구방법** · 연구의 자료와 범위 : 영역, 시간, 사례 · 연구의 방법과 절차 : 구체적인 방식과 절차 IV. **연구결과** · 연구결과 발견한 사실의 기술 · 연구결과의 일차적 해석 V. **논의와 결론** · 연구결과의 일차적 해석을 종합 · 종합된 결과들의 이차적 논의 · 요약과 함의 · 연구의 한계 · 새로운 연구 제안 〈참고문헌 목록〉

있다. 그렇다 하더라도 설계도를 갖추고 집을 짓듯이 논문을 쓰기 전에 전체의 윤곽을 미리 구성하고 각 장과 절에 연구한 결과를 배치해가는 것이 훨씬 수월한 작업이 될 것이다.

선행 연구에 대한 비판적 검토는 자신이 선택한 주제와 대상에 대한 연구가 충분히 축적되어 있지 않은 경우에는 〈논문 기본구성의 사례 1〉처럼 서론에 포함시킨다. 그러나 선행 연구가 많이 축적되어 있어 많은 지면을 할애하여 검토할 필요가 있을 때는 〈논문 기본구성의 사례 2〉처럼 별개의 장으로 구성해 치밀하게 검토하여 비판할 필요가 있다. 선행 연구에 대한 비판적 검토는 연구자가 해당 주제에 대해 기존의 연구를 충분히 천착했고 그 단점이나 오류들을 정확히 이해했음을 밝힘과 동시에 이를 통해 자신의 연구가 독창적이며 필요하다는 것을 설득하기 위해 중요한 부분이다.

2) 분석과 논의

'연구자료와 연구방법'에서는 영역, 시간, 사례 등과 같은 연구의 범위를 기술하고 내용분석, 담론분석, 통계분석, 비교분석, 실험분석 등 구체적으로 적용할 분석방법을 서술한다. 연구방법에 대해서는 조사나 실험에 이용된 재료, 측정절차, 실험기기, 실험방법 등을 상세하게 기술해야 한다.

연구결과에 대한 서술은 구체적 분석과 설명, 직접적인 분석결과가 제시되는 부분이다. 경험적 분석의 결과와 그에 대한 일차적 해석과 주장, 혹은 이론적 논거와 논증 및 그에 근거한 직접적인 주장을 진술한다. 경험적 혹은 이론적 연구결과와 직접적인 관계가 없는 것은 과감히 삭제하고, 간접적 증거로 필요하다고 판단되면 주석으로 처리한다.

'연구자료와 연구방법'에서 제시한 변수와 고찰대상을 중심으로 연구결과의 장과 절을 구성해야 하며, 모든 장과 절은 긴밀하게 상호 연결되어야 한다. 필요하면 각 장의 소결을 진술하는 절을 구성할 수 있다.

'논의discussion'에서는 연구결과에 대해 가능한 다양한 해석을 고찰한다. 연구결과와 실험결과가 자신이 주장하려는 것과 일치되게 나왔다고 할 수 있는지 그 근거를 들어 논해야 하고, 관점을 바꾸어 생각할 수 있는 반론 및 그에 대한 답변도 다루어야 균형 있는 논의가 된다. 연구결과 중 자기에게 유리한 것만을 강조해서는 안 되고 불리해 보이는 결과도 자신의 원래 가설이나 주장을 유지하면서도 설명할 수 있어야 과학자의 참된 자세라 할 수 있다.

3) 맺음

'결론conclusion'에서는 대개 연구결과의 요약과 더 높은 추상 수준에서 일반화된 함의를 서술한다. 그러나 앞에서 설명한 〈논문 기본구성의 사례 2〉처럼 본론에 해당하는 분석과 논의 부분이 직접적인 분석결과만 진술하는 경우에는 결론에서 연구결과의 해석을 먼저 다룸으로써 최종결론의 전(前) 단계를 구성하기도 한다. 요약은 서론과 본론을 모두 간결하게 축약하되, 반복되는 문장을 사용해서는 안 된다. 기초적 지식을 가진 사람이라면 요약만으로 논문 전체를 이해할 수 있을 정도로 간결하면서도 명료하고 포괄적으로 기술해야 한다. 그러나 서론과 본론의 내용을 단순히 요약하는 것으로 그쳐서는 안 되고 미래지향적인 함의를 포함시켜 논문이 갖는 다양한 적용가능성, 활용방안 등을 제시해야 한다. '함의' 부분에서 본론 각 장의 소결들을 종합적으로 판단하여 중핵 부분을 추리되 문제제기에 맞추어 동일한 조건의 대상에 적용 가능하도록 일반화 혹은 추상화하는 방식으로 정리하는 것도 한 방법이다. 이때 함의는 반드시 본론에서 언급된 내용과 어떤 방식으로든 관련되어야 한다.

시사점을 언급할 경우에는 본론에서 언급되지 않은 내용을 포함할 수 있지만, 이것 역시 논리적 추론이 가능한 범위에서만 허용된다. 마지막으로 시사점과 함께 연구의 한계와 후속 연구의 제안을 통해 논문을 마무리하는 것이 좋다. 특히 실험연구나 통계연구처럼 연구의 직접적인 대상이 매우 한정될 경우 일반화 과정에서 주의할 필요가 있다. 따라서 연구의 한계를 명시하여 독자로 하여금 논문의 의의와 한계를 분명히 인식할 수 있도록 해야 한다.

결론의 제목은 '결론', '맺음말', '맺는 말', '나가는 말', '나오며', '맺으며', '결어' 등을 사용하되 서론의 제목과 어울리게 달아야 한다. '서론'과 '맺으며'·'들어가며', '결론'과 '머리말'·'나가는 말' 등은 어울리지 않는다. '서론'과 '결론', '들어가며'와 '나오며', '들어가는 말'과 '나가는 말', '여는 말'과 '맺는 말', '머리말'과 '맺음말' 등 서로 호응이 되는 제목을 선택해야 한다.

4) 참고문헌 목록

참고문헌 목록은 논문 중에 언급된 문헌을 중심으로 정리해야 한다. 참고문헌을 정리하는 방식은 출전표기방식에 연동하여 정해진 방식을 따르며 반드시 한 가지 방식으로 통일해야 한다. 자신이 속한 학과의 대표적인 학술지의 홈페이지를 방문하여 출전표기와 참고문헌 정리방식을 찾아 다운로드 받은 후 필요할 때 참고하는 것이 좋다.

논문구성은 내용적으로나 형식적으로 모두 신경을 써야 한다. 연구에서 가장 중요하다고 판단되는 부분이 장과 절 등으로 더 세분되고 분량도 많이 차지해야 한다. 물론 논문 전체의 구성은 본론을 어떻게 구성하느냐에 따라 가장 크게 좌우된다. 따라서 내용을 분석한 후에 결정이 가능하지만, 분석에 들어가기 전에도 주요 분석대상과 배경 및 도입 단계를 설정하여 미흡하게라도 서술 분량과 구성을 생각해둘 필요가 있다. 다음 절에서는 각 항목별로 사례와 함께 자세히 살펴보도록 하겠다.

7.2. 논문 제목

주제와 제목은 구분할 필요가 있다. 연구대상을 선정하고 그 대상의 분석을 통해 답을 얻고자 하는 문제가 주제이고, 논문의 제목은 제기된 문제에 대한 답, 즉 분석의 결과인 새로운 발견이나 주장을 포함한 것이다.

주제와 연구대상은 연구계획서 작성 단계에서 이미 뚜렷하게 드러나지만 제목은 연구결과가 나온 다음에 확정되는 것이 일반적이다. 그러나 실험연구의 경우는 대개 가설 형태로 분석결과가 제시되므로 처음부터 가제(假題)로라도 제목을 정하고 논문을 완성한 후에 적절한 제목으로 수정하는 것을 검토하는 것이 좋다.

제목은 곧 논문의 첫인상이자 얼굴이라 할 수 있다. 따라서 제목을 적절히 붙이는 것도 신경 써야 할 일이다. '……에 관한 연구' 혹은 '……에 관한 분석' 등의 제목을 다는 경우를 볼 수 있는데, 논문은 어차피 연구이고 분석이므로 '연구'와 '분석'은 없어도 되는 말이다. 이러한 제목은 '연구'와 '분석'을 삭제하면 분석대상만 남기 때문에 연구결과와 주장이 드러나도록 제목을 붙여야 한다는 의미에서 피해야 할 제목의 예다.

분석의 결과가 한두 마디로 요약할 수 없을 정도로 긴 설명이라면 분석대상만을 드러내는 제목을 선택할 수밖에 없을 것이다. 또한 단행본처럼 내용이 광범위한 경우라든지, 현재 논쟁이 되고 있는 주제여서 호기심을 유발하려는 특별한 의도가 있는 경우라면 분석대상만 드러내는 제목도 유용하다.

지나치게 길어 수식관계를 파악하기 곤란한 제목도 피해야 한다. 그런 염려가 있을 때에는 주 제목을 연구대상으로 구성하되 주장이 담긴 표현을 부제로 달거나 그 반대의 방법을 사용할 수 있다. 그러나 제2부제까지 달아 제목의 단계를 너무 많이 구분하는 것은 좋지 않다.

분석대상이 나타나 있지 않은 제목도 적절하지 않지만 분석대상이 구체적이지 못한 것도 좋은 제목이 아니다. 과학기술 논문은 허용된 분량에 적절한 주제를 잡아 심도 있고 엄밀하게 분석하는 것이 중요하다. 논문의 제목도 그러한 분석에 어울리게 엄밀한 형태로 설정해야 한다.

〈표 7-1〉은 구체적인 분석대상을 드러낸 제목과 그렇지 않은 제목을 표시한 것이다. 표의 왼쪽 칸에 있는 제목들은 분석대상을 구체적으로 드러내지 않은 제목이고, 오른쪽 칸의 제목들은 그 대상을 구체적으로 드러낸 제목들이다. '수동 조작부품의 감성 품질의 정량화'에서 감성 품질을 '잡는

〈표 7-1〉 논문 제목의 사례 1

구체적 대상을 드러내지 않은 제목	구체적 대상을 드러낸 제목
수동 조작부품의 감성 품질의 정량화	수동 조작부품의 잡는 느낌, 동작감, 반응 소리에 대한 감성공학적 정량화
함정 설계 및 생산에서의 GT 응용	함정 설계 및 생산에서의 GT를 응용한 플랫폼 패밀리 구성

느낌, 동작감, 반응 소리'로 더 구체화한 것이 오른쪽 상단의 제목이다. 그리고 두 번째 제목은 '함정 설계 및 생산에서의 GT 응용'에서 그 연구, 즉 응용의 대상을 더 구체화하여 '플랫폼 패밀리 구성'을 구체적으로 밝혔다. 이와 같이 분석대상을 구체화하면 독자의 혼란을 방지할 수 있다.

〈표 7-2〉의 첫 번째 예는 의사결정 상황 이전에 핵심 위험인자에 대해 사전점검을 실시한다는 의사결정지원의 일반적 측면에, 통계적으로 규정을 이탈한 정보를 공유하여 잠재손실 요인을 미리 관리하는 방법을 가미하여 새로운 의사결정지원 시스템을 개발한 논문의 제목이다. 왼쪽에 기술된 제목만으로는 이러한 내용을 짐작할 수 없다. 따라서 오른쪽에 제시된 제목처럼 '잠재손실 요인의 사전 관리를 가미'했다는 점을 밝혀 논문의 독창성을 드러낼 필요가 있다.

두 번째 예는 번호이동성 제도의 도입이 이동통신 서비스 시장 및 사회에 가져올 효과를 추적한 논문의 제목이다. 연구한 결과 이동통신 서비스 시장을 확대하고 후생복지를 증진하는 네트워크 효과가 있다는 결론을 도출했다면, 오른쪽 제목처럼 그 결론을 명확히 드러내는 것이 바람직하다. 왼쪽의 경우에도 네트워크 효과라는 개념이 등장하지만 그것만으로는 구체적인 연구결과를 알 수 없기 때문이다.

세 번째 예는 '......에 관한 연구'라는 제목을 단 대표적인 경우이다. 왼쪽에 제시된 제목에서 연구대상은 '뉴스전문 TV의 네트워크 디자인 개발'

〈표 7-2〉 논문 제목의 사례 2

연구대상만을 드러낸 제목	주장과 결과를 드러낸 제목
수주형 제조업체의 의사결정지원시스템 설계에 관한 사례 연구	잠재손실 요인의 사전 관리를 가미한 수주형 제조업체 의사결정지원 시스템 개발
번호이동성 제도의 도입과 네트워크 효과	번호이동성 제도 도입: 이동통신 서비스 시장의 성장과 후생복지 증진
뉴스전문 TV의 네트워크 디자인 개발에 관한 연구	네트워크 디자인 개발을 통한 뉴스전문 TV의 다채널화 시대 차별화 전략 구상
대형 LCD 패널 제작용 복합재 롤러의 회전체 동역학 해석	대형 LCD 패널 제작용 복합재 롤러 회전체의 진동안정성 및 특성 분석과 이를 사용한 동역학 전산해석: 설계요구 만족도 검토

임을 알 수 있지만 그와 관련된 문제제기와 연구의 구체적 관심을 짐작할 수 없다. 따라서 오른쪽 제목과 같이 그 결과를 간략하게나마 밝혀 적절히 배치함으로써 독자에게 더 친절한 제목을 제시할 필요가 있다. 물론 이 논문의 경우는 다채널화 시대의 구체적인 차별화 전략 내용을 제시했을 것이다. 그러나 논문의 제목이 지나치게 길어지는 것도 피해야 하므로 대표적인 언급에 만족해야 한다.

마지막 예는 대형 LCD 패널 제작용 복합재 롤러에 대해 동역학 전산해석을 수행하여 진동안정성과 특성을 분석함으로써 베어링 강성 수준을 예측하고 구조변형 정도와 응력 수준 및 진폭을 파악하여 설계요구 만족도를 사전에 검토할 수 있음을 확인한 논문이다. 왼쪽에 제시된 제목은 분석방법에 대한 구체적인 기술도 부족하며 그 결과를 알 수 있는 설명도 없다. 오른쪽에 제시된 바와 같이 '진동안정성 및 특성 분석'을 가미하여 분석방법을 더 명료하게 하고 '설계요구 만족도 검토'라고 밝혀 연구결과를 개진할 필요가 있다.

7.3. 도입

서론은 연구의 목적과 필요성 및 의의를 서술하고 문제제기를 밝히는 도입 부분이다. 문학적으로 훌륭한 표현보다는 분석적이고 명확한 표현을 통해 자신의 문제의식을 밝히고 연구의 필요성을 설득해야 한다.

서론에서 가장 중요한 것이 문제제기이다. 논문은 하나의 명제로 압축될 수 있고 또 그래야 한다. 따라서 하나의 명제로 압축되는 전체적인 문제제기는 곧 논문의 궁극적인 목표를 밝히는 일이기도 하다. 그 다음 전체 문제제기에 답을 해가는 과정을 '분석'이라고 한다면, 이 분석은 단계적으로 이루어질 것이고 그 단계에 해당하는 것이 '세부적인 문제제기'이다. 이 세부적 문제제기가 논리적 수순을 밟으면 그것이 곧 체계적인 예상 목차로 이어질 것이다. 따라서 구체적인 문제제기가 얼마나 논리적으로 이루어지느냐가 연구과정과 논문구성이 얼마나 체계적으로 이루어지느냐의 관건이 된다.

또한 문제제기와 함께 '연구동기'의 확립을 통해 논문의 필요성을 설득력 있게 밝혀야 한다. 해당 주제를 분석한 선행 연구들에 나타난 치명적인 오류를 소개하거나 중요한 특정 변수들이 극적으로 변화하여 새로운 연구가 필요하다고 기술하는 것도 연구동기를 설명하는 주요한 방식이다. 이 경우는 선행 연구에 대한 검토가 별개의 장으로 구성될 필요 없이 '도입'에 포함될 수 있는 사례이다. 또는 현재 진행되고 있는 여러 이슈들과 관련지어 해당 주제가 학문적으로나 사회적으로 중요함을 밝히는 것도 연구동기를 제시하는 주요 방법이다.

동기를 제시할 때는 주관적 경험을 중요한 요소로 기술하지 말아야 한다. 논문도 물론 흥미를 유발할 수 있는 도입을 필요로 하지만 연구논문에서 흥미로운 도입은 지적 호기심을 유발하는 것에 한정된다. 또한 논문에서 더 중요한 것은 '객관성'이다. 따라서 주제와 관련된 객관적 실상들 중에서 지적 호기심을 유발할 만한 사실들을 선정해 기술하는 것이 바람직하다.

서론에 들어갈 구체적인 내용은, ① 어떤 목적(연구목적)으로, ② 무엇(연구대상)을, ③ 왜(필요성과 의의), ④ 어떻게(접근방법과 주요 분석항목), ⑤ 어떤 순서(서술 순서)로 분석하고 서술할 것인가이다. 서론은 지나치게 길게 쓰지 않는 것이 좋다. 선행 연구와 새로운 분석틀을 포함하는 경우가 아니라면 하나의 논문에서 A4 용지 한 장 반 정도를 넘지 않도록 쓰는 것이 바람직하다.

연구논문은 독창성을 생명으로 하기 때문에 새로운 사실을 발견하거나 기존의 이론을 반증할 수 있을 경우에만 성립된다. 따라서 연구주제에 대한 선행 연구를 검토하는 것이 필수적이다. 그러나 기존의 이론과 연구를 단순히 나열하는 방식으로 소개하는 것은 의미가 없으며, 그 장단점을 파악하여 비판적인 평가와 함께 정리해야 한다.

선행 연구가 많이 축적되어 있을 경우에는 대개 훌륭한 입문서가 저술되어 있다. 이때에는 연륜이 풍부한 전문가가 저술하고 가장 최근에 발간된 입문서를 선택하여 선행 연구들을 살펴보고 필요한 것을 선정해 분석적으로 독서하는 것이 좋은 방법이다. 물론 그 입문서가 발간된 이후의 연구들은 일일이 조사하여 체계적으로 읽어내야 한다.

반면 선행 연구가 거의 혹은 전혀 없는 연구주제를 선택했을 경우에는 연구하기가 상대적으로 더 어렵다. 그렇지만 이러한 경우에도 자기 연구의 독창성을 증명하기 위해서는 선행 연구를 소개해야 한다. 아무런 소개도 없이 선행 연구가 없다는 언급만으로는 독자를 설득할 수 없다. 이때에는 연구대상의 범위를 가능한 한 확장하여 관련된 선행 연구들을 찾아본다. 이 연구들을 읽고 오류가 있으면 지적하고 오류가 없을 경우에는 자신의 연구대상과 간접적으로 관련된 연구들은 이러이러한 것들이 있지만 직접 관련된 연구들은 없다고 진술하면 된다. 이로써 독자들은 해당 연구의 대상이 선행 연구가 없는 새로운 현상이라는 것을 이해할 것이다.

7.4. 연구방법과 연구결과

7.4.1. 연구방법

모든 연구는 연구방법에 따라 다른 결론이 도출될 수 있다. 따라서 가설과 잠정 결론으로 이어질 문제제기에 적절한 연구방법을 선택해야 한다. 또한 자신의 연구방법과 결론은 기존 연구와 다르거나 기존 연구의 오류를 수정한 더욱 적절한 방법을 사용해 결론을 도출해야 한다. 연구방법을 다루는 장은 이와 같이 연구대상을 어떻게 연구할 것인지, 그 연구 과정을 알려주는 부분이다. 자신이 선택한 연구방법이 다른 연구의 방법과 어떻게 차별되며, 왜 이러한 연구방법을 채택했는지에 대한 설명이 있어야 함은 물론이다.

먼저 연구의 재료와 장비 및 방법에 대해 상세하게 쓰고 이를 선택한 이유도 함께 밝힌다. 그런 다음 실험과정에 대해 상세히 기술한다. 실험 기구와 재료, 처리방법, 측정방법, 실험횟수 등을 구체적으로 서술해야 후에 논쟁의 소지가 없다. 기술된 실험과정을 따라서 다른 연구자가 똑같은 실험을 수행할 수 있도록 구체적으로 써주어야 한다. 또한 누가, 언제, 어디서 실험을 수행하더라도 논문에서와 동일한 결과가 나올 수 있도록 해야 한다.

이와 같은 내용들이 아주 길고 복잡할 때에는 실험재료와 실험방법, 실험조건 등으로 나누어 기술할 수 있다. '태양열이용 하이브리드 열펌프시스템의 성능특성에 관한 연구'를 수행한 다음의 〈연구방법의 사례〉에서는 실험방법과 실험조건을 나누어서 기술하고 있다.(이 사례에 등장하는 〈그림 3〉은 실험방법 서술방식의 이해를 위해 직접적으로 필요하지 않으므로 생략했다.)

이 사례는 실험이 시행된 시기와 온도에 대해 자세히 밝히고 있으며, 출구온도를 40°C로 설정한 이유에 대해서도 설명하고 있다. 실험에 따라

〈연구방법의 사례〉

2.2. 실험방법

실험은 2005년 10월부터 약 2개월에 걸쳐 수행하였으며, 일사가 있는 주간에는 태양에너지를 집열하여 축열조에서 축열하고 야간에는 일정량의 부하를 인위적으로 만들어서 축열조의 평균온도가 15°C 이하가 될 때까지 열펌프 시스템을 운전하여 시스템의 성능을 분석하였다.

본 연구의 하이브리드 열펌프 시스템은 두 가지 형태의 운전모드를 가지고 있다. 하나는 〈그림 3〉에 나타낸 바와 같이 집열기를 통하여 획득한 열을 직접 사용하는 경우이고, 또 하나는 축열조 내의 열매체의 온도가 기준온도 이하로 떨어져서 온수급탕에 직접 사용할 수 있는 온도보다 낮아지면 열매체를 열펌프의 증발기에 공급하여 열펌프의 저열원으로 사용하는 운전방법이다.

2.3. 실험조건

본 연구에서 주간의 축열운전은 태양일사가 있는 오전 6시 30분부터 오후 6시 30분까지 12시간 동안 수행하였다. 축열운전을 할 경우에는 축열운전이 난방 혹은 급탕부하에 영향을 받지 않도록 인공부하를 정지한 상태로 실험을 수행하였으며, 난방부하가 발생하는 야간에는 축열된 열을 난방부하를 모사하기 위하여 설치한 저온형 칠러의 증발용 열교환기에 공급하였다. 저온형 칠러는 일정한 부하를 부가할 수 있도록 제작하였다.

본 연구에서 축열된 열을 부하측에 직접 공급하는 경우와 열펌프의 증발열원으로 이용하는 경우에 대한 구분조건을 축열조의 출구온도 40°C로 선정하였는데, 그 이유는 열펌프의 사이클 측면에서 증발기 열원의 온도가 40°C 이상이 되면 압축기 입구과열도가 매우 높고 이것이 압축기 토출 온도의 상승으로 이어져서 압축기의 신뢰성에 악영향을 미치기 때문이다. 또한 압축기 흡입가스의 과열도가 높을 경우에 압축기의 효율이 떨어져서 소비전력의 증가를 가져오는 이유도 있다.

〈표 1〉 System specification and test conditions

<table>
<tr><td rowspan="4">solar collector</td><td colspan="2">size(mm)</td><td>1780×1560</td></tr>
<tr><td colspan="2">area(m²)</td><td>2.7</td></tr>
<tr><td colspan="2">slope(°)</td><td>33</td></tr>
<tr><td colspan="2">efficiency(%)</td><td>54.5</td></tr>
<tr><td>storage tank</td><td colspan="2">capacity(L)</td><td>200</td></tr>
<tr><td rowspan="3">control</td><td colspan="2">difference temp.(°C)</td><td>3</td></tr>
<tr><td colspan="2">bias(°C)</td><td>1</td></tr>
<tr><td colspan="2">startup temp.(°C)</td><td>40</td></tr>
<tr><td rowspan="4">circulation flow rate(L/H)</td><td colspan="2">pump(collector)</td><td>530</td></tr>
<tr><td colspan="2">pump(heat source)</td><td>800</td></tr>
<tr><td rowspan="2">pump (load)</td><td>direct mode</td><td>200</td></tr>
<tr><td>heat pump mode</td><td>400</td></tr>
<tr><td colspan="3">type of heat exchanger</td><td>plate</td></tr>
<tr><td colspan="3">compressor capacity(Hp)</td><td>1</td></tr>
<tr><td colspan="3">expansion valve type</td><td>TEV</td></tr>
</table>

또한 축열조의 출구온도 40°C를 제어온도로 선정한 이유 중의 하나는 40°C가 공기 대 공기 열펌프가 난방기의 역할을 수행하기 위해서 필수적인 실내기출구공기의 한계온도이기 때문이다. 본 연구의 실험조건 및 실험장치의 사양은 〈표 1〉과 같다.

출처: 박윤철 외, 2007, 태양열이용 하이브리드 열펌프시스템의 성능특성에 관한 연구, 한국태양에너지학회 논문집 27(1): 50쪽.

실험재료를 자세히 기술하는 경우도 많으나 이 논문에서는 정확한 실험 방법과 실험조건만을 이야기하고 있다. 이 사례에 나오는 실험을 재연하고자 하는 연구자는 위의 방법을 따라서 수행하면 된다. 재연자의 실험결과가 이 논문에서 보여주는 결과와 일치되게 나와야 하는 것은 물론이다.

하지만 실험기간이 '10월 말부터 약 2개월'이라고 불명확하게 서술되어 있고, 태양에너지 흡수에 큰 영향을 주는 실험기간 내의 일조 조건이나 기상 조건이 자세히 기술되어 있지 않은 점은 개선이 필요한 부분이다.

7.4.2. 연구결과

연구결과에서는 연구과정을 통해서 얻어낸 결과물을 서술한다. 실험이나 관찰을 통해 얻은 결과물을 제시할 때는 문장으로만 서술하는 것보다 시각 자료를 함께 사용하는 것이 효과적이다. 표나 막대그래프, 선그래프, 원그래프 중에서 결과를 효율적으로 나타낼 수 있는 것을 선택해 사용한다. 또한 결과가 왜곡되게 표현되지 않도록 조심하고 객관적으로 기술한다.

주의할 것은 표나 그래프를 제시하고 독자로 하여금 독해하게 해서는 안 된다는 것이다. 표나 그래프는 그 자체로 분석의 대상이 되는 경우가 아니라면, 설명하고자 하는 바를 더욱 명료하게 이해시키도록 보조하는 역할을 하는 것이므로 문장만으로도 이해될 수 있도록 상세히 설명해야 한다.

마지막으로, 결론을 내리는 과정과 무관하거나 무관해진 결과는 넣지 않는다. 이때 연구자가 공을 들였던 부분이라도 아까워하지 말고 과감하게 버리는 용기가 필요하다.

다음의 〈연구결과의 사례〉는 '지하역사에서의 화재연기거동 실험'이라는 제목으로 지하역사에서 연기가 움직이는 경로에 대해서 실험한 결과의 일부다. 결과를 수치와 함께 사진으로도 나타내고 있다. 화재 시 연기가 시야를 가리느냐의 여부도 중요하기 때문에 이와 같은 사진은 독자의 이해를 돕는다. 한편 여기서는 결과를 객관적으로 기술하고 있을 뿐이지 결과에 대한 설명이나 해석은 보이지 않는다. 이는 '논의'에서 다루어진다.

〈연구결과의 사례〉

3.1. 연기가시화 결과

3.1.1. Case 1 (자연배기, 모든 배연팬 정지)

Case 1은 승강장 내에 제연 시설이 작동을 하지 않는 최악의 조건에서의 연기거동을 파악하고 배연장치가 작동되는 Case 2, 3과의 결과 비교를 위하여 수행되었다.

Fig. 4~8은 화재 발생 후 10분 뒤의 연기 상황을 보여주는데, 1~4번 캠코더의 경우에는 연기로 인하여 시야가 거의 확보되지 않는 것을 볼 수 있다. 터널에서의 기류가 우측(부산진역에서 범일동역 방면)으로 형성되어 있으므로 5, 6번 캠코더에서는 연기농도가 다른 캠코더보다 상대적으로 더 낮다. 모든 캠코더 위치에서 시간에 따라 연기가 짙어지는 것을 확인할 수 있었다.

이때 내부계단을 따라 상승한 연기가 대합실까지 전파되어 대합실에서도 시계를 확보하기 힘들었다.(Fig.9)

Fig. 7. After 10 min.(Case 1, at #4 camcorder)

Fig. 8. After 10 min. (Case 1, at #5 camcorder)

Fig. 9. Filled smoke in the concourse (Case 1)

Table 1. Detected sequence of sensors (Case 2)

감지기	감지시각	비고
F1	7분 18초	Zone 1 배기 시작
F2, F3	감지 안 됨	방송실 및 창고
F4	14분 19초(5)	
F5	감지 안 됨	통신기계실
F6	감지 안 됨	
F7	감지 안 됨	
F8, F9	감지 안 됨	창고
F10	감지 안 됨	
F11	3분 00초(1)	Zone4 배기 시작
F12, F13	감지 안 됨	창고
F14	6분 10초(3)	
F15*	4분 22초(2)	

* 대합실 내에 설치된 화재 발생 위치와 가장 가까운 센서

3.1.2. Case 2 (현 운전 중인 제연모드) 실험결과

Case 2의 제연모드는 현 운전 중인 제연모드로 연기가 감지된 Zone에서만 배연이 작동되는 경우이다. 연기 발생 후 3분 만에 화재 발생 위치와 가장 가까운 F11 연기감지기가 연기를 감지하였다. 이로부터 8초 후에 F11 연기감지기가 속해 있는 Zone 4에서의 배기가 자동으로 작동되었고 동시에 다른 제연구역의 모든 배기는 멈춘다. 연기는 Zone 4에 속해 있는 F14 감지기보다 1층 위인 대합실의 F15 연기감지기에 먼저 감지되었으며, 이로부터 약 2분 후에 F14 연기감지기가 연기를 감지하였다. 이후에는 반대편 승강장 범일동역 방향의 Zone 1 구역에서 연기가 감지되었으며 Zone 1 제연구역의 배기가 작동되었다.

출처: 박원희 외, 2007, 지하역사에서의 화재연기거동 실험, 한국철도학회논문집 10(1): 69-70쪽.

7.5. 연구결과의 논의와 결론

7.5.1. 결과의 논의 또는 고찰

이 부분은 연구한 결과를 분석하는 데 할애된다. 실험이나 분석의 직접적인 결과는 '7.4.2. 연구결과'에서 기술되기 때문에 여기에서는 연구결과를 과학적 법칙에 의거해서 설명하며 그 의미를 서술한다. 또한 이전 연구와 비교해서 연구결과가 갖는 중요성에 대해서도 언급한다. 본 논문이 전체 연구사의 맥락에서 어떠한 의미를 가지고 있는지 보여주는 것이다. 그리고 앞으로의 연구에 기여하는 부분에 대해서도 생각해보고, 실용화될 수 있는 부분들이 있으면 알려준다. 이때 자기가 세운 가설과 결과 사이에 모순이나 불일치가 나타난 경우라도 이를 그대로 밝혀주어야 한다.

다음 사례는 '급성 조증에서 기분안정제와 항정신병제 병합 투여에 의한 체질량지수BMI 변화'를 분석한 논문이다.

〈연구결과 논의의 사례〉

고찰

본 연구의 목적은 양극성 I형 장애 급성 조증으로 입원한 환자에서 서로 다른 약물 사용에 따른 4주 단기간의 체중 변화의 차이를 알아보는 것이었다. 이를 위해 양극성 I형 장애 조증 진단으로 입원했던 환자들을 입원시점부터 lithium과 divalproex 사용군으로 나누고 각각에서 병합 사용약물의 사용에 따른 체지방지수를 조사하였다.

연구결과, lithium과 olanzapine 또는 divalproex와 olanzapine 병합 투여군에서 기분안정제 단독투여군 또는 haloperidol 병합 투여군에 비해 시간에 비례하여 유의한 BMI 증가를 보였다. 또한 이러한 체중증가와 관련하여 치료 전 정상 체중군이 과체중/비만군 모두에서 시간에 따른 유의한 BMI 증가를 보였으며 정상 체중군이 과체중/비만군에 비해 더 큰 경향을 보였다. 즉 양극성 장애 급성 조증의 치료기간 중 체중증가는 olanzapine에 의한 가능성이 가장 크고 이러한 체중증가는 olanzapine 복용기간 정도에 비례했으며, 약물 치료 이전의 BMI가 낮을수록 체중증가가 더 큰 경향을 보였다. (중략)

약물에 의한 체중증가의 원인은 여러 가지가 있을 수 있겠지만 크게 활동량, 식사량, 수면 등의 외적 요인과 체내 대사율이나 구성의 변화 등 내적 요인으로 나누어볼 수 있다. 본 연구에서 유의한 체중증가를 보였던 divalproex와 olanzapine을 병합 투여한 환자군의 경우, 입원 시 GAF 점수가 다른 약물 투여군에 비해서 유의하게 낮았던 점을 고려할 때 다른 약물군보다 좀 더 중증의 환자일 것으로 보인다. 즉, 이 군에 속한 환자들은 다른 군에 비해 조증 기간 동안 수면시간이 감소하거나 활동량이 증가했을 가능성이 커 이로 인한 BMI 증가 가능성은 적을 것으로 예상된다. 이와 관련하여 Fagiolini 등은 조증의 정도와 체중증가는 역의 상관관계를 보인다고 하였다. 따라서 본 연구에서 olanzapine과 관련된 BMI 증가는 체내대사율이나 인슐린 저항과 관련되어 있을 가능성이 높다고 볼 수 있다. Graham 등은 olanzapine에 의해서 복부비만이 유발되며 인슐린과 중성지방을 증가시키며 그 결과로 인슐린 저항을 초래할 수 있다고 하였다.

출처: 전지석 외, 2007, 급성 조증에서 기분안정제와 항정신병제 병합 투여에 의한 체질량지수(BMI) 변화, 대한정신약물학회지 18(2): 106-107쪽.

이 사례에서는 앞에서 체질량지수를 수치만으로 제시했던 실험결과를 분석하고 있다. 실험에서 환자들의 체질량지수가 증가세를 보이고 있음을 설명하면서, 이를 과거의 연구성과와 연결해서 그 의미를 파악하고 있다. 또한 그 원인도 분석해보면서 약물의 복용과 체질량지수의 증가를 관련지어 설명하고 있다.

7.5.2. 결론

본론을 건너뛰고 결론만 읽는 사람들도 많다. 논문에서 연구결과를 요약하고 주장을 제시하는 부분이 결론이기 때문이다. 따라서 결론은 본론 이상으로 중요하다. 논의된 내용을 요약하고 최종 결론을 충실하고 명확히 제시하되, 논문의 10%를 넘지 않는 분량으로 쓰는 것이 좋다.

결론에는 다음과 같은 내용이 포함되어야 한다.

- 연구를 통해 밝혀낸 사실의 요약
- 서론에서 제기했던 문제에 대한 답
- 연구가 갖는 의미
- 연구의 한계
- 후속 연구를 위한 제안

〈결론의 사례 1〉에서는 문제제기를 상기시킨 다음, 연구내용을 요약하고 연구결과를 실생활에서 활용하는 방법까지 서술하고 있다. 이 논문에서는 연구의 한계에 대한 언급이나 후속 연구를 위한 제안이 없지만, 대부분의 논문은 마지막을 이런 내용으로 맺는 것이 보통이다.

다음 〈결론의 사례 2〉는 장을 따로 해서 후속 연구 혹은 추후 연구에 대해 언급한 사례이며, 〈결론의 사례 3〉과 〈결론의 사례 4〉는 연구의 한계를 언급하면서 향후 연구과제를 언급한 사례이다.

〈결론의 사례 1〉

이 연구에서는 실내 알데하이드류 농도 수준과 거주자의 건강 자각 증상 간의 관련성을 살펴보고, 실내 알데하이드류 농도에 영향을 주는 주거 요인을 규명하고자 하였다. 도시 거주 주택 36가구와 거주자 280명을 대상으로 실내 알데하이드 농도 측정, 주거 특성 조사 및 건강 자각 증상 조사를 실시하였다. 대상 가구의 실내 알데하이드 평균 농도는 200μg/m^{3}이었으며, 포름알데히드 및 아세트알데하이드는 각각 총 농도의 49% 및 20%를 차지하였다. 대상 가구의 실내 알데하이드 농도와 거주자의 건강 자각 증상 간에는 약한 상관성이 관찰되었으나 통계적인 유의성은 없었다. 실내 흡연, 환기 상태, 카펫 세탁 유무, 새 침대 및 가구 유입 유무, 실내외 페인트 작업 유무와 실내 습도가 실내 알데하이드류 농도에 유의한 영향을 주는 요인으로 분석되었다.

본 연구를 통해 대상 규모는 많지 않으나, 국내 일반 주택에서의 실내 알데하이드류 농도를 줄이기 위해서는 첫째, 실내 흡연을 하지 않아야 한다. 둘째로는 주기적인 실내 환기를 실시하여야 하며, 특히 신축 또는 실내 내부 공사를 하거나, 새 가구를 들여놓은 지 1년 이내의 주택은 더욱 적극적인 환기가 필요하다. 셋째로는 알데하이드류 방출이 적은 건축자재 및 실내 마감제 개발을 촉진하여야 한다.

출처: 양지연 외, 2007, 실내 환경 중 알데하이드 농도 분포 및 영향 요인 평가, 한국환경독성학회논문집 22(1): 46쪽.

〈결론의 사례 2〉

4. 추후 연구

앞으로 건설 산업 분야에서 시설물의 유지·보수가 더욱더 큰 비중을 차지할 것으로 예측되고 있다. 따라서 본 연구에서 다루지 않은 항목

중 다음 내용은 추후 연구가 계속되는 것이 바람직할 것이다.

(1) 본 연구에서는 시설물열화속도, 유지보수대안의 효용과 비용, 미래 수요 등 불확실성이 높은 항목을 확정적으로 가정하였다. 그러나 이들은 매우 불확실성이 높은 항목이므로 추후 불확실성을 고려한 확률적 모델링(Stochastic model)이 요구된다. 참고로 시설물 집단이 아닌 시설물 개체에 대한 유지·보수 최적화 모델의 대표적인 예로 Ioannou(1989), Kulkarni et al.(1984) 등의 연구가 있다.

출처: 김창덕, 1998, 一般上限界法을 이용한 施設物集團의 維持·補修 最適化 모델, 大韓建築學會論文集 14(3): 380쪽.

〈결론의 사례 3〉

본 연구에서는 후향적 연구라는 제한점으로 인해 임상증상에 대한 평가에 대한 자료가 부족하여 임상증상과 체중증가의 연관성을 자세하게 알아보지 못했다. 이와 관련된 연구에 의하면 체중의 증가와 임상증상의 호전 간에 비례하는 양상을 보였으나 두 가지 요인이 직접적으로 연관되어 있기보다는 약물 복용기간과의 연관성이 클 것으로 보았으며, 다른 연구들에서도 체중증가가 임상증상의 호전과 통계적 유의성을 보이기는 하였지만 이에 대한 임상적 유의성에는 모두 추가적인 검증이 필요하다고 하였다.

이 연구의 제한점은 첫째, 환자의 표본수가 적어 결과의 일반화에 한계가 있다. 둘째, 체중변화에 영향을 줄 수 있는 다른 병용약물(lithium, benzodiazepine 등)의 투여량이나 활동량, 식사량, 약물남용이나 섭식장애 등의 요인들을 통제하지 못했다. 특히 본 연구에서는 lithium과 olanzapine 병합 투여군에서의 lithium의 용량이 lithium과 haloperidol 병합 투여군에 비해 유의하게 높았다. 하지만 기존의 연구결과들을 고려할 때, 투약 초기 4주 동안 lithium의 용량 차이로 인한 BMI 변화는 olanzapine의 영향에 비해 상대적으로 미미할 것으로 생각된다. 향후 이와 관련된 연구에서는 이에 대한 통제가 필요할 것이다. 셋째, 입원 전 환자가 복용했던 약물에 대한 조사가 이루어지지 않아, 입원 전 다른 약물을 사용하였을 경우 그 약물의 영향을 배제할 수 없었다. 넷째, 환자의 진단에 있어 구조화된 면담을 시행하지 않았으며 서로 다른 임상의가 임상척도를 평가하여 임상증상의 변화와 체중증가와의 연관성에 대해 알아보는 데 한계가 있었다. 마지막으로 양극성 장애의 약물치료로 인한 체중증가와 의학적 질환(대사성 증후군 등)과의 연관성을 알아보기 위해 치료 전후 콜레스테롤, 중성 지방, 프로락틴, 혈압의 변화에 대한 조사가 이루어지지 못한 점 등이다. 하지만 이와 같은 제한점에도 불구하고 본 연구가 향후 이와 연관된 연구의 자료로서 도움을 줄 수 있을 것으로 본다.

출처: 전지석 외, 2007, 급성 조증에서 기분안정제와 항정신병제 병합 투여에 의한 체질량지수(BMI) 변화, 대한정신약물학회지 18(2): 107-108쪽.

〈결론의 사례 4〉

3.3. 논문의 한계

본 논문의 부족한 점은 다음과 같다.

① IT기술 보호 측면에 치우침

과학기술 분야가 IT 분야만 있는 것이 아니므로, 필요한 입법론을 제시하기 전에 다양한 과학기술 분야의 특성도 함께 고려해야 했지만 연구의 한계상 IT기술 분야에 대해서만 알아보았다.

② 특허법 내용에만 한정됨

현재 지적재산권을 보호하는 제도에는 특허법뿐만 아니라 실용신안법, 저작권법, 디자인보호법 등이 더 있다. 물론 특허법이 IT 분야의 보호와 가장 밀접한 법이기는 하지만 저작권법에 컴퓨터 프로그램 보호법이 따로 있는 등 다른 법안에 대해서도 고려해야 할 것이 많다.

3.4. 추가 연구 제시

위와 같은 논문의 부족한 점을 바탕으로 앞으로 이루어져야 할 추가 연구를 제시해보면 ① 다양한 첨단기술(나노기술, 바이오기술) 등을 어우르는 과학기술 총체적 관점에서의 수정방안 연구, ② 입법 시 예상되는 손익의 법적·경제학적 분석, ③ 심사 실무적 관점에서의 보호방안 등을 꼽을 수 있겠다.

출처: 김태우, 2008, IT 기술을 보호하기 위한 국내 특허제도의 개선방안 – 현행 특허법의 수정방안을 중심으로, 과학기술 글쓰기 최종 소논문, 서울대학교.

7.6. 부가적인 부분

7.6.1. 감사의 글

'감사의 글'은 주로 수정이나 조언을 해준 사람들이나 중요한 아이디어를 제공한 사람들을 밝히고 감사의 말을 덧붙이는 데 할애된다. 그러나 지도교수처럼 의당 해야 할 의무가 있는 사람이나 논문과 무관한 개인적 관계의 사람들에게 감사를 표하는 것은 사족이 된다. 대개 감사의 글은 일련번호를 달지 않은 각주로 표기한다.

또한 연구비를 지원받은 기관을 밝히는 것도 감사의 글과 함께 쓸 수 있다. 감사의 글은 반드시 써야 하는 것은 아니지만, 공개적으로 발표하는 논문일 때 연구비 지원기관을 밝히는 것은 의무화된 경우가 대부분이다.

〈감사의 글의 사례〉

감사의 글

본 연구는 건설교통부가 출연하고 한국건설교통기술평가원에서 위탁 시행한 건설핵심기술연구개발사업인 "지하공간 환경개선 및 방재기술 연구사업"(03산학연C03-01)으로 수행되었으며, 이러한 지원에 감사하는 마음을 밝힙니다. 또한 실험 수행에 많은 도움을 주신 중앙대학교 기계공학부 김태국 교수님과 대학원생들에게 깊은 감사를 드립니다.

※ 본 논문은 한국철도학회 2006년 춘계학술대회에서 발표되었으며, 수정되어 게재되었습니다.

출처: 박원희 외, 2007, 지하역사에서의 화재연기거동 실험, 한국철도학회논문집 10(1): 73쪽.

7.6.2. 참고문헌

연구논문에서 인용했던 참고자료들을 밝히는 부분이다. 참고자료는 반드시 본문 중에 언급된 자료들 위주로 기술해야 하며 통일된 방식으로 정리해야 한다.(상세한 내용에 대해서는 제8장 참조)

7.6.3. 부록

본문에 싣기 힘들지만 연구논문의 이해에 필요한 여러 자료들을 첨부하는 부분이다. 본문에 넣기에는 분량이 너무 많거나, 본문 중간에 넣으면 읽어 내려가는 데 방해가 되지만 연구에 관련되는 자료들로서 논문에 반드시 포함시켜야 하는 자료를 부록에 싣는다. 예를 들어 복잡한 식, 실험의 세부사항, 설문조사지의 문항, 통계자료, 관련 법규, 지도, 사진 등이 있다. 부록은 여러 개를 붙일 수 있지만 될 수 있는 대로 적게 붙이도록 한다. 부록은 '부록 1', '부록 2'의 형식으로 각각 번호를 붙여준다.

〈부록의 사례 1〉

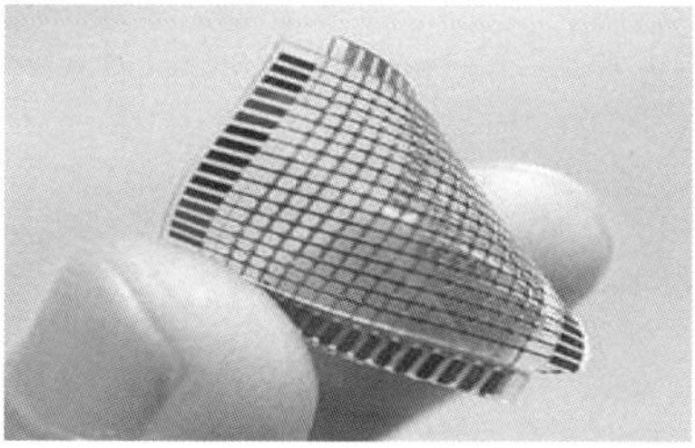

〈그림 7-1〉 실버 메이트에 장착된 인공피부센서

〈그림 7-2〉 소니사의 Aibo-101 모델

〈그림 7-3〉 세계 최초의 와인 감별 로봇

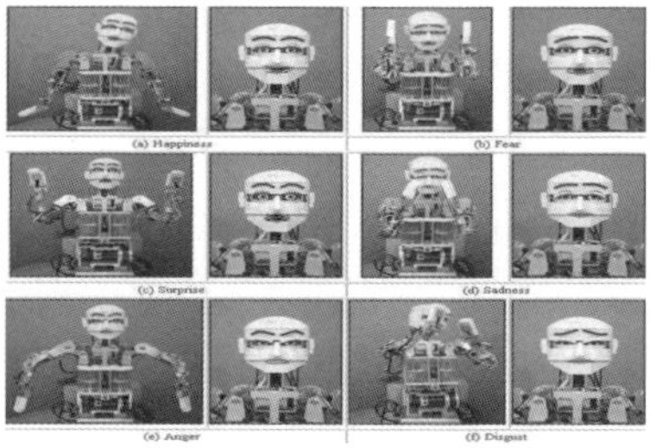

〈그림 7-4〉 WE-4의 감정에 따른 행동과 표정

〈부록의 사례 2〉: 수식 부록

부록: 스칼라 마당의 불변 특이 함수들

스칼라 입자에 대한 고전 자유장에 대한 방정식

$$(\partial^2 + m^2)\varphi(x) = 0 \tag{1}$$

이 주어졌을 때, 그린 함수는

$$(\partial^2 + m^2)G(x-y) = -\delta^4(x-y) \tag{2}$$

의 풀이로서

$$G(x-y) = \frac{1}{(2\pi)^4}\int \mathrm{d}^4p \frac{e^{ip(x-y)}}{-p^2+m^2}\,, \quad (\text{단},\ p^0 = +\sqrt{\vec{p}^2+m^2}\ ) \tag{3}$$

로 주어지는데, 여기에 나타나는 p^0적분의 특이점을 피해서 적분하기 위해 여러 가지 경계조건을 부여하면 다섯 가지의 그린 함수 Δ_R, Δ_A, $\bar{\Delta}$, Δ_F, Δ_D를 얻을 수 있다.

$$\Delta_R(x-y) = \frac{1}{(2\pi)^4}\int \mathrm{d}^4p \frac{e^{ip(x-y)}}{-p^2+m^2-i0p_0} \quad \text{(retarded)} \tag{4}$$

$$\Delta_A(x-y) = \frac{1}{(2\pi)^4}\int \mathrm{d}^4p \frac{e^{ip(x-y)}}{-p^2+m^2+i0p_0} \quad \text{(advanced)} \tag{5}$$

$$\bar{\Delta}_R(x-y) = \frac{1}{(2\pi)^4}\int \mathrm{d}^4p \frac{e^{ip(x-y)}}{-p^2+m^2} = \frac{1}{2}\{\Delta_R(x-y)+\Delta_A(x-y)\} \tag{6}$$

$$\Delta_F(x-y) = \frac{1}{(2\pi)^4}\int \mathrm{d}^4p \frac{e^{ip(x-y)}}{-p^2+m^2-i0} \quad \text{(Feynman, causal)} \tag{7}$$

$$\Delta_D(x-y) = \frac{1}{(2\pi)^4}\int \mathrm{d}^4p \frac{e^{ip(x-y)}}{-p^2+m^2+i0} \quad \text{(Dyson, anti-causal)} \tag{8}$$

이 마당방정식의 그린 함수 대신에 동차 마당방정식을 만족하는 다음과 같은 특이함수 Δ, Δ^+, Δ^-, Δ^1를 구할 수도 있다.

$$(\partial^2 + m^2)\Delta(x) = 0 \quad \text{etc.} \tag{9}$$

$$\Delta(x-y) = \frac{1}{(2\pi)^4}\oint_C \mathrm{d}^4p \frac{e^{ip(x-y)}}{-p^2+m^2} = \Delta_A(x-y) - \Delta_R(x-y) = -\Delta(y-x) \tag{10}$$

$$\Delta^+(x-y) = \frac{1}{(2\pi)^4}\oint_{C+} +\mathrm{d}^4p \frac{e^{ip(x-y)}}{-p^2+m^2} = \frac{-i}{(2\pi)^3}\int \mathrm{d}^4p\,\theta(p_0)\delta(p^2-m^2)e^{ipx} \tag{11}$$

$$\Delta^-(x-y) = \frac{1}{(2\pi)^4}\oint_{C_-} -\mathrm{d}^4p \frac{e^{ip(x-y)}}{-p^2+m^2} = \frac{i}{(2\pi)^3}\int \mathrm{d}^4p\,\theta(-p_0)\delta(p^2-m^2)e^{ipx} \tag{12}$$

$$\Delta^1(x-y) = \frac{i}{(2\pi)^4}\oint_{C_1} \mathrm{d}^4p \frac{e^{ip(x-y)}}{-p^2+m^2} = \frac{1}{(2\pi)^3}\int \mathrm{d}^4p\,\delta(p^2-m^2)e^{ipx} \tag{13}$$

연습문제

1 주제와 제목이 어떻게 다른지 설명해보자.

2 결론에 꼭 포함되어야 할 내용에는 무엇이 있는가?

3 다음 두 논문의 결론을 읽고 장단점을 비교해보자.

(1) 본 논문에서는 고점도 및 고용융점을 가지는 재료를 패터닝하는 데에 적용하기 위한 DoD 메탈젯 시스템의 설계, 해석, 제작 및 성능시험을 수행하였다. 제안한 메탈젯 시스템으로부터 토출되는 액적의 크기를 예측하기 위한 이론적 해석을 수행하였으며, 해석결과를 바탕으로 DoD 방식의 메탈젯 시스템을 설계 및 제작하였다. 또한 제작된 메탈젯 시스템의 성능을 시험적으로 분석하기 위하여 고속카메라가 장착된 시험장비를 구축하였으며, 이를 통해 50㎛ 직경을 가지는 노즐을 장착한 메탈젯 시스템으로부터 약 65~70㎛의 지름을 가지는 액적을 토출하였다. 촬영된 사진으로부터 측정된 토출액적의 부피와 속도는 145~180pl와 약 4.0m/s이었다. 이를 이론적으로 해석한 결과와 비교하면, 모델에 의한 액적의 부피는 220pl, 지름은 75㎛로 계산되었으며, 지름의 오차는 7~13%, 부피의 오차는 18~34% 정도이다. 이의 주된 원인은, 모델링에서 사용한 점도값이 대푯값으로 고정된 값을 사용한다는 점과 액적을 측정하는 기법상의 오차이다. 이를 줄이는 방법에 대한 후속 연구가 필요하다. 본 연구에서 제시한 노즐 시스템의 이론적 해석 및 설계를 통해 제작된 메탈젯 시스템을 사용하여, 메탈과 같은 고온·고점도의 용액을 액적의 형태로 토출하여, 반도체 패키징 및 PCB 기판 공정 등에 응용할 경우, 기존의 반도체공정,

전기도금 등의 공정방법에 비해 공정 원가 및 공정 시간 절감 등의 관점에서 큰 장점이 있을 것이며, 3차원 미세구조 형상의 제작뿐만 아니라, 미래형 저가의 전자소자를 제조하기 위한 새로운 제조공정 장비로의 적용가능성을 가지고 있다고 할 것이다.

출처: 이택민 · 강태구 · 양정순 · 조정대 · 김광영 · 최병오 · 김동수, 2007, DoD 메탈젯 시스템의 이론적 해석 및 실험적 분석, 대한기계학회 논문집 A권, 31(1): 11-17쪽.

(2) 그동안 무선기기의 형식검정을 위한 시험업무는 전파연구소에서 시행하여 왔다. 그러나 최근에는 형식검정을 위한 시험업무를 대폭 민간지정시험기관으로 이양하고 있는 추세이다. 따라서 형식검정을 위한 시험성적에 대한 객관성을 높이기 위해서는 각 시험기관들이 표준으로 사용할 수 있는 표준시험방법이 절실히 필요하다.

이에 본고에서는 이러한 목표를 달성하기 위하여 국제해상안전제도기기 중에서 가장 중추적인 역할을 하고 있는 디지털선택호출장치와 이를 MF/ HF 및 VHF 대를 이용하여 전송하기 위한 무선설비에 대해 각 시험항목별로 표준시험법을 제시하였다. 따라서 본고에서 제시한 표준시험방법을 이용하면 더 객관적이고 신빙성이 있는 시험기관을 선정하여 관리할 수 있으리라고 생각된다.

여기에서는 국제해상안전제도기기 중에서 디지털선택호출장치와 이의 무선설비에 대해서만 고찰하였으나 그 밖의 장비에 대해서는 참고문헌 [1]을 참조하기 바란다.

출처: 방성일 · 박성욱, 1998, 무선기기 형식검정 시험방법에 관한 연구, 대한전자공학회 회로 및 시스템연구회/전력전자연구회 합동학술발표회 논문집 20(1): 62-67쪽.

용어설명 〉〉〉

- **함축** implication
- **귀결** consequence

대부분의 글과 사고는 그것이 멈추는 지점에서 끝나지 않고 더 나아간 함축과 귀결을 갖는 경우가 많다. '함축'은 그 글이나 개념 속에 직접적으로 드러나 있지는 않지만 숨겨진 뜻을 의미한다. '귀결'은 드러난 진술이나 사고로부터 논리적으로 따라 나오는 결론을 뜻하는 것으로서, 일반적으로 합의된 전제로부터 추론할 수 있는 내용을 말한다.

제8장

올바른 인용과 참고문헌 작성방법

8.1. 일반적인 인용의 기준

인용은 필자의 논변을 강화하거나 이해시키는 수단이며 또한 문제에 대한 이해를 돕고 문제의 중요성을 보여주는 수단이다. 인용의 목적은 다음과 같다.

- 선행 연구의 결과를 비교·대조·제시하여 자신의 글이 가진 맥락을 밝힌다.
- 권위를 통해서 자신의 주장이 가진 타당성과 정확성을 강조한다.
- 다른 사람의 견해와 비교하여 자신의 견해가 가진 타당성을 강조한다.
- 독자의 더 명료한 이해를 돕는다.

각 분야마다 출처를 밝히는 기준과 방법이 다르다. 각 분야의 기준과 방법(MLA, APA, CSE[CBE], CMS)에 따라서 출처를 밝혀야 한다. 어떤 기준을 따르든지 항상 다음의 세 가지를 생각하면서 출처를 밝혀야 한다. 즉 ① '누구'의 것을 참고했고, ② 자신의 글에서 그것이 '어떻게' 이용되었고, ③ 다른 사람들이 그것을 '어디'에서 찾을 수 있는지 밝혀야 한다. 예를 들어, 신문과 잡지 등에서는 쪽수나 연도를 생략하고 최소한의 출처만을 밝힌다. 학술적 글쓰기에서는 저자명, 연도, 출판사, 쪽수 등을 항상 모두 밝혀야 한다. 그러나 상식과 같이 잘 알려진 일반적인 지식의 출처를 반드시 밝힐 필요는 없다. 그런 예외적인 경우는 다음과 같다.

· 수업에서 이미 모두에게 알려진 내용이고 일반적인 정보이면 출처를 반드시 밝힐 필요는 없다.
· 우리말사전이나 시사사전 등에서 찾을 수 있는 이미 잘 알려진 사실에 관한 정보의 출처를 반드시 밝힐 필요는 없다.
· 논문이나 책에서 읽지 않고 정보를 알았다면 그것의 출처를 밝히지 않아도 된다. 나중에 그 정보를 담은 출처를 알게 되면 그 출처를 언급해야 한다.
· 태어난 날짜, 장소, 직업 등에 관한 정보의 출처는 밝히지 않아도 된다.
· 다른 여러 출처에서 자주 보도되어 일반적인 지식이 된 정보의 출처를 밝힐 필요는 없다.

인용을 할 때 다음과 같은 기본원칙을 생각하면 불필요한 인용을 피할 수 있다.

· 반드시 필요할 때만 인용한다.
· 충분한 가치가 있는 것만 인용한다.
· 원저자의 의도를 벗어나지 않게 인용한다.
· 가능한 한 짧게 한다.
· 직접 인용은 원칙상 일차 자료에 한정한다. 그러나 일차 자료를 참고할

수 없으면 다른 사람이 인용한 것을 재인용하고 그 사실을 밝힌다.

- 영어 등 다른 언어로 쓰인 문헌을 인용할 때는 인용 부분을 번역하여 본문에 끼워 넣고 원문은 주(註)로 처리한다. 이런 인용은 간접 인용의 성격을 가진다. 반드시 원문을 인용해야 한다면 원문 인용도 가능하다.
- 인용한 출처를 밝혀야 한다. 원전이나 원 자료에서 그대로 가져온 단어나 구 또는 절은 직접 인용의 방법으로 소개하고 출처를 밝혀야 한다.
- 저자의 고유한 생각이 나온 출처는 밝혀야 하고 그 생각을 원문 그대로 제시하면 직접 인용의 방법으로 그 내용을 제시해야 한다.
- 저자의 고유한 생각을 요약하면 그것의 출처를 밝히고 간접 인용의 방법으로 그 내용을 제시해야 한다.
- 사실에 관한 정보 등 일반적인 지식의 출처를 밝힐 필요는 없다. 모두 알고 있는 일반적인 지식이 아니면 그 출처를 밝혀야 한다.
- 특정 분야에서 잘 알려진 일반적인 지식의 출처를 밝힐 필요는 없다.

8.2. 일반적인 인용의 방법 : 직접 인용의 방법

더 분명한 이해를 돕는 수단으로 다음과 같은 경우 직접 인용을 한다.

- 문학작품, 사료, 기본서를 인용할 경우
- 원문의 표현 이외에 다른 표현방법을 찾을 수 없을 경우
- 직접 인용을 하지 않으면 내용 전달에 오해가 발생할 수 있을 경우
- 직접 인용으로 연구자의 견해가 분명히 드러날 수 있을 경우
- 비판이나 코멘트가 필요한 입장이나 논증을 제시할 경우
- 특별히 감동적이거나 역사적으로 중요한 내용을 포함할 경우

8.2.1. 직접 인용의 기본

'이렇게 말하고 있다', '다음과 같이 말하고 있다'는 표현을 쓰기보다는 인용될 내용을 구체적으로 소개하면서 인용문을 도입한다. 인용문의 길이가 세 줄 이하면 문장 속에 넣고 큰따옴표(" ")를 이용하여 인용으로 밝히고 그 길이가 네 줄 이상이면 본문과는 별개의 단락으로 처리한다. 인용 단락의 맨 윗줄과 그 바로 위 본문 사이에 그리고 인용 단락의 맨 아랫줄과 그 아래의 본문 사이에는 빈칸을 둔다. 들여쓰기를 하고 큰따옴표를 사용하지 않아도 된다.[10]

〈짧은 글 인용의 사례〉

물리학자인 아인슈타인은 수학자 푸앵카레보다 훨씬 더 철저한 플라톤주의자이다. 밀러(1996: 254)는 아인슈타인에 따르면 "사실의 축적이 아니라 오로지 대담한 사고만이 우리를 앞으로 나아가게 할 수 있다."고 주장한다.

〈긴 글 인용의 사례〉

아인슈타인의 플라톤주의적 경향은 동료 플라톤주의자 막스 플랑크의 예순 번째 생일에 한 연설에도 잘 나타난다(밀러, 1996: 254).

> 물리학자의 최상의 과업은 순수한 연역만으로 우주를 구성하는 보편적인 기본 법칙에 도달하는 것이다. 이 법칙에 도달하는 논리적 경로는 없다. 오직 경험에 대한 공감적 이해에 필요한 직관만이 그것에 도달할 수 있다.

---

10. 인용문의 길이가 짧아도 특별히 비교나 대조, 강조를 하고 싶은 경우에는 인용단락을 이용하여 시각적인 효과를 키울 수 있다.

〈부적절한 직접 인용의 사례〉

종래에 Luchins(1970) 등은 '문제해결'과 관련된 연구에서 '왜 어떤 부류의 사람은 그들이 문제에 부딪쳤을 때 현명한 아이디어를 얻어 발견을 하는가? 그들에게는 어떠한 일이 일어나는가? 그러한 부류의 사람들이 그 결과에 이르게 된 과정은 무엇인가? 사람들에게 창의적으로 문제를 해결하게 하기 위해서는 어떠한 도움을 줄 수 있는가?'(Luchins, 1970)와 같은 일련의 질문을 통해 사고의 과정에 대한 의구심을 표현하고 연구의 필요성을 제안한 바 있다.

해설 : 직접 인용은 문장 중에 들어갈 때는 큰따옴표로 표시하고, 세 줄 이하일 경우만 문장 중에 인용한다는 직접 인용의 기본형식을 지키지 않았고, 직접 인용한 문장으로 필자 자신의 문장을 완성하였다.

〈수정된 적절한 직접 인용〉

Luchins(1970) 등은 '문제해결'과 관련된 연구에서 다음 질문들을 통해 사고의 과정에 대한 의구심을 표현하고 연구의 필요성을 제안한 바 있다.

> 왜 어떤 부류의 사람은 그들이 문제에 부딪쳤을 때 현명한 아이디어를 얻어 발견을 하는가? 그들에게는 어떠한 일이 일어나는가? 그러한 부류의 사람들이 그 결과에 이르게 된 과정은 무엇인가? 사람들에게 창의적으로 문제를 해결하게 하기 위해서는 어떠한 도움을 줄 수 있는가?

8.2.2. 생략과 가필 방법

인용문은 그대로 옮기는 것이 원칙이지만 논문의 명확성과 간결성을 위해 불필요한 부분은 생략할 수 있다. 반드시 생략부호를 사용하여 그 사실을 밝혀야 한다. 3점 부호를 사용하고 양쪽을 한 칸씩 띄운다. 줄의 중간이 아니라 하단에 붙는 점을 이용한다. 문장의 끝 부분, 앞부분 그리고 문장 전부가 하나 이상 생략되었을 때 4개의 점을 찍는다. 4점의 첫 점이나 마지막 점은 문장의 마침표로 이해하면 된다.

〈3점 줄임표의 사례〉

> 수학이 ... 물리적 실재의 열쇠가 되었다.

〈4점 줄임표의 사례〉

> 창조적 원리는 수학에 있다.... 나는 어떤 의미에서 순수 사고가 진리를 파악할 수 있다고 본다.

인용한 부분이 너무 길고 중간에 중요하지 않은 부분이 있으면 그 부분을 생략하고 '(중략)'으로 표시한다.

〈중략의 사례〉

> 아인슈타인(1934)은 막스 플랑크의 예순 번째 생일에서 "물리학자의 최상의 과업은 순수한 연역만으로 우주를 구성하는 보편적인 기본 법칙에 도달하는 것이다. (중략) 이것이 라이프니츠가 기쁜 마음으로 설명했던 '예정 조화'이다."라고 연설하면서 자신의 플라톤주의를 다시 확인하였다.

원문에 대한 필자의 가필은 독자의 이해를 돕는다.

〈가필의 사례〉

1) 원문에서 발견된 철자나 구두점 등 문법상의 분명한 잘못을 지적할 때 이용한다.

"이래[sic][11]이 핵실험을 하자 ..."

2) 인용에 모호한 부분이 있어 독자가 혼동할 우려가 있을 때 괄호를 붙이고 그 안에 이해를 돕는 내용을 추가한다.

"그 사람들[프랑스인들]은 한국사회를 ... "

3) 인용의 특정 부분을 강조하거나 돋보이게 할 때 밑줄을 긋고 밑줄을 그은 주체를 밝힌다.

"... 무엇을 안다는 것과 한다는 것[밑줄-필자]은 다르다."

8.3. 일반적인 인용의 방법 : 간접 인용의 방법

간접 인용은 원저자의 글을 자신의 말로 바꾸어 논문 속에 삽입하는 것이다. 출처의 아이디어가 전문적인 내용이나 용어로 표현되지 않은 경우나 출처의 핵심 포인트를 더 적은 어휘로 표현할 수 있으면 간접 인용할 수 있다. 요약summarizing과 풀어쓰기paraphrasing의 형식을 가진다.

• 간접 인용의 목적

☑ 직접 인용과 같은 목적을 가진다.
☑ 필자의 생각을 담는다.
☑ 필자의 문체를 유지한다.

11. sic: 원문대로(so, thus). 의심나는 또는 명백히 그릇된 원문을 그대로 인용할 때 뒤에 sic라고 표기함.

☑ 계속되는 직접 인용을 피한다.

☑ 출처의 자료를 해석한다.

- **간접 인용의 기본방법**

☑ 필자의 생각과 말로 해석한다.

☑ 원전과 비슷한 어휘 수를 유지한다.

☑ 원전의 독특한 어휘나 절은 인용부호로 묶는다.

☑ 원전의 의미를 유지하면서 예를 들어, '[원저자는] … 주장한다, 설명한다, 강조한다' 등으로 나타낸다.

☑ 어휘를 그대로 옮기는 것을 피하기 위해 원전을 덮어두고 자신의 말로 풀어쓴다. 원전과 풀어쓴 글을 비교한다.

☑ 일반적으로 본문주(내주)를 이용한다.

- **풀어쓰기를 위한 방법**

☑ 주의 깊게 꼼꼼히 읽는다.

☑ 이용하고 싶은 생각을 결정한다.

☑ 원전을 덮거나 멀리한다.

☑ 문장구조를 모방하는 방식을 피한다.

〈풀어쓰기의 사례 1〉

[원문]

정보는 남에게 전하거나 판매를 해도 없어지거나 줄어들지 않고 그대로 남는다.

[풀어쓰기 1]

정보는 타인이 사용하여도 다른 상품처럼 질과 양의 변화가 없다.

[풀어쓰기 2]

상품은 사용할수록 변질되거나 양이 감소하는 속성을 가진다. 정보는 상품의 그런 일반적인 속성을 갖지 않기 때문에 상품이 아니거나 특별한 상품으로서 구분되어야 한다.

해설 : 원문의 내용을 더 구체적으로 명료하고 정확하게 전달하는 방식으로 서술한다. 원문의 핵심개념보다 더 일반적인 개념이나 구체적인 개념을 이용한다.

〈풀어쓰기의 사례 2〉

[원문]

나는 [카오스와 관련된] 이 모든 것들이 우리가 우주를 생각하는 방식에 있어 진정 혁명적인 생각으로 귀결된다고 믿는다. 하나의 체계를 주관하는 간단한 법칙이나 방정식을 안다고 해서 그 현상의 모든 것을 예측하기에는 충분치 않다. 반대로 현상은 과도하게 복잡한 모양이나 현상들과 그렇게 복잡한 원인으로부터가 아니라 매우 단순한 몇몇 알고리즘의 카오스적 작용에 의해 나타나기도 한다. 결과적으로 카오스의 수학은 우리 주변 세상의 구조에 대한 새롭고도 깊은 통찰력을 제공한다. 동시에 어째서 추상적인 수학이 이 세상을 설명하는 데 있어 그렇게 믿기 어려울 정도로 효과적인가 하는 오랜 질문을 던지고 있는 것이다.

[풀어쓰기]

폴 데이비스(1991: 792)는 자연의 현상이 보여준 혼돈현상이 우리의 우주관을 혁명적인 생각으로 바꾼다고 주장한다. 그런데 데이비스가 주장한 그 혁명적인 생각은 모순된 두 가지 진술로 이루어진다. 첫 번째 진술은, 수학의 법칙으로 이 세계의 변화를 예측할 수 없다는 것이고, 두 번째 진술은, 복잡한 현상을 몇 개의 단순한 카오스의 수학으로 이해할 수 있다는 것이다. 필자는 데이비스가 카오스의 수학을 더 긍정적으로 평가해야 한다고 생각한다.

해설 : 원전의 생각을 분석하고 필자의 생각으로 소화하여 필자의 해석과 주장을 제시한다.

8.4. 이공계열의 출전표기와 참고문헌 작성방법

8.4.1. 기본적인 출전표기와 참고문헌 작성방법

이공계에서는 학회마다 출전표기와 참고문헌 작성방법이 다른데, 대표적인 학회의 표기방식에 대해서는 부록에서 소개하기로 한다. 여기서는 출전표기와 주석의 종류에 대해서 살펴보고, 학생들이 논문이나 보고서를 작성할 때 기본적으로 참고할 수 있는 출전표기 및 참고문헌 작성방법을 소개하겠다.[12]

1) 출전표기

출전표기란 다른 사람의 글이나 생각 등을 나의 필요에 의해 그대로 혹은 가공하여 이용하면서 원 출처를 밝히는 행위를 말한다. 통상 출전표기는 주(註)note 또는 주석(註釋) 달기를 통해 이루어진다. 출전표기를 하지 않은 채 남의 글이나 생각을 임의로 이용하면 '표절'에 해당되기 때문에 출전표기에 항상 세심한 주의를 기울여야 한다.

---

12. 여기서는 서울대학교 글쓰기교실에서 제시한 이공 분야 출전표기와 참고문헌 작성 추천 모델(http://writing.snu.ac.kr/archive/sub3_3.html)을 중심으로 다시 정리한 것이다.

(1) 주석의 종류

주석은 내용에 따라 직접 인용과 간접 인용의 출전표기를 위한 참조주(인용주)와 부연설명을 위한 내용주(설명주)로 나뉘고, 형태에 따라 본문에서 괄호 안에 표시하는 내주(內註, 본문주라고도 함)와 본문의 바깥에 별도로 표시하는 외주(外註)로 나뉜다. 외주는 다시 본문의 하단에 표시하는 각주(脚註)와 본문의 말미에 표시하는 미주(尾註)로 구분된다. 통상 참조주는 내주나 외주 모두 가능하지만, 내용주는 외주로만 표시한다. 각주는 다시 내각주와 외각주로 구분된다(자세한 내용은 정병기(2006: 246-247) 참조).

〈내용주의 사례〉

... 변화를 초래할 수 있다. 인간의 내면 공간을 채우는 의미들과 해석들은 개인적 정체성의 형성에 직접 관여한다는 특징이 있다.[1)] 정보를 가공하고, 저장·처리하는 기술의 발전은 시공의 축약은 물론 ...

---

1) 인간의 여러 인지능력들 가운데 어떠한 유형의 능력이 선택적으로 개발되고, ... 어떠한 의미를 지니는지에 대해서도 같은 지적을 할 수 있다.

해설 : 본문의 흐름상 본문에서 상술하기 어려운 내용이지만 글의 이해를 돕기 위해 반드시 필요한 내용을 주를 통해 상술하는 경우다. '설명주'라고도 한다.

〈각주의 사례〉

이 점에 대해서는 거의 모두가 인정한다. 그리고 "주요 정당의 수를 판정하는 방법으로는 문제가 명확해지기는커녕 판단이 흐려진다."[1)]라는 말이 들릴 정도이다.

---

1) Crotty, "Political Parties Research", in *Approaches to the Study of Political Science*, M. Haas & H. S. Kariel, eds. (Chandler, 1970), p. 282.

(2) 내주 표기 방식

이공계에서는 주로 내주를 사용하기 때문에 여기서는 내주와 관련된 표기 방식을 살펴보도록 하겠다. 내주는 본문 중의 해당 지점에 해당 출전을 괄호에 넣어 삽입한다. 괄호 안에는 저자 이름과 출간연도, 쪽수만을 표기한다. 쪽수는 다음과 같이 콜론(:)으로 구분한 후 표기한다.

[예] … "주요 정당의 수를 판성하는 방법으로는 문제가 명확해지기는커녕 판단이 흐려진다."(Crotty, 1970: 282)는 말이 …

- **저자명 표기**

저자명은 국내나 동양 문헌의 경우 성명을 모두 기입하며 서양 문헌 저자의 경우에는 성만 기입한다. 외국 문헌의 경우 외국어로 저자명을 표기한다. 저자가 2인 이하일 때는 저자의 이름을 다 표기하고 3인 이상일 때는 첫 저자만 명기하고 나머지는 '외'나 'et al.'로 표기한다. 저자명이 본문에 직접 인용될 때는 괄호 안에 연도만 쓴다.

[예] (장영실과 이충복, 1981), (Darwin and Spencer, 1979)
(장영실 외, 1989), (Pasteur et al., 1985)
장영실(1980)의 연구결과에 따르면…

- **동일 저자의 저서일 경우**

동일한 저자가 다른 연도에 여러 문헌을 출간했을 경우 이름은 한 번만 적고 해당 연도만 나열한다. 만약 같은 해에 여러 문헌을 출간했을 경우 소문자 알파벳 a, b, c … 등을 이용해서 구분한다. 알파벳의 순서는 먼저 인용된 순서를 따른다.

[예] (장영실, 1995, 1996), 장영실(1990a, 1990b)

- **여러 저자의 문헌을 인용할 경우**

여러 저자의 문헌을 동시에 인용할 경우에는 다음과 같이 세미콜론(;)을 사용해서 구분한다.

[예] (장영실, 1990; David, 2000; Pasteur 2004)

- **재인용할 경우**

앞서 인용한 문헌을 다시 인용할 경우 첫 인용과 구분 없이 똑같은 원칙으로 표기한다.

2) 참고문헌 작성방법

참고문헌에는 앞서 내주에서 간략히 표기한 참고문헌의 정보를 완벽하게 제시한다. 단행본의 경우 인용한 쪽수를 표기하지 않으며 학술지나 편집본 속의 논문의 경우 해당 논문이 실린 쪽수를 표시한다. 본문에서 인용된 문헌과 참고문헌에 나열된 모든 문헌은 서로 일치해야 하며, 한글인 경우는 저자명의 가나다순으로, 영문인 경우는 저자명의 알파벳순으로 배열한다. 동일 저자의 여러 문헌은 단독 저자 문헌, 2인 저자 문헌, 3인 이상 문헌 순서로 기입한다. 출간연도가 같을 경우 연도 뒤에 a, b, c 등의 문자를 붙여 구분한다. 기본적으로 다음에 설명하는 표기법을 따른다.

- **학술지에 실린 논문**

저자명, 출간연도, 논문 제목, 학술지명, 권, 호, 인용한 첫 페이지와 마지막 페이지의 순서로 정리한다. 학회지명은 약자를 사용할 수 있으며 Vol.이나 No.와 같은 권, 호의 표시도 따로 하지 않고 숫자로만 적는다. 출간연도는 괄호 없이 표기하고 외국 학술지명에는 이탤릭체를 사용한다. 저자가 2인일 경우 'and'로 연결하며, 3인 이상일 경우 쉼표로 계속 연결하다가 마지막 저자 바로 앞에서 'and'를 사용한다.

> [예] 박종민·서병수·이정택, 2000, 우리나라 노거수거원 보호관리실태 및 개선방안, 한국임학회지 89: 440-451쪽.
>
> Edward, K. O. and John, O. H. 1973, Screening of PHA Producing Microorganisms, *J. Mol. Biol.* 84, pp. 161-168.

- **저서(단행본)**

저자명, 출간연도, 도서명, 출판사명, 출판사 소재지, 인용한 쪽수 순서로 기입한다. 외국 저자명의 경우 '성last name, 이름 첫 글자frist name initial'로 적고 저자가 2인 이상인 경우 저자명을 모두 기술한다. 외국도서명은 이탤릭체를 사용한다. 국내의 경우 출판사의 대부분이 서울이나 파주에 위치하기 때문에 출판지의 정보는 생략하는 경우도 많다.

> [예] Mackenzie, D. and Danton, R. A. 1979, *Purification of Laboratory Chemicals*, Pergamon Press, New York, p. 129.
>
> 한국지구과학회, 1998, 지구과학입문, 경문사, 23쪽.

• **번역서**

단행본의 원칙에 따라 표기하되, 저자명은 원어로 표기하고 역자명은 책명 바로 뒤에 쓴다.

> **[예]** Smith, A. W., 2008, 유기화학 입문, 이수현 옮김, 표문사.

• **편집본 내의 논문**

저자명, 출간연도, 논문명, 편집자명, 편집된 도서명, 출판사명, 출판사 소재지, 인용 쪽수 순서로 기입한다. 논문이 실린 편집본의 편집자 이름 앞에 'in'을 붙이고 편집자 이름 옆에 'ed.'를 붙인다.

> **[예]** Miller, G. A., 1999, AANAT inhibiton by serotonin in mice cerebellum, in Kim, K. T. and Gibbons, A. E. eds., 1999, Enzyme and Brain Funtion, Harvard Universtiy Press, Cambridge, pp. 201-234.

• **학회 발표문**

저자명, 개최연도, 제목, 학술대회 명칭, 주관학회 또는 기관, 개최장소, 권, 호, 인용한 쪽수 순서로 쓴다.

> **[예]** Collins, H. Y., 2006, Recent Progress in In-situ electrophyisology, 89th Meeting for technical advance in neurobiology, San Hose, USA, pp. 146-170.

- **석 · 박사학위논문**

외국 문헌의 경우 저자명, 출간연도, 논문 제목, 논문 종류, 학과, 대학, 지역 순으로 쓰고 국내 문헌의 경우, 저자명, 출간연도, 논문 제목, 대학과 논문 종류, 지역의 순서로 쓴다. 영어로 표기할 경우 박사논문은 Ph. D. Dissertation, 석사논문은 M. S. Thesis라고 쓴다.

[예] Johns, K. S., 1983, A study on effects of alanine in oxygen consumpstion in neurospora. Ph. D. Dissertation, Dept. of Microbiology, The University of Chicago, Chicago.

백성일, 1999, 한국산 소금쟁이의 생활사 연구, 서울대학교 이학박사학위논문.

- **인터넷 자료**

작성자명 또는 작성기관, 연도, 자료 제목, 웹사이트 주소, 검색일자 순서로 표기한다.

[예] Park, C. W., 1993, Nitrogen fixation in Orley Ambrosia Trees in South Korea. http://Agriinfo.net/nitrogen-fix.html (검색일자: 2004. 3. 1)

8.4.2. CSE(CBE) 방식에 따른 출전표기와 참고문헌 작성방법

과학계에서 가장 표준적인 인용법으로 사용되는 것은 미국 과학저술가협회Council of Science Editors(CSE)가 편집한 매뉴얼이다. CSE는 1957년 미국 국립과학재단과 미국 생명과학학회가 공동으로 설립한 미국 생물학저술가협회Council of Biology Editors(CBE)가 1999년 개칭한 것이다. CBE(CSE)는 1960년에 출판을 위한 매뉴얼을 처음 발간했으며, 2006년에 출간된 7판이 최신판이다. 학술지나 출판사에 따라 인용규정이 조금씩 다르지만, 과학계의 여러 분야에서 나오는 다양한 학술지나 출판물들은 대체로 이 매뉴얼에 준하여 출판규정을 마련하고 있기 때문에 이에 따른 출전표기와 참고문헌 작성방법을 살펴보겠다.

1) 출전표기

출전표기에는 크게 세 가지 방식이 있다.

첫째, CS(Citation Sequence) 방식은 참고문헌 목록에 있는 번호를 순서대로 어깨번호(위첨자) [1] 로 달거나 대괄호 [2] 또는 기울인 괄호 *(3)* 안에 넣는 것으로서 가장 널리 쓰인다. 이때 참고문헌 목록은 인용된 순서에 따라 번호의 상호참조가 틀리지 않도록 나열한다.

둘째, NY(Name-Year) 방식은 참고문헌 목록을 가나다 순서나 알파벳 순서로 배열하고, 저자와 출판연도를 이용해 인용하는 것 **(홍길동, 2003)** 이다. 참고문헌 목록은 가나다 또는 알파벳 순서로 나열하되, 동일한 저자의 저작이 여럿 나올 때에는 연도순으로 배열한다. 단일 저자의 저작을 공동저작보다 먼저 배치한다.

셋째는 앞의 두 방법의 혼합으로서, 참고문헌의 목록을 가나다 또는 알파벳 순서로 배열한 뒤, 차례로 일련번호를 매겨서 본문 중에는 번호로 인용하는 방식이다. 학술지 논문보다는 단행본에서 많이 사용하는 방식이다.

(1) CS 방식[13]

- ( ), [ ] 안에 아라비아 숫자를 기입하거나 위 첨자로 처리한다. 저자명을 기입할 필요는 없고, 저자와 논문 및 책에 관한 정보는 참고문헌에서 소개한다.

  The standard theory (1) of probabilistic causation explicates the causal significance of X for Y as follows (2).

  The standard theory [1] of probabilistic causation explicates the causal significance of X for Y as follows [2].

  The standard theory[1] of probabilistic causation explicates the causal significance of X for Y as follows.[2]

- 인용하는 저자명이 본문에 제시되면 그 옆에 숫자를 붙인다.

  The standard theory is considerably articulated by Eells (3).

(2) NY 방식[14]

- 저자명이 나온 경우 괄호 안에 연도를 기입한다.

  As Suppes (1970) also pointed out, much of the physical sciences aim to discover and analyze cause-effect relations between "quantitative properties."

- 저자명과 연도 및 쪽수를 함께 기입한다. 이때 인용하는 쪽수가 여러 쪽일 경우 pp로 쓰고 마침표는 붙이지 않는다.

  The standard theory of probabilistic causation (Eells & Sober 1983, pp 35-57) explicates the causal significance of X for Y as follows.

---

13. 주로 화학, 컴퓨터 과학, 수학, 물리학, 의학, 약학, 간호학, 보건학 등의 분야에서 사용된다.
14. 주로 농학, 천문학, 지리학, 인류학, 생물학, 지질학, 고고학, 식물학, 동물학 등의 분야에서 사용된다.

• 드물지만 직접 인용을 할 때 다음 방식으로 출처를 표시하기도 한다.

Suppes (1970) said, "much of the physical sciences aim to discover and analyze cause-effect relations between quantitative properties" (p. 101).

• 특별히 긴 직접 인용에서는 다음과 같은 방법을 사용한다.

Suppes said, "much of the physical sciences aim to discover and analyze cause-effect relations between quantitative properties" (1970, p. 101).

• 여러 출처는 다음과 같이 제시한다.

Several studies (Eells 1991a, 1991b, 1998) have shown ...
Several studies (Eells and Sober 1983, 1985) have shown ...
.... .(Eells, Sober, and others 2002)
Several studies (Suppes 1970; Eells 1983, 1991; Hausman 1998) have shown ...

2) 참고문헌 작성방법

CS 방식의 경우에 참고문헌은 문헌마다 맨 앞에 고유한 일련번호를 붙여준다. 일련번호는 **1.** 과 같이 번호 뒤에 마침표를 넣어주기도 하고, 대괄호 [2] 나 기울인 괄호 *(3)* 안에 넣기도 한다. 학술지에 따라 출판연도의 위치를 다르게 규정하기도 하므로 이 규정을 일일이 확인하는 것이 좋다. 각 항목들 사이는 쉼표나 마침표로 구분하는 경우도 있고, 단순히 빈칸을 넣어줌으로써 구분하는 경우도 있다. 특히 이름이나 학술지 제목의 약어에 붙는 마침표는 대개 생략하는 것이 최근의 추세이다.

학술지의 경우 저자가 아주 많은 경우를 제외하면 될수록 전체 저자를 밝혀주는 것이 좋다. 저자가 너무 많아서 일일이 쓸 수 없는 경우에는 '제1저자 등'과 같이 쓰면 된다. 학술지의 제목은 너무 짧지도 너무 길지도 않게 적절하게 축약한다. 표준적인 약어(예를 들어, Journal = J., Biological = Biol., Korean = Kor. 등)를 사용한다. 온라인 학술지의 경우에는 인용한 날짜와 URL 주소를 함께 기록한다.

단행본의 제목은 이탤릭체(기울임체)를 쓰는 경우가 많으나, 이것 역시 학술지나 출판사에 따라 다르다.

기입하는 순서나 쉼표, 세미콜론, 마침표 등 부호를 사용하는 방법이 학술지마다 다소 차이가 있다. 논문을 투고할 때 각 학술지에서 요구하는 방식을 따르면 된다.

부록. 국내 이공계 학회의 출전표기 및 참고문헌 작성방법

1. 한국화학공학회 : 『화학공학』

1) 출전표기

인용문헌의 표기는 대괄호를 사용해 참고문헌의 번호를 적어준다.

예 : 에폭시 수지는 (중략) 다양한 용도로 많은 양이 소비되고 있는 매우 중요한 공업용 소재로 그 특성에 대한 연구가 활발히 진행되어 있다[1-2].

2) 참고문헌 작성방법

① 본문 내의 인용번호 순서로 본문 말미에 표기한다.

② 학술지에 실린 논문은 큰따옴표(" ") 안에 넣고, 학술지명과 책명은 이탤릭으로, 권수는 볼드체로 표시한다.

③ 저자명은 '성last name, 이름 첫 글자frist name initial'로 표시하고 저자가 여러 명일 경우는 마지막 저자의 성 앞에 'and'를 붙인다.

④ 연도는 맨 마지막에 괄호 안에 표시하고, 괄호 앞에서 한 칸을 띄어 쓰지 않는다.

- 단행본 : 저자명, 책명, 출판사, 출판지역(연도).
- 학술지 : 저자명, 논문 제목, 학술지명, 권수(볼드체), 인용 페이지(연도).

예 : 1. May, C. A.(Ed.), *Epoxy resins. Chemistry and Technology*, Marcel Dekker, New York(1998).
2. Rosenberg, B. A., "Kinetic, Thermodynamics and Mechanism of Reactions of Epoxy Oligomers with Amines," *Adc. in Polym. Sci.*, 75, 113(1985).

2. 대한수학회 : 『대한수학회보Bulletin of the Korean Mathematical Society』

1) 출전표기

인용문헌의 표기는 대괄호를 사용하여 참고문헌의 번호를 적어주고, 참고문헌에 인용순서대로 기술한다.

예 : Sign-central and minimal sign-central matrices have been studied in [1,3], and in [6] where they play a crucial role in the study of sign-solvable …

2) 참고문헌 작성방법

① 본문 내의 인용번호 순서로 본문 말미에 표기한다.

② 저자명은 '이름 첫 글자frist name initial 성last name'으로 표시하고 저자가 여러 명일 경우는 마지막 저자의 성 앞에 'and'를 붙인다.

③ 학술지에 실린 논문과 단행본은 이탤릭체로 표기하나 학술지명은 이탤릭으로 표시하지 않는다.

④ 학술지의 권수는 학회지명 뒤에 쉼표 없이 한 칸 띄우고 볼드체로 표기하고, 호수는 no.를 이용하여 표시한다. 쪽수는 호수 뒤에 쉼표를 넣고 숫자로 표시한다.

- 단행본 : 저자명, 책명, 출판사, 출판지역, 연도.
- 학술지 : 저자명, 논문 제목, 학술지명 권수 (연도), No. 호수, 쪽수.

예 :
[1] T. Ando and R. A. Brualdi, *Sign-Central Matrices*, Linear Algebra Appl. **208/209** (1994), 283-295.

[2] R. A. Brualdi and B. L. Shader, *The Matraces of Sign-solvable Linear Systems*, Cambridge Univ. Press, Cambridge, 1995.

[3] G. Y. Lee, S. G. Lee, and S. Z. Song, *Linear Operators that Strongly Preserves the Sign-central Matrices*, Bull. Korean Math. Soc. **34** (1997), no. 1, 51-61.

3. 한국물리학회 : 『새물리』

1) 출전표기

인용문헌의 표기는 대괄호를 사용하여 참고문헌의 번호를 적어주고, 참고문헌에 인용 순서대로 기술한다.

예 : 상황(context)에 대한 다양한 정의와 함께 [1,2], 과학교육에서 상황의 중요성에 대하여 많은 연구자들이 언급하였다 [2-4].

2) 참고문헌 작성방법

① 본문 내의 인용번호 순서로 본문 말미에 모두 영문으로 표기한다.

② 저자명은 '이름 첫 글자frist name initial 성last name'으로 표시하고 저자가 여러 명일 경우는 마지막 저자명 앞에 'and'를 붙인다.

③ 학술지명은 이탤릭체로 표시하지 않고, 권수는 볼드체로 표시하며, 단행본은 이탤릭으로 처리한다.

④ 학술지에 실린 논문의 경우 논문 제목은 밝히지 않고 학술지명만 쓴다.

⑤ 인용한 쪽수는 학술지에 실린 논문의 경우 권수 뒤에 쉼표를 넣고 p./pp. 없이 숫자로 표시하며, 단행본에서 인용한 페이지는 출판사항 뒤에 p./pp.로 표시한다.

- 단행본 : 저자명, 책명 (출판사, 출판지역, 연도), 쪽수.
- 학술지 : 저자명, 학술지명, 권수, 쪽수 (연도).

예 : [1] H. K. Kim, J. Korean Phys. Soc. **29**, 111 (1989).

[2] S. J. Putterman, *Superfluid Hydrodynamics*, 2nd ed. (North-Holland, Amsterdam, 1974), Vol. 1, Chap. 1, pp. 100-102.

[3] R. White and R. Tisher, in Handbook of Research on Teaching edited by M. C. Wittrock (Macmillan, New York, 1986), p. 874.

[4] D. Kim, Mulli Kyoyuk **7**, 10 (1989).

4. 대한화학회 : 『대한화학회지Journal of the Korean Chemical Society』

1) 출전표기

인용문헌은 괄호 없이 위 첨자를 사용하여 표시한다.

예 : 최근 나노기술의 발달로 인하여 이러한 PMMA 수지와 금속나노입자의 복합체 연구가 활발히 진행되고 있다.[1,2]

2) 참고문헌 작성방법

① 본문 내의 인용번호 순서로 본문 말미에 표기한다.

② 저자명은 '성last name, 이름 첫 글자frist name initial'로 표시하고 저자가 여러 명일 경우는 세미콜론(;)으로 연결한다. 저자명과 책명 사이에는 쉼표를 넣지 않고, 이름 첫 글자 뒤의 마침표 뒤에서 한 칸 띄운 다음 책명(학술지명)을 넣는다.

③ 학술지명과 권수는 이탤릭체로 쓰고, 연도에는 볼드체를 사용한다. 권수 뒤에 쉼표를 넣고 인용한 쪽수를 표시한다.

④ 학술지에 실린 논문의 경우 논문 제목은 밝히지 않고 학술지명만 쓴다.

⑤ 단행본의 경우 도서명은 이탤릭체로 표기한다. '단행본 책명; 출판사: 출판지역, 연도'와 같이 표기한다.

- **단행본 :** 저자명. 책명; 출판사: 출판지역, 연도.
- **학술지 :** 저자명, 학술지명, 연도, 권수, 쪽수.

예 : 1. Chen, Z.; Gang, T.; Zhang, K.; Zhang, J.; Chen, X.; Sung, Z.; Yang, B. *Colloides and Surfaces A: Physico-chem. Eng. Aspects* **2006**, 272, 151.

2. Perrin, D. D.; Armarego, W. L. F. *Purification of Laboratory Chemicals*; Pergamon Press: Oxford, U. K., 1988.

3. Rand, M. J. *J. Electrochem Soc.* **1973**, *120*, 686.

5. 대한기계학회 : 『대한기계학회논문집』

1) 출전표기

인용문헌의 표기는 괄호를 사용하여 위 첨자로 참고문헌의 번호를 적어준다.

예 : 이제까지 이루어진 물고기 모방 로봇에 대한 연구를 보면 가장 많이 알려진 MIT의 로보 튜나(Robo Tuna)(3)와 Draper Lab의 수력(hydraulic actuated)으로 작동되는 VCUUV(Vorticity Control Unmanned Undersea Vehicle)(4)가 있다.

2) 참고문헌 작성방법

① 참고문헌은 전체 영문으로 작성해야 하며, 본문 내의 인용번호 순서로 본문 말미에 기재한다.

② 저자명은 '성last name, 이름 첫 글자frist name initial'로 표시하고 저자가 여러 명일 경우는 마지막 저자의 성 앞에 'and'를 붙인다.

③ 단행본과 학술지는 이탤릭으로, 학술지에 실린 논문은 큰따옴표(" ")로 표시한다.

- 단행본 : 저자명, 연도, 책명, 출판사, 출판지역.
- 학술지 : 저자명, 연도, 논문 제목, 학술지명, Vol. 권수, 쪽수.

예 : (3) Barrett, D. S. et al., 1999, "Drag Reduction in Fish-like Locomotion," *Journal of Fluid Mechanics*, Vol. 392, pp. 183-212.

(4) Anderson, J. M. and Kerrebrock, P. A., 1999, "The Vorticity Control Unmanned Undersea Vehicle (VCUUV): An Autonomous Robot Tuna," *11th International Symposium on Unmanned Untethered Submersible Technology*, Durham.

6. 대한금속·재료학회 : 『대한금속 · 재료학회지METALS AND MATERIALS International』

1) 출전표기

인용문헌의 표기는 대괄호를 사용하여 참고문헌의 번호를 적어주고, 참고문헌에 인용순서대로 기술한다.

예 : Free volume is one of the heterogeneities that act as preferential sites for the initiation of shear bands [6,28,29].

2) 참고문헌 작성방법

① 참고문헌은 인용번호 순서대로 본문 말미에 영문으로 기재한다.

② 저자명은 '이름 첫 글자frist name initial 성last name'으로 표시하고, 저자가 여러 명일 경우는 마지막 저자 앞에 'and'를 붙인다.

③ 단행본과 학술지명은 이탤릭으로 표시하며, 학술지의 권수는 볼드체로 표시한다.

④ 학술지에 실린 논문의 경우 논문 제목은 밝히지 않고 학술지명만 쓴다.

⑤ 웹 문서는 '저자명, 제목, URL (연도)'로 표기한다.

- 단행본 : 저자명, 책명, 쪽수, 출판사, 출판지역 (연도).
- 학술지 : 저자명, 학술지명, 권수, 쪽수 (연도).

예 : 1. A. I. Taub and F. Spaepen, *J. Mat. Sci.* **16**, 3087 (1981).

2. N. P. Bansal, R. H. Doremus, (eds.) *Handbook of Class Properties*, Academic Press, Orlando (1986).

3. D. Becker, The Beowulf Project, http://www.beowulf.org (1994).

7. 한국분자세포생물학회 : Molecules and Cells

1) 출전표기

저자명과 발간연도를 괄호 안에 넣어 내주로 표기한다.

예 : There are several glands in the lamina propria of the VNO theat are located predominantly in the caudal region (Breipohl et al., 1979; Mendoza and Kuhnel, 1987).

2) 참고문헌 작성방법

① 알파벳순으로 마침표로 정리한다.
② 저자명은 '성last name, 이름 첫 글자frist name initial'로 표시하고 저자가 여러 명일 경우는 마지막 저자의 성 앞에 'and'를 붙인다. 저자가 11인 이상일 경우에는 et al.을 이용한다.
③ 학술지, 학술지에 실린 논문, 단행본 모두 이탤릭체로 표시하지 않는다.
④ 학술지의 권수는 저널명 뒤에 한 칸 띄우고 이탤릭체로 표기한다.
⑤ 연도는 저자명 뒤에 괄호 안에 넣어 표기한다.

- 단행본 : 저자명. (연도). 책명 (출판지역: 출판사).
- 학술지 : 저자명. (연도). 논문 제목. 학술지명 권수, 쪽수.

예 : Abogadie, F.C., Bruch, R.C., Wurzburger, R., Margolis, F.L., and Farbman, A.I. (1995). Molecular cloning of a phosphoinositide-specific phospholipase C from catfish olfactory rosettes. Brain Res. *31*, 10-16.

Daniell, H., Camrmona-Sanchez, O., and Burns, B. (2004). Chloroplast derived antibodies, biopharmaceuticals and edible vaccines. In Molecular Farming, R. Rischer and S. Schillberg, eds. (Weinheim, Germany: Wiley-VCH Verlag), pp. 113-133.

Wickner, R.B., Esteban, R., and Suzuki, N. (2000). Virus Taxonomy (California: Academic Press).

연습문제

1 전공 서적이나 논문에서 핵심이 되는 일부 내용을 자신이 이해한 내용으로 풀어쓰고 그 내용이 적절한 간접 인용이 될 수 있는지 평가해보라.

2 자신의 전공 분야에서 대표적인 학술지로 어떤 것이 있는지 알아보고, 그 학술지에서 요구하는 출전표기 및 참고문헌 작성방식을 인터넷이나 학술지 안의 작성요령 등을 참조하여 찾아보라.

3 작성한 보고서나 논문에서 인용과 참고문헌이 자신의 전공 분야에서 대표적인 학술지의 인용과 출전표기 작성방식을 따르고 있는지 확인해보라.

용어설명 〉〉〉

- **논박** refutation
- **설득** persuasion

'논박'은 상대 이론이나 다른 사람의 논증에 잘못이 있음을 밝힘으로써 그것에 반박함을 의미한다. 반면에 '설득'은 자신의 주장이나 생각을 설명이나 논증 등 다양한 방법을 통해 독자들에게 납득시키는 행위이다.

제9장

글의 핵심적 요약과 초록 쓰기

논문에는 초록(국문초록, 영문초록)을 첨부하도록 되어 있는데, 글을 아직 읽지 않은 독자가 논문의 내용을 한눈에 파악할 수 있도록 하기 위해서 초록을 작성한다. 넘치는 연구성과와 정보들 사이에서 필요한 자료만을 골라 읽기 위해서 초록을 먼저 읽는 사람이 많아지고 있기 때문에 초록은 그 중요성이 점점 커지고 있다. 초록의 조회 수가 737회인 논문의 실제 다운로드 횟수는 119회에 그친다고 하는 한 통계자료만 보더라도 초록과 핵심어가 실제 논문보다 훨씬 더 많이 읽히고 있음을 알 수 있다.

초록은 독자에게 글의 주제와 연구방법을 알려줄 뿐 아니라 논문을 읽고 싶도록 만드는 목적이 있다. 최근에는 필요한 논문을 인터넷에서 검색하는 경우가 대부분이다. 이때 초록만을 읽게 되는 일도 흔하고, 초록이 얼마나 흥미롭게 쓰였는가에 따라 독자가 논문의 전편을 읽을지 여부를 결정하게 된다. 이런 면만을 고려한다면 논문의 초록은 관객이 영화를 관람할지 결정하는 데 도움을 주는 영화 예고편과 흡사하다. 그러나 초록과 영화 예고편 간에는 중대한 차이가 있음을 간과해서는 안 된다. 영화 예고편에는 그 영화의 가장 중요한 장면이 포함되어 있지 않다. 〈식스 센스The Sixth

초록은 논문 전체의 축소판이라는 점에서 중요한 비중을 차지한다.

초록을 통해 독자들은 그 논문이 자신의 필요에 맞는지를 판단할 수 있고,

논문을 완성한 뒤에 요약의 형태로 작성되기 때문에

논자에게도 자신의 논의를 정리할 수 있는 기회가 된다.

Sense〉라는 영화의 유명한 마지막 반전 장면이 예고편에 포함되어 있다면 그 영화를 볼 사람이 과연 얼마나 되겠는가? 그러나 초록에는 논문의 핵심내용이 반드시 포함되어야 한다. 더구나 영화 예고편이 관객의 흥미를 유발하여 가급적 영화를 보도록 하는 데 목적이 있는 반면에, 초록은 이를 읽는 독자가 자신의 필요에 따라 논문 전체를 읽을지 말지를 판단할 수 있도록 논문에 실린 정보를 정확하고 객관적으로 밝히는 데 목적이 있다. 다시 말해 본 논문을 읽을 필요가 없는 독자도 초록을 통해 정보를 얻을 수 있어야 한다. 이처럼 논문 전체의 축소판이라는 점에서 시간을 중시하는 현대인에게는 논문의 본문보다 초록이 훨씬 중요한 비중을 차지한다고 해도 과언이 아니다.

또한 초록은 독자에게 이어지는 내용에 대한 이해를 돕는 뼈대, 얼개, 구조를 보여준다. 독자가 논문을 이해하는 데에도 도움을 주는 셈이다.

마지막으로 초록은 논문을 완성한 뒤에 요약의 형태로 작성되기 때문에 논자에게도 자신의 논의를 정리할 수 있는 기회가 된다.

9.1. 초록의 내용

초록은 짧지만 완성된 글의 형식을 갖추고 있어야 하며, 다음과 같은 논문의 핵심이 모두 담겨 있어야 한다.

- 연구논문에서 제기하고 있는 문제
- 문제를 해결하기 위한 연구방법
- 연구의 결과
- 결과의 중요성

논문에서 제시한 문제는 무엇이며 이 문제가 어떠한 과정을 거쳐서 해결되었는지 그 과정을 간략하게 적는다. 이때 제목이나 하위제목, 그림, 표 등은 넣지 않는다. 또한 독자가 짧은 초록을 읽는 동안 논문 전체를 한눈에 파악할 수 있도록 연구방법과 결과를 서술할 때 전문 용어를 사용하거나 수치를 써주는 것이 좋다. 하지만 이러한 전문용어에 대한 설명이나 참고문헌에 대한 정보는 초록에서 밝히지 않고 본문을 참조하도록 한다. 또한 초록은 논문에 비해 더 다양한 독자층을 대상으로 하는 것을 염두에 두고 작성한다.

다음 제시한 〈초록의 사례〉에는 학술지논문의 초록이 갖추어야 할 요건들이 모두 들어 있다. 먼저 'UO$_2$ 소결체에 U$_3$O$_8$ 종자를 첨가할 때 소결체의 치밀화 과정 및 입자 성장의 변화를 온도 및 시간에 따라 분석'한다는 문제제기가 포함되어 있다. 다음으로 이를 위한 연구방법으로 'UO$_2$ 성형체와 U$_3$O$_8$ 종자 첨가 성형체를 특정 온도(1300~1700°C), 특정 시간(0~4시간)을 변수로 하여 밀도와 입자 크기를 측정'했음을 밝히고 있다. 그리고 나머지 부분은 연구결과와 결론에 대한 언급에 할애하고 있다. 또한 연구논문이 가지는 가치를 드러내는 외에도 전문용어와 수치들을 적절히 제시함으

〈초록의 사례〉

요약 : UO_2 소결체와 U_3O_8 종자를 5wt% 첨가한 UO_2 소결체의 치밀화 과정 및 입자 성장 양상을 소결 온도 및 시간을 변수로 하여 분석하였다. UO_2 성형체와 5wt% U_3O_8 종자 첨가 성형체를 수소 분위기에서 1300°C에서 1700°C로 온도를 올리면서 0시간에서 4시간 소결하여 밀도와 입자 크기를 측정하였다. 1300°C까지는 종자 첨가에 상관없이 거의 같은 밀도를 가졌지만 온도가 올라가면서 종자 첨가 소결체의 치밀화가 저하되었다가 1700°C 근처에서 거의 비슷한 밀도를 가지게 된다. 입자 성장의 경우, 1600°C에서는 종자 입자를 제외하면 기지상의 입자 크기는 거의 비슷하지만 1700°C 이후에서는 종자 첨가 UO_2 소결체의 입자 성장이 종자가 첨가되지 않을 경우에 비하여 2배 이상 빠르게 진행되었다.

출처 : 이영우·김동주·김건식, 2007, U_3O_8 종자가 UO_2 핵연료 소결체의 입자 성장에 미치는 영향, 한국결정성장학회지 17(2): 75쪽.

로써 독자가 본문의 내용을 쉽게 파악할 수 있도록 하였다.

9.2. 초록 작성법과 핵심어 고르기

논문의 초록은 한 쪽이 넘지 않도록 한다. 보통 초록이 제목과 함께 읽히는 것을 감안해서, 제목의 내용을 필요 이상으로 반복하지 않는다. 초록의 내용 비율을 보면 서론이 20~30%, 연구방법이 10~20%, 결과가 35~45%, 마지막으로 결과가 가지는 의미에 대해서 20~25%의 분량을 차지하도록 쓴다. 이때 초록에 본문에 들어 있지 않은 내용을 쓰거나 서론과 결론의 내용을 그대로 옮겨 써서는 안 된다. 서론의 내용은 문제를 제기하는 데에서 그치며, 서론이나 결론의 내용을 문장 그대로 옮기는 것은 논자의 성실성을 의심하게 하기 때문이다.

초록을 작성하고 난 뒤 해야 할 일은 핵심어를 골라내는 일이다. 논문에 대한 정확한 정보를 제공하기 위해서는 독자들이 자신의 논문을 잘 검색할 수 있도록 적절한 핵심어를 입력하는 것이 중요하다. 핵심어를 고를 때는 일단 자신의 논문 제목과 주제를 고려한다. 자신의 논문이 다른 사람의 논문과 차별되는 특징적인 면은 무엇인지 생각해보고, 검색하는 사람의 입장에서 핵심어를 골라본다.

더 읽을거리

- Sheryl Lindsell-Roberts, 2001, *Technical Writing for Dummies*, Hungry Minds, Inc.

연습문제

1 초록이 서론과 다른 점이 무엇인지 설명해보자.

2 다음 초록을 읽고 핵심어를 골라보자.

새로운 벤즈이미다졸계 고분자 합성과 연료전지용 수소 이온 전도성 전해질 막으로의 응용에 관한 연구를 수행하였다.

첫 번째 연구로, 폴리[2,2'-파라페닐렌-5,5'-바이벤즈이미다졸](pPBI)를 폴리인산 용매하에서 3,3'-다이아미노벤지딘 테트라하이드로 클로라이드와 테레프탈릭 산의 축합반응을 통해 중합하였다. pPBI는 중합용액을 직접 캐스팅하거나(직접캐스팅법), 메탄술포닉산 용액을 캐스팅하여(MSA캐스팅법) 전해질 막 형태로 제조할 수 있었다. 직접캐스팅법에 의한 전해질 막은 MSA캐스팅법에 의해 제조된 막에 비해 무정형 구조를 가지고, 훨씬 높은 인산 도핑 레벨 값과 함수율을 가졌다. 결과적으로 직접캐스팅법에 의한 pPBI 전해질 막은 180°C, 1% 상대습도 조건하에서 고분자 반복단위당 8.78 분자의 인산 도핑 레벨을 가질 때 0.15 S cm^{-1}의 높은 수소 이온 전도도를 가질 수 있었다. 이러한 높은 인산 도핑 레벨을 가지는 경우에도 pPBI 전해질 막은 57 MPa의 인장 강도를 보여(22°C and 24% 상대습도 조건) 뛰어난 기계적 안정성을 유지함이 확인되었다.

둘째로, pPBI의 결정형 구조와 용해도를 개선하기 위한 두 가지 공중합체 연구가 진행되었다. 주쇄에 아릴 에테르 연결기가 도입된 poPBI 공중합체와 페닐술포닐 측쇄가 도입된 PhSpPBI 공중합체가 합성되었다. 아릴 에테르 연결기 함량이 증가함에 따라(혹은 페닐술포닐 측쇄 함량이 증가함에 따라) 공중합체의 폴리인산과 *N,N'*-다이메틸아세트아마이드/리튬클로라이드 용매에 대한 용해도가 매우 향상됨이 확인되었다. 또한 X-ray 구조분석을 통해 유연한 아릴 에테르 연결기와 부피가 큰 페닐술포닐 측쇄가 낮은 결정성 및 더 큰 사슬 간 *d*-spacing을 유발함이 확인되었다. 그럼에도 불구하고 이러한 공중합체는 우수한 열적·기계적 안정성과 높은 수소이온 전도도를 유지하였다. 예를 들어, 30mol%의 아릴 에테르 연결기를 가지는 poPBI 공중합체는 7.55 분자의 인산 도핑 레벨에서 43MPa의 인장 강도를 유지하는 동시에, 6.69 분자의 인산 도핑 레벨에서 0.098 S cm^{-1} 높은 수소 이온 전도도를 보였다. 이러한 결과로부터 합성된 공중합체가 고온용 연료전지 전해질 막으로 매우 적합함을 알 수 있었다.

출처: 김태호, 2008, 새로운 벤즈이미다졸계 고분자의 합성과 고온용 연료전지 전해질 막으로의 응용, 서울대학교 박사학위논문, 128-129쪽.

용어설명

- **원인** cause
- **결과** effect
- **이유** reason

과학적 방법의 연구 형태는 많은 경우 사건이나 현상이 왜 발생하게 되었는지를 밝히려고 한다는 점에서 '원인'에 대한 탐구이다. 그리고 어떤 결과든 그 결과를 산출할 수 있는 수많은 원인들이 있을 수 있고, 하나의 원인으로부터 복수의 결과들이 산출될 수도 있다. 그러나 특정 결과에 대한 인과적 탐구는 엄밀히 말하면, 원인을 찾는 경우도 있지만 '이유'를 찾는 것일 수도 있다. 즉 원인이 사건이나 현상의 직접적인 발생적 기원을 의미한다면, 이유는 행동이나 판단의 정당화 근거를 의미하는 것이다.

제10장 발표자료 만들기

과학기술의 영역에서 프레젠테이션은 중요한 정보전달의 수단이다. 프레젠테이션이라는 종합적인 정보전달의 수단은 문서나 단순한 연설보다 더욱더 효과적인 의사소통의 역할을 수행할 수 있기 때문이다. 그러나 역사를 살펴보면 과학기술 분야의 의사소통이 잘못되어 생겨난 불행한 사건들의 사례를 쉽게 발견할 수 있다.

2003년 우주왕복선인 콜롬비아호의 폭발 사건은 그 대표적인 예이다. 이 사고의 조사위원회는 나사 관리들에게 행해진 한 잘못된 프레젠테이션이 이러한 참사를 불러일으켰다고 결론을 내렸다. 프레젠테이션의 자료가 간결하게 제시되지 못하여 발표를 듣는 이들이 내용을 제대로 이해하지 못했고, 이로 인해 문제점을 이해하지 못한 채 발사를 강행했다는 것이다. 프레젠테이션 자료의 중요성을 새삼 느끼게 해주는 사례다(Lannon, 2006: 668).

또 다른 사례를 살펴보자. 제2차 세계대전 당시 닐스 보어Niels H. D. Bohr는 윈스턴 처칠Winston L. S. Churchill에게 핵무기의 위험성을 경고하는 연설을 할 기회가 있었다. 보어는 전쟁 후 핵무기 경쟁이 시작될 것을 깨닫고,

과학기술 분야의 전문적인 사실을 일반 청중에게
쉽고 분명하게 전달하기란 결코 쉬운 일이 아니다.
과학기술 분야에서 정확한 의사소통은 매우 중요하며
프레젠테이션을 통한 정확한 의사전달능력은
과학기술자에게 요구되는 중요한 능력 가운데 하나라고 할 수 있다.

모든 나라들이 핵무기를 보유하는 가이드라인을 세우기를 원했다. 그러나 보어가 전달해야 할 내용의 중요성에도 불구하고 처칠은 회의가 시작된 지 15분 만에 자리를 떴다. 보어는 너무나 형편없는 연설자였기 때문에 처칠이 그의 말을 이해하는 데 한계를 느꼈기 때문이다(Alley, 1997: 207).

이상의 사례에서 볼 수 있듯이 과학기술 분야에서 정확한 의사소통의 중요성은 이루 말할 수 없다. 그러나 과학기술 분야의 전문적인 사실들을 일반 청중에게 쉽고 분명하게 전달하기란 결코 쉬운 일이 아니다. 하지만 자신의 전문 분야를 제대로 설명하지 못한 결과가 미치는 엄청난 파장을 볼 때 프레젠테이션을 통한 정확한 의사전달 역시 과학기술자의 중요한 책무라고 할 수 있다.

과학기술자들은 이처럼 자신의 연구성과를 문서의 형태가 아닌 구두나 시각적 이미지로 발표해야 하는 경우가 있다. 프레젠테이션과 학술회의 포스터가 대표적인 형태다. 이러한 경우는 단순히 논문을 축약해서 말로 전달하거나 벽에 걸어놓는 것이 아니다. 각 형태에 맞는 자료구성의 문법이 있으므로 이를 고려해서 효과적인 자료를 만들어야 한다. 이 두 가지 형태 모두 짧은 시간과 분량 안에 자신의 논의를 모두 보여줘야 하므로, 긴 글을 쓰는 것보다 더 많은 전략이 필요하다.

10.1. 프레젠테이션

구두발표에서는 문서발표와 달리 흥미로운 전달수단을 다양하게 사용할 수 있다. 다채로운 시각자료, 특히 동영상을 사용할 수 있다는 것이 큰 장점이다. 하지만 발표자가 실언을 하면 오해를 불러일으킬 수 있으며, 듣는 사람 또한 놓친 부분을 다시 들을 기회가 없다는 단점이 있다. 또한 용어가 충분히 설명되지 못한 채 사용되면 이후로는 이해가 불가능한 경우도 많다. 이러한 제약들을 극복하고 훌륭한 발표가 되기 위해서는 이를 고려한 발표자료를 만드는 것이 우선이다.

10.1.1. 발표자료의 구성과 내용

발표자료도 글쓰기와 마찬가지로 도입·본론·마무리의 구성을 갖춰야 한다. 발표내용을 정리할 때 이미 준비되어 있는 논문의 개요를 이용하면 이러한 구성에 맞춘 효율적인 자료준비를 할 수 있다. 구체적인 구성과 내용은 다음과 같다.

1) 첫 장을 구성하는 방식

첫 장을 구성하는 방식에는 다음 세 가지가 있다. 발표자료를 준비하는 사람이 상황에 따라 하나를 선택하면 된다.

① 제목, 저자, 소속만을 밝힌다.

② 앞 ①의 내용에 더해서 내용을 대표적으로 보여줄 수 있는 그림을

실어서 정보를 함께 준다.

③ 첫 장부터 내용을 넣는다. 단, 제목과 저자는 작게 표기한다.

2) 도입 부분

도입 부분에서는 큰 그림을 그려주는데, 발표의 개략을 목차의 형태로 쓴다. 무엇을 이야기할지, 왜 중요한지, 진행순서를 간략히 이야기한다. 이때 청중이 주제에 흥미를 갖도록 질문을 던지는 것도 좋은 방법이다. 발표의 전체적인 순서를 미리 알려주는 것은 청중들에게 방향감각을 알려주고 또 어떤 내용을 다룰 것인지 말해주는 것이다. 미리 뒷부분을 뒤적거려볼 수 있는 문서와는 달리 프레젠테이션에서는 청중들이 진행상황을 미리 알 수 없기 때문이다. 이는 청중들이 발표의 내용과 시간을 예측할 수 있어 흥미를 지속할 수 있게 만든다.

3) 본론

본론에서는 설명할 내용을 진행해나간다. 결론에 이르기 위한 논리적 과정으로 진행해나가는데, 이때 자신의 주장을 입증할 수 있는 근거들이 충분히 제시될 수 있도록 한다.

4) 마무리 부분

마무리 부분에서는 본론에서 이야기한 요점과 그 의의를 이야기하고 앞으로의 전망 혹은 남은 과제 등을 첨언하며 경우에 따라서는 당부의 말로 마무리한다. 일반적으로 청중들은 본론보다는 처음과 마지막을 기억하는 경우가 많다. 따라서 요점을 정리하면서 발표자가 말하고자 했던 의도를 다시 한 번 상기시키는 것은 이해를 돕는 데 큰 도움이 된다. 이는 청중들이 이 발표를 통해 무엇인가를 새롭게 알게 되었다는 느낌을 갖게 하기 때문이다. 이때 프레젠테이션의 결과를 한눈에 볼 수 있게 시각자료를 만드는 것도 효과적이다. 발표를 듣고 난 뒤에도 사람들은 이미지를 쉽게 기억하고 그 이미지가 발표의 내용을 연상하게 하는 데 도움을 주기 때문이다.

5) 청중의 질문에 대한 준비

발표자료에는 포함되지 않지만 청중의 질문에 대비해야 한다. 질문이 예상되는 부분에 대해서는 미리 답변을 준비해 간다.

10.1.2. 시각자료 만들 때 주의할 점

오감을 통한 정보의 습득에서 시각이 가장 큰 역할을 하는 것은 잘 알려져 있다. 특히 과학기술 분야의 내용은 말로만 설명하기에는 너무 복잡하고 청중들도 말보다는 이미지를 훨씬 더 기억하기 쉽다. 따라서 적절한 시각자료를 준비할 필요가 있다. 시각자료는 다음과 같은 효과가 있다.

- 논지를 강화할 수 있다.
- 논리를 전개해 나가는 데 윤활유 역할을 한다.
- 발표를 개성 있게 만들 수 있다.
- 청중을 집중시키는 효과가 있다.

의욕이 앞선 나머지 지나치게 많은 정보를 담으면 이는 오히려 청중의 이해를 방해할 수 있다. 일단 한 슬라이드에는 하나의 개념을 담아야 한다. 그리고 각 슬라이드는 제목title과 본문body으로 이루어져 있으므로 적절한 제목을 붙여서 이해를 돕는다. 이때 제목은 다섯 단어 이내로 만드는 것이 좋다. 본문은 일곱 줄 이내로 하되, 한 줄에 일곱 단어 정도로 쓰면 좋다. 또한 본문은 키워드나 구절 정도로 간단하게 요약해서 제시한다. 가능한 문장이나 단락 전체를 화면에 그대로 보여주는 것은 피하는 것이 좋다. 같은 제목 아래의 내용이 다음 장으로 넘어갈 때에는 제목에 번호를 붙여주는 것이 좋다.

준비할 슬라이드의 양과 관련해서는 발표시간에 따라 적절한 수의 슬라이드를 준비하는데, 발표시간을 분으로 환산해서 이의 3분의 2 정도가 적당하다. 3분의 1 정도라면 너무 많은 정보를 한꺼번에 담게 되고, 발표시간만큼의 슬라이드를 준비한다면 너무 빨리 슬라이드를 넘기게 되어 청중이 이해하기 어려울 수 있다.

시각자료를 자유롭게 쓸 수 있는 장점을 최대한 살린다. 텍스트 이외에도 그래픽과 멀티미디어 자료 등을 통해 연구결과를 효과적으로 보여준다. 시각자료 사용을 위해서는 먼저 언제, 어느 곳에서 시각자료를 쓰는 것이 효과적인지를 결정한다. 또한 표, 그래프, 차트, 일러스트레이션, 컴퓨터 그래픽 중 어떤 시각자료가 효과적일지 그리고 몇 장 정도가 적절한지 정한다. 지나치게 많은 내용이 담긴 시각자료 한두 장보다는 간단하고 이해하기 쉬운 자료 여러 장이 더 좋을 수 있다.

• 시각자료 만들 때의 주의사항

☑ 발표장 어느 곳에서도 볼 수 있는 크기와 색감으로 작성한다. 보통 자료를 작성할 때 KISS&KILL의 원칙을 지킬 것을 권유한다. 이는 "Keep It Simple and Short"와 "Keep It Large and Legible"의 약자로 내용을 단순하고 간결하게 그리고 크고 읽기 쉽게 만들어야 한다는 뜻이다. 이는 청중을 집중하게 할 수 있는 자료를 만드는 좋은 가이드이다.

☑ 색상은 청중의 시선을 끌어야 하지만 세 가지 색 이내로 사용하는 것이 적절하다. 부득이하게 여러 가지 색을 사용해야 할 경우에는 한 가지 색상의 명도와 채도를 다르게 하는 방법을 써서 안정감을 준다.

☑ 화면을 구성할 때는 충분한 여백을 주어 자료가 잘 전달되도록 한다. 내

용은 전체 슬라이드의 90% 이하로 하며, 10% 정도는 여백으로 남겨두는 것이 바람직하다.

☑ 글자체는 굴림체나 돋움체, 고딕체 등의 각이 진 글자체를 사용하는 것이 좋다. 영어에 있어서도 마찬가지로 Arial, Helvetica 등 세리프가 없는 서체Sans-Serif Typefaces(가는 장식선이 없는 활자체로 보통 짧은 글이자 제목에 많이 사용)를 쓰는 것이 시각적으로 분명하게 보인다. 이때도 서체는 두 가지 이하로 사용하는 것이 간결하다.

☑ 시각자료에서는 마침표를 사용하지 않는 것이 좋다.

☑ 표나 그림의 제목은 간결할수록 좋다.

☑ 그래픽은 효과가 좋지만 너무 화려하게 만들면 청중의 집중도와 이해도가 떨어진다. 기본설정대로 만드는 것이 좋다.

☑ 적절한 애니메이션 효과를 사용하되 화려한 효과는 금물이다. 설명해 나가는 데 애니메이션 효과가 방해가 되지 않도록 적당한 선에서 사용한다. 발표자의 설명보다 앞서서 청중이 자료를 미리 읽어나가지 않을 정도의 속도로 내용이 나타나도록 애니메이션 효과를 사용한다.

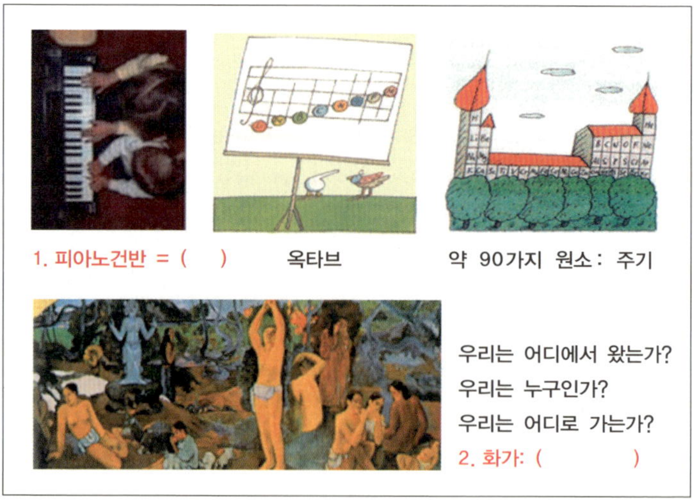

〈그림 10-1〉 청중을 집중하게 하는 자료의 사례 : 우주와 생명 – 김희준

〈그림 10-1〉의 발표자료는 많은 텍스트를 사용하지 않고 그림으로 간결하게 보여주어 보는 사람의 부담을 줄여주고, 흥미로운 그림들을 통해 앞으로 전개될 내용에 호기심을 갖게 한다.

10.1.3. 발표요령

이상의 준비를 마쳤으면 주의 깊게 교정을 본 후 발표할 내용을 미리 대본으로 작성해본다. 숙련된 발표자도 적절한 시간 안배에 실패하는 경우가 많다. 미리 대본을 작성할 경우 필요한 내용을 실수로 빠뜨리거나 시간에 쫓겨서 중요한 부분을 대충 설명하고 넘어가는 것을 막을 수 있다. 하지만 대본을 그대로 읽는 것은 자연스럽지 못하고 외우기도 쉽지 않다. 이럴 때 요점만 메모해놓고 그것을 자신의 말로 설명하면 자연스럽게 프레젠테이션을 할 수 있다.

발표장은 빔 프로젝터를 사용하느라 조도가 낮은 경우가 많아서 청중들이 발표내용을 메모하기가 쉽지 않다. 따라서 슬라이드의 내용을 그대로 혹은 요약해서 유인물을 준비한다. 이때 유인물은 발표를 마친 뒤에 배포하는 것이 청중을 집중시키는 데 도움이 된다. 유인물의 준비는 혹시 시스템 장애가 생기는 경우에 대한 대비도 된다.

문서발표와 달리 구두발표는 청중과 서로 소통할 수 있다는 점이 큰 매력이자 장점이다. 몸짓이나 목소리 톤, 눈을 맞추는 것 등은 내용을 효과적으로 전달하는 데 큰 도움을 준다. 따라서 이러한 장점을 살리는 것이 중요하다.

구두발표에서는 발표자의 발표방법뿐 아니라 여러 가지 환경의 영향도 받는다. 따라서 발표 전에 이러한 사항들을 꼼꼼하게 살펴보는 것이 중요하다. 먼저 발표장의 환경이나 청중에 대한 분석이 필요하다. 발표장의 크기와 조명, 소음에 대한 파악이 우선되어야 한다. 또한 청중들의 수준

물질세계는 입자들로 이루어졌다.

(○, ×) 작은 입자가 먼저 생기고 이들이 모여서 큰 입자가 만들어졌다.

(○, ×) 가장 먼저 만들어진 작은 입자를 조사하려면 과거로 거슬러 올라가야 한다.

(○, ×) 먼저 만들어진 입자를 조사하려면 멀리 보아야 한다.

(○, ×) 고온에서는 큰 입자가 작은 입자로 해체된다.

(○, ×) 초기 우주는 아주 고온이었다.

(○, ×) 초기 우주는 크기가 아주 작았다.

(○, ×) 우주는 점으로 시작되어 팽창하고 있다.

〈그림 10-2〉 질문을 적절히 사용한 사례 : 우주와 생명 – 김희준

과 관심 정도, 연령대도 미리 알아두면 좋고, 여기에 시간대도 고려하면 더 효율적인 준비를 할 수 있다. 또한 청중이 집중할 수 있는 시간은 20분 정도인데, 발표시간이 길 경우 중간에 쉴 수 있는 시간을 마련하는 것이 좋다.

발표를 준비할 때는 분당 20~60분의 준비시간, 즉 20분 발표에는 대략 6~20시간의 준비시간이 필요하다는 것을 염두에 두어야 한다. 주어진 시간 내에 끝낼 수 있도록 시간안배에도 신경을 쓴다. 총 20분 발표라면 도입에 2분, 본론에 12분, 마무리에 2분을 쓰고 마지막으로 질문을 받고 답변을 하는 데에 4분을 할애한다. 실전처럼 미리 연습을 해둔다. 연습을 통해서 부족한 부분을 찾아내어 보충한다. 이때 요점을 메모한 것을 적절히 활용하는 법을 연습한다.

실제 발표장에서 목소리 톤과 말의 속도 등을 주의하며 발표한다. 청중과 눈을 마주치며 이야기하고, 청중이 스크린을 보는 시야를 발표자가 몸

으로 막지 않도록 조심한다. 시각자료의 장을 넘길 때 청중이 충분한 시간을 가지고 읽을 수 있도록 배려한다. 자료를 가리킬 때는 포인터와 같은 적절한 도구를 사용한다.

효과적인 발표를 위해 주제를 분명히 밝히고 시작한다든가, 청중을 집중시키기 위해서 흥미를 끌 만한 구체적인 예를 들어야 한다. 질문을 사용하면 청중의 몰입도가 높아지므로 질문을 적절히 사용한다. 또한 구체적인 예를 드는 것이 청중의 이해를 도울 수 있고 흥미도 끌 수 있다.

발표를 마친 뒤에 청중으로부터 질문을 받는다. 답을 모르는 질문이 나왔을 때에도 당황하지 말고 솔직히 이야기한다. 혹시 발표자가 답을 찾을 수 있는 방법만을 알고 있다면 이에 대해서라도 이야기해주고, 나중에 답할 수 있는 것은 전자우편을 통해서 알려줄 수도 있다. 여건이 된다면 발표 후에 청중들로부터 평가서를 받는 것이 좋다. 이는 자신의 발표내용에 대한 점검도 될 뿐 아니라 청중들에게도 발표내용을 다시 한 번 환기시키는 기회가 되기 때문이다.

10.2. 학술회의 포스터

구두발표와는 달리 눈길 한번 안 주고 지나갈 수도 있기 때문에 학술회의 포스터는 사람의 눈길을 끌 수 있도록 만드는 것이 중요하다. 또한 한눈에 들어오도록 깔끔하게 구성되어야 한다. 포스터는 논문을 요약해서 벽에 붙여 놓으면 되는 것이 아니라 효과적인 포스터를 만드는 데에는 나름의 문법이 있다. 구두발표에서는 사람이 말을 하지만 포스터 발표에서는 포스터가 많은 말을 할 수 있도록 구성되어야 한다.

10.2.1. 포스터의 구성과 내용

포스터에 담을 수 있는 공간이 그리 많지 않으므로 최대한 핵심만을 남긴다. 중요한 부분만을 남기기 위해서는 일단 만들어진 논문의 초록을 참조하는 것이 좋다. 초록에서 중요한 문장을 뽑아 전개도를 그려보고 논지를 뒷받침할 만한 자료들을 정한다. 자료는 섹션으로 나누고 이를 논리적으로 배열하는 것이 효율적이다. 예를 들어, 섹션을 서론, 방법, 결과, 논의, 결론, 감사의 글과 참고문헌으로 구성한다.

1) 제목

제목은 논문의 결과를 알려주기보다는 보는 사람들이 메시지를 찾을 수 있도록 요점을 설명해주는 것이 좋다. 쟁점이 드러나도록 한다.

2) 서론

문제를 제기하고 논의의 목표가 무엇인지 명확하게 알 수 있도록 만든다. 보는 사람이 주제에 대해 흥미를 갖도록 만들어야 한다.

3) 연구방법

연구자가 사용한 연구방법이나 이론에 대해 설명한다. 실험방법이나 장비에 대한 설명이 필요할 때 그림, 표, 흐름도를 이용해 알기 쉽게 설명한다.

4) 결과

논의의 결과를 설명한다. 이때 시각자료를 사용하는 것이 효율적이다.

5) 논의와 결론

결과를 환기시키면서 앞서 제기한 가설을 뒷받침하는 언급을 한다. 왜 이러한 결과가 중요하고 흥미로운지에 대해 이야기한다. 논의에서 찾아낸 요점을 써준다. 또한 후속 연구에 대한 제안이나 생각 등을 쓴다. 특히 무엇을 했는지에 대한 언급뿐 아니라 왜 의미 있는 연구인지 알 수 있도록 쓴다. 앞부분의 서론과 연계해서 써준다.

6) 감사의 글과 참고문헌

필수적인 부분은 아니지만, 연구를 도와준 연구원이나 재정지원을 받은 곳에 감사를 표하고 싶을 때 포스터의 왼쪽 아래 귀퉁이에 써준다. 또한 참고한 자료는 가장 관련이 많은 자료를 중심으로 대여섯 개를 언급한다.

유의할 사항은 다음과 같다.

- 각 섹션 상단 가운데에 제목을 넣는 것이 보는 이들에게 도움이 된다.
- 될 수 있는 대로 각주를 달지 않는 것이 좋다.
- 포스터 자체가 초록이기 때문에 초록은 포함하지 않는다.
- 군더더기 말들을 모두 지우고 분명하고 간결한 언어로 쓴다. 연구방법을 자세히 기술할 필요도 없고, 데이터를 기록한 커다란 표도 필요 없다.
- 기억에 남는 분명한 메시지를 주어야 한다. 결론을 쉬운 말로 요약한다.
- 너무 긴 분량으로 만들지 않는다.
- 내용은 읽는 사람들로 하여금 논의를 이끌어낼 수 있도록 짜여야 하며, 설명자가 옆에 없어도 될 정도로 포스터 안에 필요한 내용을 모두 담고 있어야 한다.

10.2.2. 포스터 만들 때 주의할 점

포스터는 시각적으로 발표하는 수단이므로 사진과 그림, 표를 중심으로 만들어서 흥미를 끌 수 있으면서도 한눈에 볼 수 있도록 한다. 그림자료와 표가 포스터의 성패를 좌우하므로 이들을 분명하고 정확하게 나타내야 한다. 따라서 말을 장황하게 쓰는 것보다 막대그래프, 선그래프, 원그래프, 다이어그램, 클립아트 등을 적절하게 사용하는 것이 좋다. 하지만 시각자료가 너무 많으면 주의를 흐트러뜨리는 역효과를 낳으며, 적절하지 않은 시각자료가 쓰이는 경우에는 오히려 보는 사람의 이해를 방해한다. 자료의 배열을 비율로 제안하자면 텍스트가 20~25%, 그래픽이 45%, 여백이 30~40% 정도 되는 것이 좋다.

효과적인 포스터는 문장을 최소화한 것이다. 많은 포스터들이 걸려 있는 곳에서 10쪽이 넘는 글을 읽고 있을 사람은 드물 것이다. 따라서 논문 중에서 많은 부분을 잘라내고, 발표를 위해 중요한 부분을 골라내는 것이 중요하다. 텍스트에 대한 룰 중에 'less is more and bigger is better'라는 말이 있다. 텍스트 내용은 짧을수록 많은 것을 전달할 수 있고, 글자크기는 클수록 좋다는 뜻이다.

제목은 제일 상단에 배치한다. 그리고 왼쪽 제일 상단에 서론을 쓰고, 결론은 오른쪽 하단에 배치한다. 방법과 결과는 남은 공간에 적절히 배열한다.

- **포스터 만들 때의 주의사항**

☑ 레이아웃은 위에서 아래로, 왼쪽에서 오른쪽으로 시선을 옮길 수 있도록 구성한다.

☑ 섹션 사이에 적절한 여백을 주면 각 섹션이 말하는 바가 잘 드러난다.

☑ 강조를 위해서 두세 가지 색상만을 쓰는 것이 효율적이다.

☑ 표나 그래프에서 중요한 부분은 색을 달리해서 강조한다.

☑ 프레젠테이션 자료와 마찬가지로 읽기 쉬운, 굴림이 없는 서체를 택해 한 가지 서체를 포스터 전체에 적용하는 것이 바람직하다.

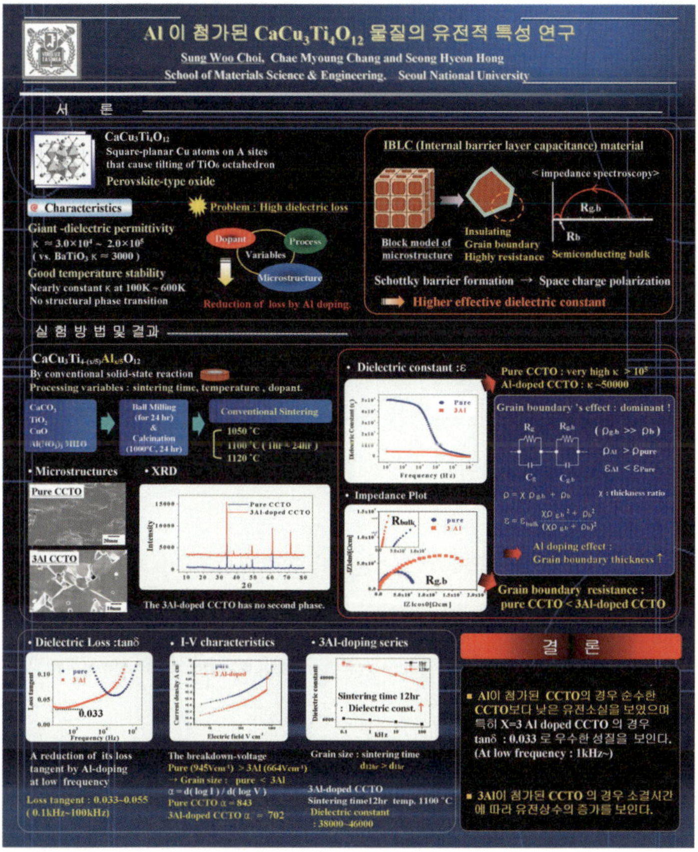

〈그림 10-3〉 포스터의 사례

〈그림 10-3〉은 포스터의 섹션을 보기 좋게 나누어 적절한 시각자료를 통해 논의를 깔끔하게 전달하고 있는 사례를 보여준다. 많은 색상을 쓰지 않아 현란하지 않으면서도, 적절한 그래프와 사진을 통해 단조롭지 않은 포스터를 구성하고 있다.

10.2.3. 발표요령

- 정장을 입을 필요는 없으나 복장을 단정히 해야 한다. 포스터의 색상과 조화가 되는 옷을 입는 것이 좋다. 오래 서 있어야 하므로 편안한 신을 신고 모자는 쓰지 않는다.
- 포스터가 자신의 것임을 사람들이 알 수 있도록 이름표를 단다.
- 껌을 씹거나 담배를 피우지 않는다. 주머니에서 손을 빼고 열쇠나 동전을 짤랑거리지 않는다.
- 포스터를 설명할 때 메모를 보지 않고 청중을 보고 이야기한다.
- 펜과 수정액을 준비하고 있다가 혹시 잘못 쓴 부분이 있으면 그때그때 수정한다.
- 명함을 준비해서 필요한 사람들이 가지고 갈 수 있도록 한다. 명함이 없는 학생들도 임시로 만들어 출력해 간다.
- 자리를 비울 때는 돌아올 시간을 알리는 메모를 남긴다.
- 포스터를 축소해서 필요한 사람이 가지고 갈 수 있도록 만든다.
- 발표 전에 내용과 관련 문헌들을 미리 훑어보고 머릿속에 정리한다. 같은 질문에 반복해서 대답하게 되는 일이 많지만, 개개인마다 성의껏 분명하게 설명한다. 다른 분야에서 온 많은 사람들이 있으므로, 전문적으로 설명하되 전문용어나 은어의 사용을 자제한다.
- 혹시 자신에게 새로운 기회를 줄 사람이 있을 수 있으므로 한 사람 한 사람 성의껏 응대한다.

더 읽을거리

- James G. Paradis and Muriel L. Zimmerman, 2002, *The MIT Guide to Science and Engineering Communication*, 2nd ed., The MIT Press.
- John M. Lannon, 2006, *Technical Communication*, 10th ed., Longman Pub. Group.
- East Kentucky University 〈http://people.eku.edu/ritchisong/posterpres.html〉
- Swarthmore College 〈http://www.swarthmore.edu/NatSci/cpurrin1/posteradvice.htm〉

연습문제

1. 시각자료를 만들 때 주의할 점은 무엇인가?

2. 연구계획서를 발표자료로 만든 후 두 자료의 특징을 비교해보자.

용어설명 〉〉〉

- **분석** analysis
- **종합** synthesis

분석과 종합은 전통적인 과학적 방법의 한 형태이며 이는 글쓰기에도 동일하게 적용될 수 있다. '분석'을 통한 글쓰기는 현안이 되고 있는 문제나 내용, 사건 등을 그것을 구성하고 있는 여러 부분들로 나누어 그 관련성을 살피는 것이며, 반면에 '종합'은 주어진 자료나 부분의 내용들을 하나의 틀로 묶어 함께 전체적으로 파악하려는 시도이다.

제IV부

고쳐 쓰기와 문서의 편집

흔히 모차르트와 베토벤의 작곡 과정을 비교한다. 모차르트는 머리에 떠오르는 악상을 재빨리 악보에 옮기고 한두 번 연주해본 뒤 작곡을 끝낸 반면, 베토벤은 기본적인 모티브들을 오랜 시간에 걸쳐 메모해두고 이것을 고치고 또 고치는 식으로 한 편의 곡을 완성했다고 한다. 과학기술 글쓰기에서 쓰는 글은 아름다운 불후의 명작을 남기려는 것이 아니다. 자신의 연구결과를 분명하고 명확하게 전달할 수 있는 글이면 충분하다. 그러나 이렇게 명확한 전달을 위한 글도 결코 일필휘지로 쓸 수 있는 것이 아니며 고쳐 쓰는 과정을 통해서 보완해나가야 한다.

제IV부에서는 제III부에서 살펴본 실제의 글쓰기 과정을 통해 작성된 초고를 어떻게 고쳐 쓸 것인지 검토한다. 특히 초고를 퇴고하고 편집하는 과정에서 유의해야 할 점을 구체적인 예를 통해 살펴본다. 과학기술 글쓰기에서는 표나 그림과 같은 다양한 시각자료뿐만 아니라 분야의 특성상 기호나 수식을 자주 사용하게 된다. 따라서 이와 같은 텍스트를 작성하고 편집할 때 유의해야 할 점을 정확히 이해하는 것이 중요하다.

제11장
고쳐 쓰기

글은 글쓴이의 얼굴이다. 외출하기 전에 거울을 보듯이 자신이 쓴 글을 세상에 내놓기 전에 고쳐 쓰는 절차가 필요하다. 더구나 학위논문이나 학술지에 연구논문을 발표하는 것은 단순한 외출이 아니라 맞선이나 취업을 위한 면접을 보러 가는 것에 해당한다. 일반인을 대상으로 하는 글을 발표하는 것이라면 대중 앞에 연설을 하러 나가는 것과 마찬가지이다. 이처럼 고쳐 쓰기는 일생일대의 중요한 일을 위해 외출하면서 자신의 매무새를 다시 점검하는 일에 견줄 수 있을 정도로 중요하다.

11.1. 고쳐 쓸 때 유의할 사항

1) 외형만 고치는 것이 아니라 글쓰기 전의 의도가 실현되었는지 점검하라!

고쳐 쓰기에도 기준이 있다. 글쓰기의 목적, 다시 말해 그 글을 통해 주장하고자 하는 핵심적인 생각이 제대로 실현되었는지가 고쳐 쓰기의 일차적 기준이다. 외출 전 거울을 볼 때도 단지 외모만이 아니라 외출하

처음 쓸 때보다 고쳐 쓸 때 시간이 더 걸리는 경우가 종종 있다.
모든 경우가 그런 것은 아니지만 그만큼 고쳐 쓰기에
시간과 노력이 필요하다는 의미이다. 따라서 일정을 잡을 때
고쳐 쓰기를 위한 충분한 시간을 염두에 두어야 한다.

는 목적에 맞게 몸가짐과 마음가짐을 가다듬는 것이 필요하다. 한 번 쓴 글도 필요하면 얼마든지 수정해야 한다.

2) 자신의 입장보다 독자의 입장에 서라!

어떤 글이든 독자가 있기 마련이다. 학위논문이라면 심사를 맡은 교수들이 일차 독자이고, 학술지에 발표하는 논문이나 학술대회의 발표문이라면 같은 분야의 동료들이 독자일 것이다. 외출하기 전에 거울을 보면서 자신의 모습이 다른 사람에게 어떻게 비춰질지 생각해볼 때 만날 대상이 누구인지가 가장 중요한 고려사항이 되는 것처럼, 독자가 누구인지의 맥락을 잘 살펴서 자신이 처음 쓴 글이 독자에게 친절한 글이 되도록 고치는 것이 바람직하다. 동일한 개념 설명이라도 전문가에게는 불필요할 수 있지만 일반인에게는 친절한 설명이 될 수 있기 때문이다.

3) 주위 사람에게 보여주고 의견을 구하라!

제일 좋은 것은 해당 분야에서 자신보다 전문성이 높은 사람에게 도움

을 구하는 것이다. 자기 글에 포함된 문제점을 가장 객관적으로 정확하게 지적받을 수 있기 때문이다. 그러나 그럴 상황이 못 된다면 가까운 친구에게라도 보여주고 의견을 구하는 것이 혼자 끙끙거리는 것보다는 낫다. 글을 읽게 하고 이해가 안 가거나 생각이 다른 부분 등에 관해 물어보면 전혀 예상하지 못한 곳에 대해 지적을 받게 된다. 외출하기 전에도 거울을 보는 것보다 좋은 것이 주위 사람의 의견을 물어보는 것이다. 그 사람이 전문 스타일리스트이거나 이미지 관리 전문가라면 더 좋겠지만 가족에게라도 물어보는 것이 혼자 거울을 보는 것보다는 낫다. 옛사람들이 '無鑒於水, 鑒於人'(물에다 얼굴을 비추지 말고 사람들에게 자신을 비추어보라는 뜻)이라고 한 것도 우연이 아닐 것이다.

4) 충분한 시간 여유를 두고 고쳐 쓰라!

처음 쓸 때보다 고쳐 쓸 때 시간이 더 들어가는 경우도 종종 있다. 물론 모든 경우가 그런 것은 아니지만 그만큼 고쳐 쓰기에 시간과 노력이 필요하다는 의미이다. 따라서 글쓰기 일정을 잡을 때는 고쳐 쓰기를 위한 충분한 시간을 염두에 두어야 한다. 시간에 쫓겨 쓴 글은 시간에 쫓겨 한 화장만큼이나 보기 흉하기 때문이다.

고쳐 쓰기에 충분한 시간을 할애해야 할 또 다른 이유는 자기 글을 읽어줄 주위 사람을 확보하지 못할 경우를 대비하기 위해서다. 자기가 쓴 글을 객관적인 입장에서 보려면 글의 내용이 다소 생소할 정도로 시간이 지나야 가능한데, 그렇게까지 긴 공백은 아니더라도 최소한 2~3일은 지나야 자기 글의 문제점이 조금은 보이기 때문이다. 그러나 글쓰기 준비를 치밀하게 한 경우라면 고쳐 쓰기에 그리 많은 시간이 들지는 않을 것이므로 고쳐 쓰기에 많은 에너지를 소모하지 않으려면 준비에 주력하는 것도 한 방법이다.

5) 다시 쓰는 횟수만큼 글은 좋아진다!

수정한 만큼 글이 좋아지는 것은 고쳐 쓰기의 철칙이다. 다만 정해진 시간 안에 무한정 고쳐 쓰기만 할 수는 없기 때문에 기본적인 요건을 충족했거나 핵심적인 부분에서 치명적 결함이 없다면 과감히 세상에 내놓고 평가를 받아야 한다. 이때 지적된 내용에 대해 고민하고 사색하여 그 결과를 다음 글쓰기에 반영한다면 이는 더 큰 의미에서 고쳐 쓰기가 될 것이다.

11.2. 고쳐 쓰기의 세 단계

이상의 논의를 통해 고쳐 쓰기의 의미와 원칙에 대해 파악했다면 이제 구체적인 고쳐 쓰기에 착수해보자. 고쳐 쓰기는 ① 전체적인 측면에서 글의 틀, 다시 말해 구성structure이나 형식form을 고치는 것과 ② 세부적인 측면에서 글의 구체적 내용content을 고치는 것, 그리고 ③ 글의 표현expression을 고치는 것으로 나눌 수 있다.

11.2.1. 구성 또는 형식의 점검

초록에서부터 참고문헌에 이르기까지 글 전체에 대해 거시적 관점에서 접근한다.

1) 제목이 적절한지 점검하라!

제목은 연구주제나 연구문제 중심으로 간결하고 압축적으로 붙일 수도 있고, 핵심내용을 빠짐없이 포함시켜 붙일 수도 있다. 문장은 짧고 간결하고 정확한 것이 바람직하지만 학술논문일 경우 제목은 논문이 다루는 내용과 글쓴이의 관점이 드러나는 것이 좋다. 물론 일반인을 대상으로 하는 글일 경우 독자의 호기심을 유도하기 위해 색다른 제목을 붙이기도 한다. 학술논문이라면 간결한 제목일 경우 비교적 자세한 설명이 추가된 부제를 덧붙이는 것이 바람직하다. 이는 자료를 검색하는 사람의 입장에서 제일 먼저 보는 것이 논문 제목이고, 제목에서 상세한 정보를 제공하면 초록까지 읽는 수고를 덜어줄 수 있기 때문이다. 더 나아가 학위논문이나 학술지논문의 경우 영어 제목을 붙이는 데도 유의해야 한다.

〈사례 1〉 제목이 구체적이지 못해 논문의 내용을 잘 전달하지 못하는 경우

- 모델링을 통한 자하연 수질개선 방안 연구

모델링의 구체적인 내용을 밝혀주든지 수질개선의 구체적인 방법을 알 수 있는 제목으로 바꾸는 것이 바람직하다. '미분방정식을 응용한 모델링을 통한 자하연 수질개선 방안' 혹은 '분산식 물관리를 통한 자하연 수질개선 방안' 등으로 수정하면 더 효과적으로 내용을 전달할 수 있다.

2) 목차를 통해 전체 틀을 점검하라!

초록, 서론, 연구방법, 연구결과, 연구결과에 대한 검토, 결론, 참고문헌, 부록 등이 빠짐없이 들어가 있고 각 부분이 제 역할을 제대로 발휘하는지 살펴봐야 한다. 논문을 구상할 때 개요를 작성해둔 것이 있으면 그것과 비교하여 빠진 것과 추가된 것을 가려내는 것도 좋은 방법이다. 무엇보다 중요한 것은 전체의 논리적 흐름을 살펴보는 것이다. 필요한 경우 장이나 절의 위치를 바꾸거나 삭제·추가할 수 있다. 이때 주의할 점은 각 부분의 구체적 내용을 살펴보되 어디까지나 앞뒤 부분과의 연결에 주목하여 점검해야 한다는 점이다. 이 점이 다음에 나올 '11.2.2. 내용의 점검'과 구분되는 차별성이라 할 수 있다. 목차를 보며 점검할 사항은 다음과 같다.

- 글의 구성이 글의 목적에 부합하는가?
- 논리적으로 전개되고 있는가?
- 목차 중에서 빼야 할 것은 없는가?
- 반대로 필요한 항목인데 빠진 것은 없는가?

〈사례 2〉 글을 쓴 목적에 부합하지 않는 경우

대학생 우울증의 실태와 효과적인 치료방안

1. 서론

2. 우울증이란
   2.1. 우울증의 원인
   2.2. 우울증의 증상

3. 대학생 우울증의 실태와 인식
   3.1. 설문조사 대상 및 방법
   3.2. 설문조사 결과 및 분석

4. 우울증의 효과적인 치료
   4.1. 입원치료
   4.2. 약물치료
   4.3. 인지치료
   4.4. 기타 정신치료
   4.5. 기타 치료
   4.6. 우울증의 치료 유도를 위한 대안

5. 결론

논자는 대학생의 우울증 고찰을 주제로 잡고 대학생을 대상으로 설문조사도 시행했다. 하지만 2장, 4장 모두 일반적인 우울증에 대한 설명과

치료법을 서술하고 있다. 이 주제를 제대로 다루려면 먼저 대학생을 대상으로 한 설문조사를 통해 대학생들만의 우울증 실태를 파악해야 한다. 이를 통해 한국 대학생만의 특징적인 우울증 실태가 나타날 것이다. 이를 토대로 그 원인을 찾아내고 거기에 맞는 맞춤형 치료법을 제안해야 한다. 논자는 문제를 풀어가는 방법을 잘못 선택해서 힘들게 조사해서 얻은 대학생 대상의 통계자료를 제대로 이용하지 못했다. 물론 범박하게 서술한 것이지만 이 논문은 다음과 같은 목차로 구성되어야 한다.

대학생 우울증의 실태와 효과적인 치료방안

1. 서론

2. 대학생 우울증이란

3. 대학생 우울증의 실태
- 3.1. 설문조사 대상 및 방법
- 3.2. 설문조사 결과 및 분석
- 3.3. 외국 대학생 실태와 비교

4. 대학생 우울증의 원인 분석
- 4.1. 기질적 원인
- 4.2. 환경적 원인

5. 대학생 우울증의 맞춤형 치료
- 5.1. 입원치료
- 5.2. 약물치료
- 5.3. 인지치료
- 5.4. 기타 정신치료
- 5.5. 기타 치료
- 5.6. 우울증의 치료 유도를 위한 대안

6. 결론

모두가 아는 내용은 쓸 필요가 없다. 다음은 「과학적 발견이 대중에게 인정받기까지」라는 글의 목차 일부다.

〈사례 3〉 목차 중에서 빠질 것이 있는 경우

2. 과거 사례 연구

2.1. 지동설

2.1.1. 지동설이란?

2.1.2. 이전의 시대상황

2.2. 진화론

2.2.1. 진화론이란?

2.2.2. 이전의 시대상황

2.2.3. 대중에게 전달하기 위한 노력과 대중의 반응

2.3. 대륙이동설

2.3.1. 대륙이동설이란?

2.3.2. 이전의 시대상황

2.3.3. 대중에게 전달하기 위한 노력과 대중의 반응

위의 사례에서는 '지동설', '진화론', '대륙이동설'의 내용을 상세하게 설명하고 있다. 독자의 수준은 이미 이러한 정도의 지식은 가지고 있으며 이러한 학설들이 인정받는 과정에 대한 호기심만 있을 뿐이다. 필요 없는 설명은 독자에게 지루함을 줄 뿐 아니라 논문에 대한 신뢰도 잃게 한다.

11.2.2. 내용의 점검

앞에서 논문 제목과 목차 등을 중심으로 글 전체의 틀을 점검했다면 여

기서는 목차에 나오는 각 부분의 구체적인 내용을 점검한다.

1) 해당 부분에 밑줄을 그어가며 점검하라!

장, 절 단위로 핵심쟁점이 무엇이며, 그에 대한 자기주장은 무엇인지, 주장을 뒷받침하는 근거 혹은 경험적 자료는 무엇인지를 해당 부분에 밑줄을 그어가며 점검한다. 이 과정을 통해서 비로소 구체적이고 명시적으로 문제를 발견할 수 있다.

2) 반대자의 입장에서 내용을 비판적으로 검토하라!

일방적으로 자신의 주장과 근거만을 제시하기보다 관점을 바꾸어 자기가 지지하는 입장과 반대되는 관점에서 글의 내용에 대해 반론을 제기하며 각 부분을 읽어본다. 학술적인 쟁점에 대해 주장을 펼치기 위해서는 이처럼 균형 잡힌 태도를 취하는 것이 필요하다. 물론 이 가상적 반론에 대해서 반드시 재반박할 수 있어야 자신의 입장을 유지할 수 있을 것이다.

3) 각 장과 절에 실린 내용의 적절성을 검토하라!

여기서는 목차의 순서가 아니라 목차에 나오는 각 부분들의 내용이 적절한지 차례로 검토해본다.

- **점검할 사항**

☑ 초록의 내용이 간결하면서도 빠진 것은 없는가?
- 무엇을 어떻게 했으며 결론은 무엇인가?

☑ 서론의 내용이 간결하면서도 충분한가?
- 목적이나 목표 그리고 문제는 무엇이며, 왜 그 문제가 중요한가?

☑ 본문의 구성요소가 빠진 부분은 없는가?
- 연구재료와 연구방법은 무엇인가?

- 연구과정은 무엇이며 그것은 과연 과학적인가?
- 연구결과는 무엇이며 그것을 해석하는 데 논리적 근거는 있는가?

☑ 결론의 내용은 적절한가?

- 밝혀낸 사실을 잘 요약했는가?
- 최종 입장은 무엇이며 그 의의와 한계는 무엇인가?

☑ 참고문헌은 국제기준 혹은 투고규정에 따라 표기했는가?

☑ 부록은 빠짐없이 수록되었고 알아보기 쉽게 번호가 매겨져 있는가?

☑ 표 안의 데이터와 본문 내용의 데이터가 일치하는가?

☑ 각 부분의 설명과 논거가 충분한가?

〈사례 4〉 초록에서 핵심어가 내용을 적절하게 보여주지 못하는 경우

- 「2차원 공간에서 자유낙하하는 판의 운동에 관한 연구」라는 논문에서 학생이 뽑은 핵심어는 다음과 같다.

Keywords: 자유낙하(Free Falling), 판(Plate), 운동(Motion), 이차원(2D), 실험(Experiment), 무차원관성모멘트(Dimensionless moment of inertia), 팔랑팔랑 떨어짐(Fluttering), 회전운동(Tumbling)

핵심어를 고르는 것은 다른 사람이 논문을 검색할 때 내 논문을 적절하게 찾아낼 수 있도록 하기 위함이다. 위에서 다른 단어들은 큰 문제가 없지만 '실험Experiment'이라는 단어는 논문의 특색을 보여주지 못한다. 논자는 자신의 논문이 실험을 바탕으로 했음을 강조하느라 이 단어를 골랐다고 하지만, 실험을 바탕으로 쓴 논문이 다수를 차지하는 상황에서 '실험'이 자신의 논문을 드러내는 특징적인 단어는 아니다.

〈사례 5〉 설명과 논거가 충분하지 않은 경우

「MMORPG를 통해 알아보는 한국인의 성격」이란 논문에서는 한국인들이 선호하는 MMORPG(Massive Multi-play Online Role Playing Game: 다중 접속 온라인 역할 수행게임)라는 게임을 통해 한국인의 성격을 분석하고자 했다. 먼저 논자는 한국인이 선호하는 게임들을 분석해서 게임의 특징을 찾아내고 이를 통해서 한국인의 성격을 분석했다. 더 나아가서 온라인 게임을 이용한 심리테스트의 가능성까지 입증해보고자 했다.

분석결과, 한국인은 과시 욕구가 강하고, 목적을 최단시간 내에 이루는 것을 좋아하고, 남에게 피해를 주는 것을 싫어하며, 새로운 길을 개척하기보다는 정해진 길을 따라가는 것을 좋아한다는 재미있는 결과가 나왔다.

이 논문의 결정적인 한계는 한국인 모두가 게임을 즐기는 것은 아니라는 점이다. 여기서 볼 때 게임을 즐기는 사람들의 연령, 교육수준, 성별 등이 편중되어 있을 수 있고, 게이머들만의 고유한 성격이 있을 수도 있다. 따라서 일부 집단의 분석결과를 확대적용해서는 곤란하다.

이러한 오류는 설문조사를 연구방법으로 채택한 논문에서 흔히 보인다. 「대학생들의 수면실태와 개선점」이라는 논문에서 논자는 대학생들의 수면실태를 파악하기 위해 서울대학교 약학대학 학생 40명, 인문대학 학생 10명 등 총 50명을 대상으로 설문조사를 했다. 설문조사 결과 평균 수면시간은 7.27시간으로 나타났다. 하지만 이러한 결과가 서울대학교 학생의 평균이라고 말하기 어려우며, 우리나라 대학생 평균이라고는 더더욱 말할 수 없다.

11.2.3. 표현의 점검

단어와 구, 문장들을 중심으로 미시적으로 접근한다.

1) 주관적 감정보다는 객관적 정보에, 화려함보다는 정확성에 중심이 있는지 점검하라!

과학기술 분야의 논문은 시(詩)나 소설이 아니다. 따라서 자신의 주관적 감정을 전달하기보다는 객관적이고 지적인 정보를 전달하는 데 주력해야 한다. 독자가 바라는 것도 지적인 것이다. 물론 과학 내용 자체에 대해 감동할 수도 있지만 이것은 어디까지나 부차적 현상일 뿐 논문이 일차적 목적으로 하는 것은 아니다. 따라서 과학기술 논문의 표현에서 가장 중요한 것은 화려하고 상징적인 문학적 표현이 아니라 학술적 글쓰기에 적합한 문장을 쓰는 것이다. 다시 말해 간결하고, 정확하며, 문법에 맞는 문장으로 쓰는 것이다.

〈사례 6〉 주관성이 강조되어 의미가 모호하게 된 경우

> 이 상황에서 정확한 실험을 위하여 슬라이드 위에 구입한 DNA를 고정시킨 후 K^+의 농도를 조절하면서 DNA 샘플을 만든다는 것은 아마도 어려울지 모른다.

'아마도 ......일지 모른다'와 같은 주관적이고 막연한 표현은 삼가는 것이 좋다. 다음과 같이 바꾸어 써보자.

> 이 상황에서 정확한 실험을 위하여 슬라이드 위에 구입한 DNA를 고정시킨 후 K^+의 농도를 조절하면서 DNA 샘플을 만든다는 것은 불가능하다.

2) 어법에 맞는 표현을 썼는지 점검하라!

주어와 서술어, 주어와 목적어, 목적어와 서술어가 분명히 드러나면서 서로 잘 호응하는 문장을 써야 한다. 이때 맞춤법, 띄어쓰기, 구두법 등이 제대로 지켜졌는지 점검한다.

〈사례 7〉 주어가 없고 문장 요소 간의 호응에도 문제가 있는 경우

> 이러한 원리를 바탕으로 K^+농도와 온도를 변화에 따라서 G-quadruplex 구조가 어떻게 변화하는지 그 결과를 얻을 수 있다.

과학기술 논문에서 흔히 볼 수 있는 표현으로 실험방법을 서술하고 있다. 이 경우 나(실험자)라는 주어를 굳이 밝힐 필요는 없지만 문맥상 주어가 누구인지 분명히 짐작할 수 있게 표현해야 한다. 다음과 같이 농도와 온도를 변화시키는 주체와 결과를 얻는 주체를 동일하게 통일시켜주면 의미가 분명해진다.

> 이러한 원리를 바탕으로 K^+농도와 온도를 변화시키면 그에 따라 G-quadruplex 구조가 어떻게 변화하는지 그 결과를 얻을 수 있다.

3) 문장은 가급적 짧게 쓰고, 문장 간의 논리적 연결에 문제가 없는지 점검하라!

한 번에 읽어서 의미파악이 잘 된다면 문장이 길어도 문제 될 것은 없다. 그러나 글쓰기에 익숙하지 않은 사람이라면 문장이 길어지면 실수를 범하기 마련이다. 따라서 문장을 짧고 간결하게 끊어 쓰는 습관을 들이는 것이 바람직하다.

〈사례 8〉 문장이 길어서 뒤죽박죽이 된 경우

> 새로 개설될 4차선 도로는 설계를 함에 있어 진행방향을 일직선으로 하고 설계상 속도를 높이는 것이 바람직하지만 간선도로로서 기능을 고려하고 기존 도심의 일부를 지난다는 점, 초등학생들이 많이 왕래하는 교차로를 통과하며 초등학생들의 자동차에 대한 대처 능력이 미숙하다는 것은 교통사고의 가능성이 높다고 할 수 있고 따라서 이들에게 위협감을 주지 않기 위해서라도 부분적으로 곡선노선을 도입하는 것이 불가피하다고 할 수 있다.

이 예문을 다음과 같이 몇 문장으로 나누면 의미가 분명해진다.

> 새로 개설될 4차선 도로를 설계함에 있어 진행방향을 일직선으로 하고 설계상 속도를 높이는 것이 바람직하다. 하지만 그것이 주도로가 아니고 간선도로라는 점, 기존 도심의 일부를 지난다는 점, 초등학생들이 많이 왕래하는 교차로를 통과한다는 점을 고려해야 한다. 특히 자동차에 대한 초등학생들의 대처 능력이 미숙하여 교통사고의 가능성이 높기 때문에 이들에게 위협감을 주지 않기 위해서 부분적으로 곡선노선을 도입하는 것이 불가피하다.

4) 시제와 능동태 사용 등에 주목하며 전체적 어조를 통일하고 숫자, 표 등도 점검하라!

전체적인 어조를 통일하고, 존대어미와 평서어미를 혼용하지 않는다. 꼭 수동태를 써야 하는 경우를 제외하고는 능동태를 쓴다. 추정보다는 단정적으로 쓰는 것이 낫지만 그렇다고 해서 너무 거만한 투로 쓰는 것도 안 된다. 시제도 적절한지 살핀다. 널리 알려진 사실이나 일반적인 진리,

그림과 표를 언급할 때는 현재형으로 쓰고, 일반화되지 않은 사실이나 일반화될 수 없는 일회적인 결과는 과거형으로 쓴다.

과학기술 글쓰기에서 중요하게 고려해야 할 부분 중 하나가 외래어의 표기이다. 외래어의 경우 '외래어 표기 용례'가 마련되어 있고 『표준국어대사전』에 올라 있는 단어도 있다. 예를 들어 논문 등에서 '프레젠테이션'과 '프리젠테이션', '데이터'와 '데이타', '콘텐츠'와 '컨텐츠' 등을 섞어 쓰고 있으나 모두 전자가 맞는 표기다. 표준이 정해져 있는데도 독자적으로 다르게 표기하는 것은 옳지 않다.

글의 시각적인 요소를 살핀다. 과학기술 논문에서는 많은 숫자와 기호, 그림과 그래프가 실린다. 숫자와 기호가 정확하게 표기되었는지 점검하고, 그림이나 표의 설명은 짧게 달도록 한다.

• 점검사항

☑ 문장, 제목, 주, 그림, 표 설명, 참고문헌 등이 일관성을 유지하고 있는가?
☑ 글의 시각적 요소는 제 위치에서 효율적으로 쓰이고 있는가?
☑ 필요 없는 단어, 구문, 문장 등은 없는가?

〈사례 9〉 시각자료가 적절하게 사용되지 않은 경우

〈표 11-1〉 1999년에서 2004년까지 껌 시장의 변화추이

구분		1999	2000	2001	2002
일반 껌	금액(억 원)	1,810	1,760	2,450	3,430
	시장점유율(%)	67	66	35	25
	성장률(%)	9	-3	39	40
기능성 껌	금액(억 원)	590	595	1,600	2,690
	시장점유율(%)	33	34	65%	75
	성장률(%)	17	1	69%	68

출처 : www.orionworld.co.kr

〈사례 9〉는 「항충치 효과가 있는 기능성 껌의 제안」이란 논문에서 인용한 표다. 하지만 표를 언뜻 보아서는 무슨 말을 하려는지 도통 알 수가 없다. 이 표에서는 너무나 많은 것을 말하려 하기 때문이다. 여기서는 성장률을 뺀 점유율만으로도 논자의 의도가 드러나기 때문에 이를 이용해서 효율적인 표 모양을 고안하거나 오른쪽 그래프와 같이 바꾸면 해당 기간 동안 일반 껌과는 달리 기능성 껌의 시장점유율이 확대되고 있음을 쉽게 알 수 있다.

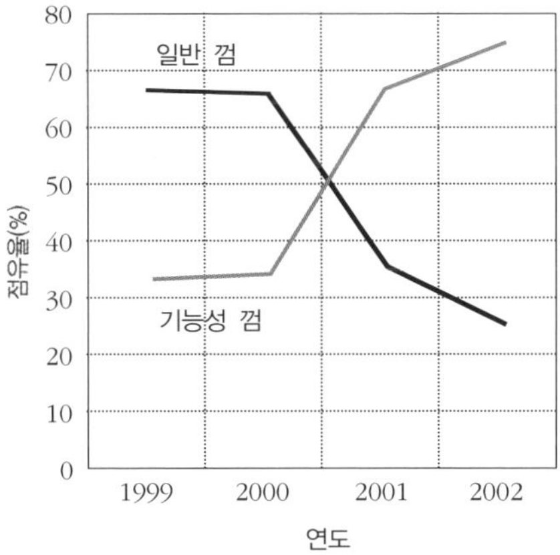

〈그림〉 껌 시징의 변화추이(1999~2002)

〈사례 10〉 단락의 내용이 잘 전달되지 않는 경우

> 연소시간이 짧은 고체로켓엔진에 비해 액체로켓엔진은 연소시간이 길고 연소실 내부가 고온·고압이므로 연소과정에서 냉각하지 않으면 burn out하게 된다. 따라서 액체로켓엔진 제작에 있어서 고체로켓엔진과 다르게 더 냉각이 중요한데 이러한 냉각방법에 있어서 여러 가지 냉각방법이 있지만 재생냉각이 가장 널리 응용되고 있다.

이 사례에서는 문장 내용이 횡설수설하고 어지러워 간결하게 만들어야 한다. 또한 위에서 'burn out'은 우리나라 학계에서도 그대로 '번아웃'이라는 용어로 쓰이므로 '번아웃(burn out)'과 같이 우리말로 써주고 괄호 안에 원어를 써주는 것이 좋다. 다음처럼 바꾸어보자.

연소시간이 짧은 고체로켓엔진에 비해 액체로켓엔진은 연소시간이 길고 연소실 내부가 고온·고압이다. 따라서 연소과정에서 냉각시키지 않으면 번아웃(burn out)하게 되므로 액체로켓엔진에서는 냉각이 매우 중요하다. 이러한 액체로켓 엔진에는 여러 냉각방법 중에서 재생냉각법이 가장 널리 쓰이고 있다.

더 읽을거리

- 박전수, 2004, 『이공계 대학 글쓰기』, 홍릉과학출판사.
- 신형기 외, 2006, 『과학 글쓰기』, 사이언스북스.
- 기노시타 고레오(木下是雄), 2006, 『과학 글쓰기 핸드북』, 김성수 역, 사이언스북스.
- John M. Lannon, 2006, *Technical Communication*, 10th ed., Longman Pub. Group.
- Janice R. Matthews, John M. Bowen and Robert W. Matthews, 2000, *Successful Scientific Writing : A step-by-step guide for the biological and medical sciences*, 2nd ed., Cambridge University Press.

연습문제

1 다음 표현에서 잘못된 것을 고쳐보자.

1) 지금 문제가 되는 것은 인체해부의 금지와 그로 인해 잘못된 의학지식이다.

→

2) 이 장에서는 의료실험에서 준수해야 할 원칙들은 이야기하고 있는데,

→

3) 그 실효성이 높다라는 인식을 보여준다.

→

4) 현재의 동물실험이 어떻게 시작되었고, 어떻게 법제화될 수 있었는가에 대해서 살펴보고, 동물실험은 과연 실효성이 있는지에 대해서 알아보고 더 나아가 동물실험의 대안에 대해서 논의해보고자 한다.

→

2 다음 논문 제목과 목차를 보고 논문구성상의 문제점을 지적해보자.

〈논문 제목〉

인공지능 기법을 이용한 사출금형의 견적지원 시스템 설계

〈논문 목차〉

- 국문초록

I. 서론

1.1. 연구의 배경 및 목적

1.2. 기존 연구

1.3. 연구의 접근방법 및 보고서 구성

II. 배경이론

2.1. 사출금형의 견적방법

2.2. 모형설계이론

III. 모형설계

3.1. Feature Module 설계

3.2. CBR Module 설계

3.3. Cost Estimation Module 설계

3.4. Evaluation & Feedback Module 설계

IV. 실험

4.1. 데이터

4.2. 본 실험

4.3. 결과 및 분석

4.4. 대안 실험

V. 결론

◇ 참고문헌

◇ 부록

용어설명 〉〉〉

- **교정** revision
- **퇴고** elaboration

'교정'과 '퇴고'는 둘 다 이미 작성된 글을 다시 고친다는 점에서는 동일한 뜻을 갖는 것으로 이해할 수 있다. 그러나 좀 더 명확히 구별하자면, '교정'이 주로 잘못된 문자나 문장을 바로잡는 것에 치중하는 것을 의미하는 반면, '퇴고'는 글의 구조나 흐름까지 고려한 고쳐 쓰기, 다시 말해 여러 번 다시 생각하여 내용을 고치는 것을 뜻한다.

제12장

기호와 수식의 편집

과학기술 분야의 글에는 여러 가지 형태의 숫자나 기호, 수식이 포함된다. 생명과학 분야에서는 수식을 사용해야 하는 경우가 상대적으로 적지만, 분자생물학 분야만 해도 다양한 전문적 기호들이 사용되고 있다. 근대과학에서는 정량적 예측과 실험을 통해서 그것을 입증하는 과정이 강조되어왔다. 그리고 실험결과를 보고하기 위해서는 여러 가지 측정단위를 사용해야 하므로 모든 저자들은 자신의 글에서 기호와 수식을 정확히 표현할 수 있어야 한다. 이 장에서는 이와 같이 숫자, 기호, 측정단위, 수식 등이 들어가는 글에서 유의할 점을 살펴본다.

12.1. 숫자와 측정단위

과학기술 분야에서는 다양한 종류의 양에 관심을 갖는다. 물리적인 양은 단순히 숫자로 표현되는 것이 아니라 모두 일정한 측정단위의 몇 배인지로 표현된다. 가령 길이는 '3.5m'와 같이 쓰며, 이와 같은 측정단위는

과학기술 분야의 글에는 여러 가지 형태의 숫자나
기호 및 수식이 포함된다. 과학기술 글쓰기를 잘 하기 위해서는
이에 대한 정확한 지식과 더불어
이를 양식에 맞게 편집하는 능력이 요구된다.

〈표 12-1〉 국제표준단위계의 기본단위

구분	이름	기호	비고
길이	미터	m	기본단위
질량	킬로그램	kg	
시간	초	s	
전류	암페어	A	
열역학적 온도	켈빈	K	
물질의 양	몰	mol	
광도	칸델라	cd	
평면각	라디안	rad	보조단위
입체각	스테라디안	sr	

국제표준단위계Système International d'Unités(SI)에서 정한 것을 기준으로 삼는다(〈표 12-1〉 참조). 우리나라의 도량형이 국제적인 표준을 따르게 된 것은 1894년 갑오경장 때부터이다. 일상적인 표현에서는 '평'이나 '근'과 같은 단위를 쓰는 것에 문제가 없지만 논문 등 공식적인 글에서는 언

제나 국제표준단위를 써야 한다. 영어권에서는 인치, 마일, 피트, 파운드 등 전통적인 단위를 쓰고 있으며, 국내에서는 미국 등의 영향이 강하기 때문에 곧잘 이러한 영어권의 전통 단위를 쓰기도 하지만 이는 바람직하지 않다. 영어권 학술지에 발표하는 논문에서도 원칙적으로 국제표준단위를 사용해야 한다.

한글맞춤법 제5장 '띄어쓰기'의 제43항에서는 "단위를 나타내는 명사는 띄어 쓴다. 다만, 순서를 나타내는 경우나 숫자와 어울리어 쓰이는 경우에는 붙여 쓸 수 있다."라는 규정이 있다. 즉 '두 마리'와 같이 단위를 나타내는 명사는 띄어 쓰는 것이 원칙이지만, '360미터'와 같이 숫자와 단위를 나타내는 명사를 붙여 쓴다. 영어를 비롯한 유럽권의 언어에서는 숫자와 단위를 나타내는 명사는 언제나 띄어 쓴다(국제표준 ISO 31-0-1992, Quantities and Units, Part 0: General Principles 참조). 한글로 된 문서에서 물리량을 숫자로 나타내고 단위를 로마자 알파벳으로 나타내는 경우는 서구 언어에서와 달리 숫자와 단위를 붙여 쓴다. 즉 '질량은 54.2kg이며'와 같이 쓴다. 이때 로마자 알파벳으로 나타내는 단위는 이탤릭체(기울임체)를 쓰지 않는다. 숫자와 단위가 함께 나타나는 말은 합하여 하나의 명사처럼 취급해야 하며, 조사나 어미가 붙는 경우 앞말에 붙여 써야 한다.

수를 나타내는 말에서 한글 또는 아라비아 숫자의 사용에 대한 몇 가지 권고사항을 제시하고자 한다. 가령 '가지'는 사물을 종류별로 구별하여 헤아릴 때 사용하는 의존명사로서 원칙적으로 수사와 함께 쓰이므로 '두 가지'나 '열 가지'와 같이 사용된다. 일본의 영향으로 '2가지'나 '10가지'와 같이 쓰는 경우가 곧잘 있는데 이것은 잘못된 것이다. 대개 10을 넘는 수의 경우만 아라비아 숫자를 사용한다. 가령 '170대'의 경우는 '일백 칠십 대'로 쓰지 않는다. 영어의 경우 대개 12 이하는 가령 'seven units'와 같이 영어 단어로 나타내고, 13부터 아라비아 숫자를 사용한다.

수의 범위를 나타낼 때 유럽권에서는 전각 줄표(—, em dash)를 사용하여 '1200−1500'과 같이 쓰지만, 우리나라에서는 물결표(~)를 사용해 '1975~2007'과 같이 쓴다.

과학기술 분야에서는 특별한 이유가 없는 한 십진법 유효숫자 표시법을 사용한다. 이것은 모든 수를 $\alpha \times 10^{\beta}$와 같이 나타내는 것이다. 여기에서 α는 0과 10 사이의 유리수이며, 십진법을 써서 가령 3.141과 같이 쓴다. 지수인 β는 될수록 양 또는 음의 정수를 사용하되, 문맥에 따라 정수가 아닌 유리수 값으로 나타낼 수 있다. 예를 들어 6.1×10^{23}과 같이 쓸 수 있다. 오차의 범위를 나타낼 필요가 있으면 괄호를 사용하여 $(6.1 \pm 0.3) \times 10^{18}$과 같이 쓰며, $6.1 \pm 0.3 \times 10^{18}$과 같이 쓰면 안 된다.

12.2. 수식과 기호의 표현

수식mathematical formula은 특정의 물리량들 사이의 정량적 관계를 나타내거나 함수적 관계를 표현한다. 수식이 들어가는 문장에서 무엇보다 기억해야 할 것은 수식도 문장의 일부라는 점이다. 수식은 크게 문장 안에 단어처럼 사용하는 경우와 단락을 바꾸어 표현하는 경우가 있다. 수식이 있는 문장에서 나타날 수 있는 문제점을 구체적으로 검토하기 위해 다음 예문을 통해 살펴보자.

먼저 제시된 〈예문 1〉에서 수식을 다루는 방식에 있어 어떤 점이 문제인지를 살펴보고, 〈예문 2〉에서는 설명을 위해 먼저 올바르게 쓴 문장을 제시하고 여기에 원번호를 기입하여 하나씩 검토하기로 한다.

〈예문 1〉

비선형 동역학에서는 어떤 특정 순간의 상태를 $\vec{X} = (x_1, x_2, \ldots)$로 나타낼 수 있으며, 상태변화의 법칙 즉 운동방정식은

$$\frac{dx_1}{dt} = f_1(x_1, x_2, \cdots) \tag{3}$$

$$\frac{dx_2}{dt} = f_2(x_1, x_2, \cdots) \tag{4}$$

$$\cdots\ \cdots\ \cdots$$

와 같이 나타낼 수 있다고 가정한다. 특정 순간 t의 상태는 이 운동방정식의 풀이 X(t)=(x_1(t), x_2(t), ...)로 주어진다. 위의 식은 벡터기호를 도입하면

$$\frac{d\vec{X}}{dt} = \vec{F}(\vec{X}) \tag{5}$$

와 같은 간단한 꼴로 쓸 수 있다.

〈예문 2〉

비선형 동역학에서는 어떤 특정 순간의 상태를 $\vec{X} = (x_1, x_2, \cdots)$로① 나타낼 수 있으며, 상태변화의 법칙 즉 운동방정식은

$$\frac{\mathrm{d}x_2}{\mathrm{d}t} = f_2(x_1, x_2, \cdots)\ ,② \quad (3b)$$

....

와④ 같이 나타낼 수 있다고 가정한다. 특정 순간 t 의⑤ 상태는 이 운동

방정식의 풀이 $\vec{\mathrm{X}}(t)=(x_1(t), x_2(t), \cdots)$⑥로 주어진다. (3a)식과 (3b)식은⑦ 벡터기호를 도입하면

$$\frac{\mathrm{d}\vec{X}}{\mathrm{d}t}=\vec{F}(\vec{X})⑧ \qquad (4)$$

처럼⑨ 간단한 꼴로 쓸 수 있다.

올바르게 쓴 예문과 원래의 예문을 비교하면 ①에서 수식편집기를 사용하여 수식을 작성했는가, 아니면 사용하는 문서편집기에서 적당히 무릎번호(아래 첨자) 기능을 사용하여 수식을 작성했는가 하는 차이가 잘 드러난다. 수식의 내용만을 본다면 두 예문 사이의 차이는 거의 없다고 할 수 있지만, 시각적인 측면을 중요히게 여기는 요즘의 추세를 염두에 둘 때 〈예문 1〉보다는 〈예문 2〉의 수식 처리가 더 보기 좋은 것은 틀림없다. 더 중요한 것은 수식을 쓴 뒤에 조사를 붙일 때 〈예문 2〉의 ①에서처럼 앞의 수식에 조사를 붙여 써야 한다는 점이다. 이것은 ⑤의 경우에도 해당된다. 다음으로 ②를 보자. 〈예문 2〉에서는 "비선형 동역학에서는 … 가정한다."를 한 문장으로 간주하고 있기 때문에 ②의 위치에 쉼표를 넣었다. 이와 달리 〈예문 1〉에서는 여러 개의 수식이 있더라도 그 사이에 구두점을 따로 넣지 않았다. 일반적으로 문장 중에 나오는 수식뿐 아니라 단락을 바꾸어 표현하는 수식도 전체 문장의 문법상 성분 중 하나로 간주해야 한다. 따라서 문장을 매끄럽게 하고 의미의 오해를 막기 위해서 적절한 구두점을 사용하는 것이 필요하다.

③은 수식에 번호를 붙이는 문제를 보여준다. 이렇게 단락을 바꾸어 표현하는 수식마다 따로 수식 번호를 붙여주면, 다음에 이 수식을 언급할 때 매우 편리하다. 〈예문 1〉에서는 "위의 식은"이라고 모호하게 표현한

반면 〈예문 2〉에서는 이를 명시적으로 ⑦과 같이 "(3a)식과 (3b)식"으로 지칭할 수 있기 때문에 혹시 있을 수 있는 혼동을 피할 수 있다. 이것은 과학기술 분야에서 매우 중요하다. 또한 〈예문 1〉에서는 성격이 거의 같은 두 수식을 다른 번호인 (3)과 (4)로 나타냈지만, 〈예문 2〉의 ③에서는 이를 (3a)와 (3b)로 나타내어, 두 수식이 연관된 하나임을 잘 보여준다.

④는 수식이 들어가는 문장을 편집할 때 흔히 범하는 실수를 고친 것이다. 문서편집기를 사용하여 문서를 작성하는 것이 일반화되어 있지만, 많은 사람들이 자동으로 설정되어 있는 들여쓰기를 따로 고치지 않은 채 단락을 바꾼 수식을 작성한 뒤 그대로 다음 문장을 잇는다. 그러나 이 전체가 하나의 문장임을 감안하면, 새로운 단락인 것처럼 보이는 곳에서도 들여쓰기를 하는 것은 문법적으로 옳지 않다. 따라서 ④와 같이 들여쓰기를 없앤 뒤에 문장을 끝맺어야 한다. 이는 ⑨의 경우에도 마찬가지이다.

⑥에서는 수식 안에서 각 요소들 사이의 간격을 어떻게 해야 하는가 하는 문제가 나타난다. 이를 ①과 비교해보자. 〈예문 1〉에서 ①에 해당하는 부분에서는 등호의 앞뒤에 빈칸을 넣었지만, ⑥에 해당하는 부분에서는 빈칸을 넣지 않았다. 같은 식의 경우는 물론이거니와 다른 식이라도 글 전체에서 이러한 빈칸의 원칙은 모두 통일해야 한다.

끝으로 ⑧에서는 무엇이 문제인지 생각해보자. 언뜻 보면 〈예문 2〉의 ⑧은 〈예문 1〉과 다른 것 같지 않다. 하지만 〈예문 1〉에서는 미분을 나타내는 기호 d가 이탤릭체로 되어 있는 반면, 〈예문 2〉에서는 그렇지 않다. 일반적으로 수식의 표현에서 이탤릭체로 되어 있는 기호는 특정의 물리량을 나타내는 경우가 많다. 그러나 미분의 경우에는 $\frac{d}{dt}$로 표현하는 것이 일종의 연산자를 나타내기 때문에 $\frac{\mathrm{d}}{\mathrm{d}t}$로 표현하는 것이 더 적합하다. 실제로 미분 연산자를 표현할 때 이탤릭체(기울임체)를 쓸지 여부는 학술지나 저서의 편집을 담당한 사람들이 원칙을 가지고 일관성 있게 적용하면 된다. 다만 최근에 컴퓨터 문서 편집 프로그램을 이용한 글의 작성이 보편화되고 있다는 점을 감안할 때 글을 쓰는 본인이 이와 같은 편집상의 문제에 관심을 가지는 것이 바람직하다.

이제 이와 같은 예를 염두에 두면서 수식이 있는 문장을 작성할 때 유의해야 할 점을 크게 다음 다섯 가지로 나누어 상세하게 알아보자.

- 수식의 표현과 글꼴
- 수식 안의 요소들 사이의 글자 간격
- 수식의 위치
- 수식 내에서 단락 바꾸기
- 수식과 구두점

12.2.1. 수식의 표현과 글꼴

일반적으로 수식 속에 있는 문자들은 하나의 물리량을 나타낸다. 물리량을 나타내는 문자는 우선 로마자 알파벳에서 가져온다. 수학에서는 일반적으로 변수를 x, y, z 등의 순서로, 상수를 a, b, c 등의 순서로 나타낸다. 물리과학에서는 관례에 따라 특정의 물리량을 나타내는 문자가 대략 정해져 있다. 글 안에서는 이러한 문자와 물리량의 대응이 일관성 있게 이루어져야 한다. 로마자 알파벳만으로 나타낼 수 있는 물리량의 개수에는 한계가 있다. 따라서 알파벳에 여러 가지 부호를 덧붙이거나 글꼴을 바꾸어 더 많은 물리량을 나타낼 수 있다.

물리량을 나타내는 문자는 원칙적으로 이탤릭체(기울임체)로 나타낸다. 자연로그의 밑 e도 이탤릭체를 사용하여 나타낸다. 스칼라 물리량은 대개 보통의 로만 글꼴로 나타내고, 벡터 물리량은 볼드체로 나타낸다. 벡터 물리량은 $\vec{u}$ 와 같이 문자 위에 화살표 기호를 덧붙이거나 $\underline{a}$ 와 같이 문자 아래에 밑줄 기호를 덧붙여 나타내기도 한다. 과학기술 분야에서는

〈표 12-2〉 그리스 문자 읽기

그리스 문자	한글	로마자	그리스	한글	로마자
α, A	알파	alpha	ν, N	뉴	nu
β, B	베타	beta	ξ, Ξ	크시	xi
γ, Γ	감마	gamma	ο, O	오미크론	omicron
δ, Δ	델타	delta	δ π, Π	피, 파이	pi
ε, E	엡실론	epsilon	ρ, P	로	rho
ζ, Z	제타	zeta	σ, Σ	시그마	sigma
η, H	에타	eta	τ, T	타우	tau
Θ, Θ	테타	theta	υ, Y	윕실론	upsilon
ι, I	이오타	iota	φ, Φ	프히	phi
κ, K	카파	kappa	χ, X	크히	chi
λ, Λ	람다	lambda	ψ, Ψ	프시	psi
μ, M	뮤	mu	ω, Ω	오메가	omega

알파벳만으로 물리량을 나타낼 수 없으므로 그리스 문자를 자주 사용한다(〈표 12-2〉 참조). 문서편집 프로그램에서는 그리스 문자를 입력할 수 있는 별도의 수식편집기를 제공하기도 하지만, 그리스 문자의 이름을 알고 있으면 수식의 편집에 유리하다.

수식 안에서 다음의 경우는 모두 기울이지 않은 로만체를 사용한다.

- 숫자: $12x^2$, π/4, sin45°
- 표준적인 함수와 연산자의 약어: arc, arg, arccos, arcsin, arctan, cos, cosec, cosh, cot, coth, csc, det, dim, erf, exp, gcd, hom, Im, lim, ker, lg, log, max, min, mod, Pr, Re, sec, sin, sinh, tan, tanh, tr 등
- 단위: deg, Hz, rad, km, A 등

· 화학 원소의 기호: H, C, Pb, He, Cu 등

함수를 나타내는 기호와 물리량을 나타내는 기호를 구분하기 위해서는 로만체와 이탤릭체의 구분이 중요하다. 가령 coshx는 cos(hx)의 의미이지만, cosh$x$는 쌍곡선함수 cosh(x)의 의미이다. 로만체를 사용하지 않고 $coshx$라고 쓰면, 원론적으로는 다섯 개의 문자 c, o, s, h, x를 곱한 것이라는 의미가 된다. 요즘은 미분 연산자도 $\frac{d}{dx}$ 대신 $\frac{\mathrm{d}}{\mathrm{d}x}$와 같이 로만체를 쓸 때가 많다. ▽나 ∂의 경우에도 이탤릭체를 쓰지 않는다.

전통적으로 합의 기호(∑)나 곱의 기호(∏)는 그리스 문자의 대문자 시그마(Σ)나 대문자 파이(Π)로 쓰지 않고 더 큰 글자로 쓴다. 그리스 문자로 어떤 양을 나타내는 경우는 이탤릭체를 사용하지만, 합이나 곱을 나타낼 때에는 언제나 로만체를 사용한다.

모양이 비슷하기 때문에 기호를 잘못 사용하는 경우가 종종 있다. 가령 숫자 0과 로마자 알파벳의 o또는 O는 모양은 비슷해도 의미가 다르기 때문에 혼동해서 사용하면 안 된다. 또한 곱의 기호 ×를 쓰기가 불편하다고 해서 로마자 알파벳의 x나 X로 대치하면 안 된다. 인용부호(“ ” 또는 ‘ ’)와 아포스트로피(’)와 프라임 기호(′)와 각의 단위인 분(')도 혼동하기 쉽다. 어깨번호(위 첨자)로 쓰는 0(가령 Å에서 0)과 각도를 나타내는 기호(°)도 분명하게 구분하여 사용해야 한다. 뺄셈을 나타내는 기호(−)는 원래 음수를 나타내는 마이너스(-) 부호보다 더 길어야 한다. 즉 앞의 것은 전각으로 쓰고 뒤의 것은 반각으로 쓰는 것이 원칙이다. 그러나 이 경우는 대개 혼용하는 경우가 많다.

12.2.2. 수식 안의 요소들 사이의 글자 간격

둘 이상의 문자를 나란히 놓는 경우에는 둘 이상의 물리량을 곱한 것으로 간주하며, 일반적으로 문자 사이에 반각 빈칸을 하나 삽입한다. 화학적 원소는 로마자 알파벳 대문자 하나로 표시하거나 대문자 하나와 소문자 하나를 붙여서 표시하는데, 이때 글꼴은 이탤릭체를 사용하지 않는다. 가령 Na는 나트륨 원소를 나타내는 것이 아니라 두 물리량 N과 a의 곱을 의미한다. 나트륨 원소는 Na와 같이 표현해야 한다. 두 물리량의 곱임을 더 명확하게 하기 위해서는 Na 대신 $N\,a$와 같이 반각 빈칸을 넣는다. 같은 문자로 경제학적인 양을 나타낼 때 둘 이상의 문자를 연속하여 표현하는 경우가 있으나, 그 경우에도 글 전체에서는 일관성을 유지해야 한다.

이항연산을 나타내는 기호(+ , − , ± , · , ×)나 등호 및 부등호의 앞뒤에는 반각 빈칸을 넣어주어야 한다. 그러나 컴퓨터에서 구동되는 문서편집 프로그램에 수식편집기가 있다면, 그 수식편집기에서 자동으로 반각 빈칸을 넣어주는 경우가 많다. 가령 6.1×10^{23}과 $6.1{\times}10^{23}$ 또는 $a + b$와 $a{+}b$를 비교해보면, 작은 크기라 해도 이항연산 기호의 앞뒤에 반각 빈칸을 넣어주는 것이 더 보기 좋다.

몇 개의 로마자 알파벳으로 표기되는 함수(가령 sin, tanh, log 등)는 함수 이름과 정의역 변수 사이에 반각 빈칸을 넣어주어야 한다. 이것은 변수를 이 함수에 곱하는 경우에도 마찬가지이다. 가령 $acosx$와 같이 쓴다면, 마치 다섯 개의 변수 a, c, o, s, x의 값을 곱한 것처럼 보이게 된다. 함수의 이름을 로만체로 쓰더라도 $a\mathrm{cos}x$와 $a \cos x$를 비교해보면 함수 이름의 앞뒤에 빈칸을 넣어주는 것이 더 보기 좋음을 알 수 있다. 마찬가지로 적분 기호($\int$), 합의 기호($\sum$), 곱의 기호($\prod$) 등을 쓸 때에도 기호의 앞뒤에 반각 빈칸을 삽입하는 것이 좋다.

12.2.3. 수식의 위치

수식은 문장 안에서 하나의 성분으로 간주해야 한다. 수식은 보통의 단어들처럼 문장 중에 들어갈 수도 있지만, 수식이 길어질 때에는 단락을 바꾸어 수식만 따로 쓰는 것이 바람직하다. 그러나 단락을 바꾸더라도 수식은 문장의 일부이다. 수식을 다른 단락의 문장들처럼 맨 왼쪽으로 붙여 쓰면 안 된다. 일반적으로 수식은 중앙정렬로 두는 경우가 가장 많다. 그러나 수식 번호가 붙으면, 수식을 그대로 중앙정렬로 한 채로 수식의 맨 왼쪽이나 맨 오른쪽에 수식 번호를 따로 적어야 한다.

긴 수식을 단락을 바꾸어 표기하는 까닭은 그 수식을 눈에 잘 띄게 하기 위한 것이므로, 단락을 바꾼 수식과 다른 문장 사이에는 빈 줄을 하나 넣어야 한다. 따라서 수식의 위아래에 각각 빈 줄이 하나씩 들어간다. 수식이 여러 개 겹쳐서 나오는 경우에도 수식들 사이에는 빈 줄을 넣어주어야 한다. 여러 개의 수식을 한꺼번에 쓸 때에는 등호를 기준으로 하여 세로로 정렬하는 것이 좋다.

12.2.4. 수식 내에서 단락 바꾸기

수식이 너무 길어서 한 줄에 들어가지 않기 때문에 부득이하게 수식을 중간에 끊어서 단락을 바꾸어야 한다면, 등호 앞에서 단락을 바꾸는 것이 관례이다. 이 경우 두 줄 모두 중앙으로 정렬한다. 아래의 줄에서 정렬할 때에는 등호도 포함시킨다.

$$\int_0^1 \left(f_n - \frac{n}{r} g_n\right)^2 r\,\mathrm{d}r + 2n \int_0^1 f_n g_n \,\mathrm{d}r - 3(n^2 + r^2) \int_0^1 \left(4g_n - \frac{6}{f_n - 1}\right) \mathrm{d}r$$
$$= \int_0^1 \left(g_n - \frac{n}{r} f_n\right)^2 r\,\mathrm{d}r + n g_n^2$$

만일 등호에서 수식을 끊고 단락을 바꾸는 것이 모양새가 안 좋다면 더하기나 빼기 기호 앞에서 끊을 수도 있다.

$$\begin{aligned} &r(x,y,z)+q(x,y,z)+f(x,y,z) \\ &=(x^2+y^2+z^2)^{1/2}\times(x-y+z)^2+\left[f(x,y,z)-3x^2\right] \end{aligned}$$

$$\begin{aligned} r(x,y,z)+q(x,y,z)+f(x,y,z)=(x^2+y^2+z^2)^{1/2}\times(x-y+z)^2 \\ +\left[f(x,y,z)-3x^2\right] \end{aligned}$$

12.2.5. 수식과 구두점

수식의 순서는 유럽의 언어에서 나타나는 어순과 거의 일치한다. 가령 $(x^2+y^2)^2=(x^2-y^2)^2+z^2xy$ 와 같은 수식은 등호의 좌변의 표현이 우변의 표현과 같다는 뜻이지만, “A equals B.”와 정확히 같은 어순이다. 즉 등호가 일종의 술어 역할을 하는 것이다. 이것은 부등식이나 $x \in A$ (“x belongs to A.”)와 같은 표현도 마찬가지이다.

따라서 수식은 일종의 종속절인 것처럼 간주해도 좋다. 따라서 수식이 들어가는 모든 문장에서 구두점이나 띄어쓰기는 모두 보통의 문장에서와 똑같이 맞추어야 한다. 또한 수식을 눈에 띄게 하기 위해 단락을 바꾸어 표시한 경우에는 다음 문장에서 들여쓰기를 해서는 안 된다. 여러 개의 수식을 연달아 쓰는 경우에는 쉼표를 사용하여 구분하는 것이 좋다.

연습문제

1 다음의 수식 표현에서 잘못된 곳 아홉 군데를 찾아서 표시해보라.

비선형 동역학에서는 어떤 특정 순간의 상태를 X = (x_1, x_2, …)로 나타낼 수 있으며 상태변화의 법칙, 즉 운동방정식은

$$\frac{dx_1}{dt} = f_1(x_1, x_2, \cdots) \quad (3)$$

$$\frac{dx_2}{dt} = f_2(x_1, x_2, \cdots) \quad (4)$$

… … …

와 같이 나타낼 수 있다고 가정한다. 특정 순간 t의 상태는 이 운동방정식의 풀이 X(t)=(x_1(t), x_2(t), …)로 주어진다. 위의 식은 벡터기호를 도입하면 간단하게

$$\frac{d\vec{X}}{dt} = \vec{F}(\vec{X}) \quad (5)$$

와 같은 간단한 꼴로 쓸 수 있다.

2 자신의 전공 교과서에서 수식 표현이 어떻게 인쇄되어 있는지 확인해보고, 특기할 점을 다섯 가지 이상 찾아보라.

3. Matlab, LaTeX 등 수식을 문서편집기에서 편리하게 구현할 수 있는 프로그램에 대해 알아보고, 이를 실제로 사용하여 수식이 포함되어 있는 문장을 A4 1매 분량으로 작성해보라.

용어설명 〉〉〉

- **적절성** relevancy
- **중요성** significance

어떤 글을 쓰거나 평가할 때 그 글의 진술이 글의 목적과 관련하여 '적절성'과 '중요성'을 갖추고 있는지를 고려해야 한다. 여기서 '적절성'이란, 진술이 논점에서 일탈하지 않고 문제가 되고 있는 현안과 잘 관련되어 있고 잘 맞아떨어지고 있는지에 관한 것이다. 이에 반해 '중요성'은 글의 목적이나 현안과 관련하여 가장 중요하고 핵심적인 것에 관한 사고를 포함하고 있는지에 관한 것이다. 왜냐하면 사용되고 있는 개념이나 진술이 비록 현안의 쟁점과 관련하여 적절하다고 하더라도 가장 중요한 정보나 개념에 집중한 것은 아닐 수 있기 때문이다.

제13장

표와 그림의 편집

과학기술 분야의 문서에는 다양한 형식의 시각자료가 사용된다. 시각자료는 말만으로는 나타낼 수 없는 방식으로 정보를 전달한다. 시각자료는 사물의 생김새를 보여주거나(그림, 지도, 사진), 수나 양을 표현하거나(그래프와 표), 관계를 묘사하거나(흐름도와 약도), 추상적 개념과 관계를 구체화하는(조직도) 방식으로 의사소통을 할 수 있게 해준다. 또한 시각자료는 가장 중요한 정보를 도드라지게 하거나 핵심개념을 간결하고 명료하게 강조하는 데 유용하다. 그림으로 구체적이고 간결하게 표현된 정보는 독자들이 가장 중요한 사항에 초점을 맞추고 그것을 이해하는 데 도움을 주기 때문이다. 대표적인 시각자료에는 다음과 같은 것들이 있다.

- 표 table
- 그래프 graph
- 도해 drawing
- 사진 photograph
- 흐름도 flowchart

시각자료를 쓸 계획이라면 목적과 대상을 주의 깊게 고려해야 한다.

좋은 글쓰기의 여러 특징들인 단순함, 명료함, 간결함, 솔직함 등은

시각자료를 만들고 사용할 때도 똑같이 중요하다.

이 가운데 표 이외의 것은 통틀어 그림figure이라고 부른다. 시각자료를 쓸 계획이라면 자신의 목적과 대상을 주의 깊게 고려해야 한다. 또한 글을 쓰기 시작할 때부터 시각자료를 염두에 두고 어디에 시각자료를 넣을지를 계획하고, 간단한 밑그림 등을 그려 끼워두어야 한다.

좋은 글쓰기의 여러 특성인 단순함, 명료함, 간결함, 솔직함 등은 시각자료를 만들고 사용할 때도 똑같이 중요하다. 명쾌하고도 일관성 있게 시각자료를 쓰면 독자들이 글의 핵심에 주목하게 된다. 그러나 아무리 좋은 시각자료라 해도 그것은 글을 뒷받침하기 위한 것이라는 점을 기억해야 한다. 시각자료를 썼다면 반드시 적절한 글로 시각자료와 관련한 맥락을 짚어주고 중요사항을 지적해야 한다.

- **시각자료 만들 때의 유의사항**

☑ 왜 이 시각자료가 이 글에 삽입되어야만 하는지 분명히 해야 한다. 설명의 분량은 그림의 복잡한 정도나 독자의 배경에 따라 달라진다. 대체로 독자가 비전문가일수록 전문가에 비해 더 긴 설명이 필요하다.

☑ 용어는 일관성 있게 써야 한다. 가령 본문에서는 '비율'이라고 해놓고 그림에서는 '백분율'이라고 해서는 안 된다.

☑ 모든 약어나 약호는 글이 되었건 그림이나 표가 되었건 간에 맨 먼저 등장했을 때 정의해준다. 만약 그래프 등에 있는 기호가 무엇을 뜻하는지 잘 알기 힘들다면 설명을 삽입해야 한다.

☑ 시각자료는 될 수 있는 한 그 시각자료에 대해 이야기하고 있는 대목 가까이에 배치하고 언급되기 전에 시각자료가 먼저 나오지 않도록 한다.

☑ 만약 시각자료가 길고 상세한 경우라면 부록에 넣어두고 부록을 참고하게끔 하는 것이 좋다.

☑ 모든 시각자료에는 그 내용을 잘 드러내주는 간결한 제목을 달아야 한다.

☑ 그림과 표가 둘 이상이면 제목 앞에 그림 번호와 표 번호를 달아야 한다.

☑ 본문에서 그림이나 표를 지칭할 때도 그림 번호나 표 번호를 이용하는 것이 좋다.

☑ 글에 그림이나 표가 5개 이상이라면 '그림 목차'나 '표 목차'를 '목차' 뒤에 넣어주어야 한다.

☑ 시각자료는 단순한 것이 좋다. 논의에 필요한 정보만 남기고 불필요한 것들은 모두 빼야 한다.

☑ 사용된 측정 단위나 축척은 불필요한 것이 아니라면 언제나 명확하게 표기한다.

☑ 설명글이나 이름표의 문자는 읽기 좋도록 가로쓰기를 한다.

☑ 시각자료 둘레나 사이에 적절한 여백 공간을 두는 것이 좋다.

☑ 저작권으로 보호된 시각자료를 쓰려면 서면으로 허가를 받을 필요가 있다. 그리고 그림 설명문 아래의 제공자 정보란이나 표 아래의 주석란에 그 사실을 밝혀둔다.

☑ 공개된 자료를 쓸 때도 제공자 정보를 포함시키는 것이 바람직하다.

☑ 특정 잡지에 글을 기고할 때에는 편집지침과 권고양식을 참조해야 한다.

13.1. 표

표table는 통계자료와 같은 자료를 글보다 간결하고 그래프보다 정확하게 표현할 수 있다. 하지만 자료의 전반적인 경향성은 도식과 그래프가 더 잘 보여줄 수 있다. 표의 요소별로 세부사항을 살펴보면 다음과 같다.

- **표 번호**: 아라비아 숫자로 된 표 번호를 순서대로 표에 붙여준다.
- **표 제목** : 표 제목은 보통 표의 상단에 기입하되, 제목은 표가 보여주는 바를 간결하게 담아야 한다.
- **표제행**: 표제행에는 각 열의 표제가 기입된다. 표제는 간단하지만 자료를 잘 설명하는 것이어야 한다. 필요하다면 측정단위도 명기해주되 표제의 일부로서 표시할 수도 있고 표제 아래 괄호처리를 할 수도 있다. 표준 약호나 기호를 써도 좋다. 세로쓰기는 피하는 것이 좋다.
- **표제열**: 표제열은 왼쪽의 수직열로서 표 본문에 기입된 정보에 관한 항목이 열거된다.
- **본문**: 표의 본문에는 구체적인 정보를 기입한다. 기입할 것이 없는 공란에는 공란 표시를 위해 가운뎃점(·)이나 긴 줄표(—) 등을 쓸 수 있다.
- **선**: 선은 표를 표 아닌 것들과 구분하는 줄이다. 수평선은 제목과 본문 아래, 그리고 각 행의 표제와 본문 사이에 긋는다. 표의 양 옆은 열려 있는 것이 좋고, 수직선은 있는 것이 더 보기 좋을 때에만 긋는다.
- **주석**: 표 안의 개개 항목을 설명할 필요가 있을 때는 주석을 단다. 표의 주석은 표 안의 자료나 본문 주석의 표시와 혼동될 수 있기 때문에 숫자보다는 *나 †와 같은 기호나 영문 소문자(a, b ...) 등으로 표시하는 것이 보통이다.

- **출처 표시줄:** 출처 표시줄은 자료의 원 출처를 표시한다. 대체로 출처 표시줄은 표 아래쪽에 위치하는데, 여러 기관들에서는 주석 아래에 표기하기도 한다.
- **표가 다음 쪽으로 넘어갈 때:** 다음 쪽으로 넘어가는 표에도 각 열의 표제를 똑같이 달아주어야 한다.

13.2. 그래프

그래프graph는 수로 된 자료를 한눈에 보여주기 때문에 글이나 표로 자료를 제시하는 것보다 몇 가지 이점이 있다. 경향성, 동향, 분포, 대조, 주기 등은 표보다 그래프에서 쉽게 드러난다. 하지만 아무리 그래프가 표보다 이해하기 좋다고 해도 그래프는 덜 정확하게 마련이다. 이런 이유 때문에 그래프는 정확한 자료가 표시된 표와 함께 제시되는 경우가 많다. 가장 일반적인 그래프의 유형에는 선그래프, 막대그래프, 원그래프 등이 있다.

13.2.1. 선그래프

선그래프line graph는 두 변수 간의 관계나 수 집합들 간의 관계를 직각으로 교차하는 두 축이 만드는 2차원 평면 위에 점으로 나타내고 이 점을 이어서 완성한다. 여러 변수들을 같은 그래프 안에 나타내면 같은 기간 동안의 여러 통계치를 비교할 수도 있다.

- **점검사항**

☑ 원점은 두 축이 교차하는 지점에 0으로 표시한다.

☑ 자료의 범위상 0부터 시작하는 것이 불편하면 눈금 중간에 중간 생략 표시

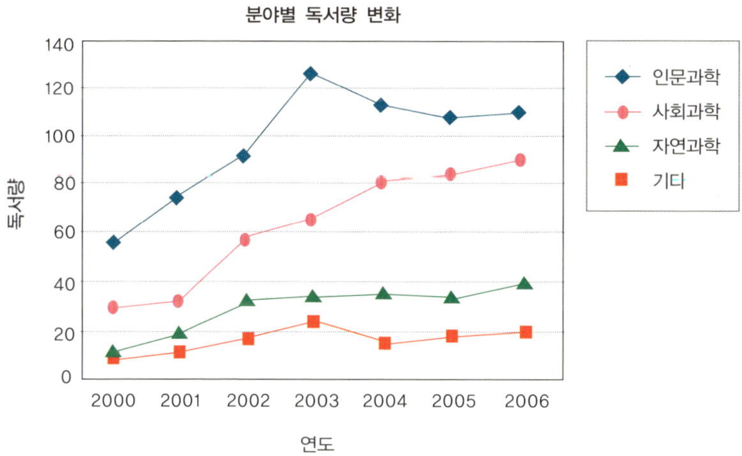

〈그림 13-1〉 선그래프의 사례

를 삽입한다.

☑ 수직축을 똑같은 비율로 나누고 아래쪽에 작은 양을, 위쪽으로 갈수록 큰 양을 순서대로 배정한다.

☑ 수평축도 똑같은 단위로 나누고 좌에서 우의 방향으로 눈금을 매긴다. 필요하다면 눈금 바로 아래에 무엇을 나타내는 눈금인지 이름표를 달아준다.

☑ 특별히 주의해야 할 것은 수직축의 눈금과 수평축의 눈금 사이의 비례이다. 비례가 적절해야 시각화된 결과가 자료를 왜곡하지 않고 정확하게 드러낼 수 있다. 이 부분의 비례를 달리하게 되면 자칫 부정확하게 될 뿐만 아니라 윤리적인 문제를 낳을 수도 있다.

☑ 필요하다면 사용된 기호들을 열거하여 설명하는 범례를 작성한다.

☑ 이미 있던 자료를 사용한 것이라면 그래프 왼쪽 아래에 출처를 표시해준다.

☑ 설명 주석은 그래프 설명문이나 이름표 바로 아래에 기입한다.

☑ 가능한 한 모든 글은 읽기 좋게 가로쓰기를 한다.

13.2.2. 막대그래프

막대그래프bar graph는 길이에 따라 어떤 양을 대소를 표시하는 데 사용한다. 막대그래프는 보통 ① 한 항목의 서로 다른 시간대에서의 양, ② 같은 시간대의 서로 다른 항목들의 양, ③ 전체를 이루는 한 항목의 서로 다른 부분들의 양을 나타내는 데 사용된다. ③의 경우는 하나의 막대를 여러 개로 쪼개고 이 전체의 합이 100%가 되게 만든다.

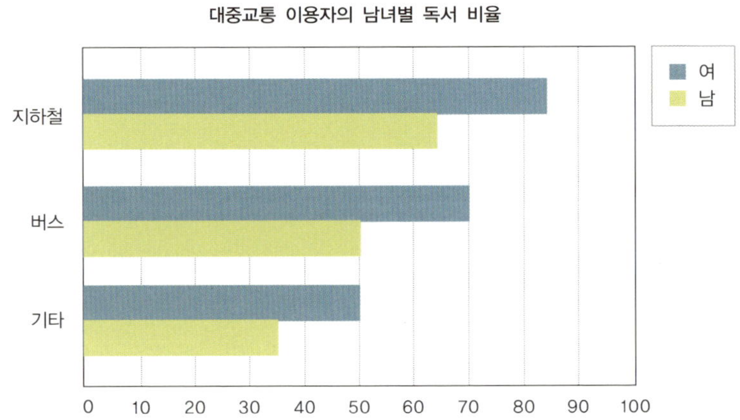

〈그림 13-2〉 막대그래프의 사례

13.2.3. 원그래프

원그래프pie graph는 원 안의 쐐기모양 구획으로 자료를 표시하고 총합이 100%가 되게 한다. 원그래프는 표보다 월등히 직관적이어서 상세한 자료가 기입된 표와 원그래프를 함께 제시하는 경우가 많다.

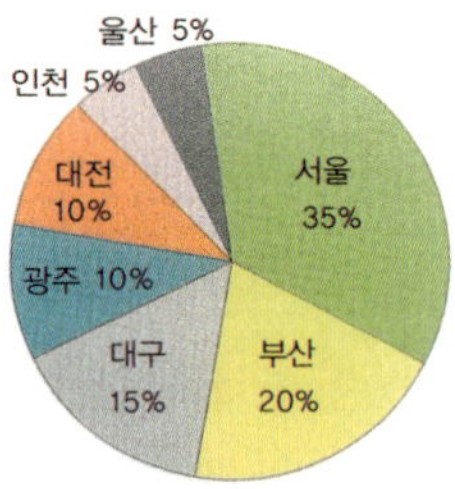

〈그림 13-3〉 원그래프의 사례

- **점검사항**

☑ 시계로 볼 때 12시 지점에서 시작하여 시계방향으로 쐐기들을 나눈다. 구획을 할 때에는 가장 큰 것에서부터 가장 작은 것의 순서로 한다.

☑ 너무 많은 항목을 표시하지 말라. 조잡해보일 뿐이다.

☑ 각각의 쐐기꼴들은 잘 구분되게 색이나 무늬 등을 달리하라.

☑ 각각의 쐐기꼴들은 백분율과 함께 이름표를 달아주되 가로쓰기를 한다.

☑ 어떤 특정한 쐐기꼴에 주의를 집중시키고 싶다면 그 부분을 원에서 살짝 분리해 도드라지게 한다.

13.3. 도해

통상적인 그림은 독자들에게 어떤 사물의 일반적인 외양이나 일련의 절차 전반을 보여주는 데 적합하고, 투시도는 어떤 장비의 내부를 보여주거나 부분과 전체의 관계를 도해할 때 적합하다. 연구와 글쓰기 준비 단계에서부터 그림의 필요성에 대해 생각하고 개요를 잡는 시작 단계부터 그림을 계획한다면 최종 원고에서도 글과 그림이 유기적으로 통합될 수 있다. 학술지나 잡지 등에 글을 제출하는 경우에는 그 학술지 편집위원회에서 제시

〈그림 13-4〉 도해의 사례 1

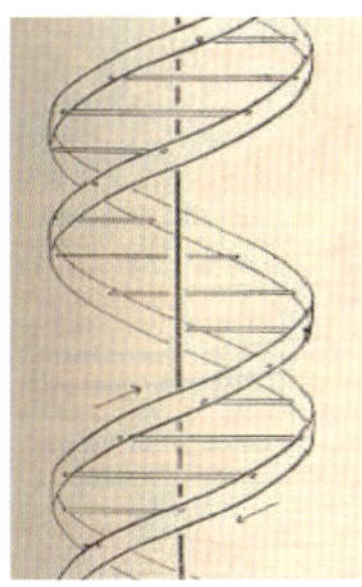

〈그림 13-5〉 도해의 사례 2

하고 있는 일반적인 기준과 형식적 요건을 미리 확인해두어야 한다.

13.4. 사진

사진photograph은 어떤 사물의 겉모습을 보여주거나 어떤 사건을 기록하거나 또는 일정한 시간을 두고 일어나는 어떤 현상의 발전을 드러내고자 할 때 좋은 방법이다. 하지만 사진이 언제나 다 좋은 것은 아니며 어떤 기계의 내부 작동을 묘사하거나 사물 또는 구조의 표면 아래 세부적인 면을 나타낼 때는 그림이 더 유용하다.

사진을 찍을 때 피사체 주변에 있는 익숙한 사물을 함께 찍어서 중요한 세부 항목이나 대상의 상대적 크기를 드러내주면 사진의 효과를 배가할 수 있다. 사진 역시 다른 시각자료들처럼 취급하여 그림 번호를 부여하고, 사진의 핵심적 특징을 나타낼 수 있는 제목을 달고, 필요하다면 설명글도 달아준다.

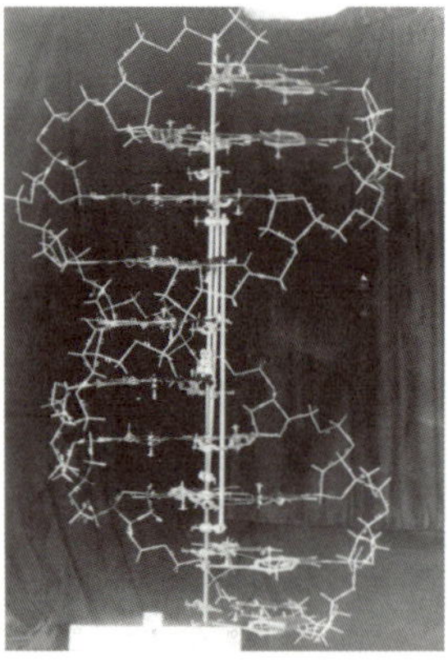

〈그림 13-6〉 사진의 사례 1

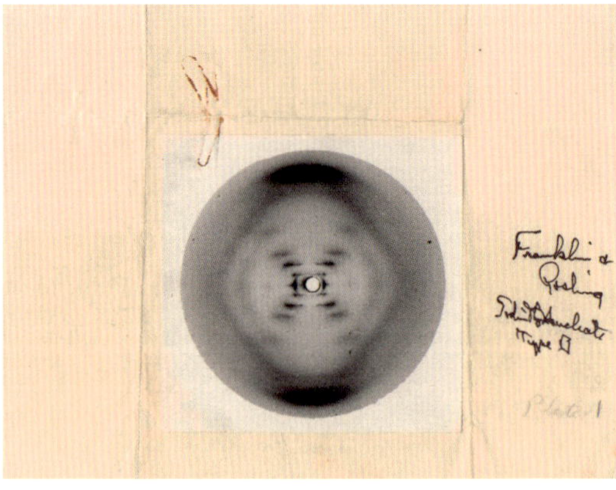

〈그림 13-7〉 사진의 사례 2

13.5. 흐름도

흐름도flowchart는 여러 단계들을 포함한 과정을 처음부터 끝까지 순서에 따라 보여주는 도식을 말한다. 흐름도는 몇 가지 형식을 취할 수 있다. 이름표를 붙인 네모 상자들로 순서를 표현할 수도 있고, 그림 기호를 이용할 수도 있고, 국제표준기구(ISO)의 기호를 쓸 수도 있다.

- **점검사항**

☑ 과정의 모든 단계마다 이름표를 붙이거나 이름표 붙인 네모 상자, 그림기호, 표준기호 등으로 각 단계를 표시한다.

☑ 표준적인 방향은 왼쪽에서 오른쪽으로, 위에서 아래로 향하는 것이다. 만약 흐름의 방향이 이와 다르다면 화살표로 방향을 표시해주어야 한다.

☑ 이해하기 어려운 기호가 있다면 뜻을 알 수 있도록 설명해주거나 단서를 제공한다.

☑ 컴퓨터 프로그램에 관련된 것이나 다른 정보처리과정에 관한 흐름도의 경우에는 이와 관련된 표준적인 기호를 사용한다.

연습문제

1 그래프가 표보다 유리한 점에는 어떤 것이 있고, 표가 그래프보다 좋은 경우는 어떤 것이 있는지 적어보자.

2 사진은 그림보다 어떤 이점을 지니고 있는지 적어보자.

3 표를 그릴 때 유의할 점은 무엇인지 써보자.

용어설명 〉〉〉

- **예시** exemplification, illustration
- **분류** classification
- **정의** definition

'예시'는 자신의 주장을 지지하기 위해 요점을 드러내는 사례나 구체적 경우를 보여주는 것이다. '분류'는 사물이나 개념의 구분을 철저히 하여 인식을 정돈하고 체계를 세우는 행위를 말한다. '정의'는 예시나 분류를 통해서, 혹은 종차에 의한 사전적 의미를 설명함으로써 사물이나 말의 의미를 분명히 하는 것이다.

제V부

유형별 글쓰기

이제까지 살펴본 글쓰기의 과정은 과학기술 글쓰기 수업에서 실제로 글을 작성하는 단계를 따른 것이다. 따라서 글의 구성과 유의할 점 등에서 최소한의 것만 다루었다. 그러나 학부를 졸업하고 대학원에 진학하거나 연구소에 취직을 하면 훨씬 더 다양한 유형의 글을 써야 할 상황에 처하게 된다. 제V부에서는 이와 같이 다양한 유형의 글들 중에서 대표적인 세 가지 유형을 다루었다.

제14장 '학술적 글쓰기'에서는 학술지에 실리는 연구논문과 학위논문, 그리고 이런 논문의 기본이 되는 실험보고서에 대해 알아보았다. 제15장 '업무 수행을 위한 글쓰기'에서는 연구소나 회사 등 직업적인 면에서 쓰게 되는 명세서나 실험노트, 제안서나 보고서, 사용설명서, 전자우편이나 웹 문서 등을 다루었다. 끝으로 제16장 '일반 대중을 위한 글쓰기'에서는 전문적인 과학기술 분야의 주요 주제들을 일반 독자를 대상으로 쉽게 설명하는 글의 내용과 절차, 전략을 알아보았다.

제14장

학술적 글쓰기

과학기술 분야의 연구는 독창적인 사고를 발전시켜 이제까지 다른 사람이 밝히지 못한 새로운 실험적 결과를 보여주거나 기존에 제대로 이해되지 않은 현상을 새롭게 설명하는 데 가장 큰 비중을 두고 있다. 그러나 아무리 독창적이고 훌륭한 실험이나 이론이라고 해도 이를 전문가 집단(과학자 공동체)에 제대로 알리지 못하면 아무 소용이 없다. 이 장에서는 학술적 글쓰기의 성격과 몇 가지 형태를 살펴보고자 한다. 특히 연구논문이 학술지에 게재되는 과정을 살펴보고, 이와 직접 관련되는 학위논문의 유형을 살펴본 뒤에, 학부의 학생들을 위한 실험보고서 작성요령을 앞 장에서 배운 것을 토대로 검토한다.

14.1. 학술지논문과 연구논문

유럽에서 과학혁명을 통해 근대과학이 태동할 무렵부터 이미 새로운 연구결과를 알리는 가장 중요한 수단으로 학술지에 논문을 발표하는 방

과학적 연구성과는 현실적 유용성과 직접 또는 간접으로

연결되어 있는 것이 현대 과학기술의 특징이다.

그리고 과학을 기술과 직접 연결시키는 가장 중요한 매개가 바로

논문으로 집약된 연구성과라고 할 수 있다.

식이 채택되었다. 1665년에 창간된 *Journal des sçavans*과 *Philosophical Transactions of the Royal Society*는 최초의 학술지로 공인되어 있다. 이렇게 공식적인 학술지에 자신의 연구성과를 발표하는 것은 결국 어떤 연구의 공로가 그 연구자에게 있는지 여부를 가리거나, 새로운 공로를 누구에게 치하할지를 정하는 경우에 중요한 지표가 되었다.

특히 원자폭탄을 만드는 맨해튼 프로젝트 이후 과학과 기술 분야의 연구는 점점 더 거대과학의 양상을 띠어가고 있다. 1945년 미국의 국립국방연구위원회National Defense Research Committee(NDRC)의 위원장이던 바네버 부시Vannevar Bush는 보고서 「과학, 끝없는 첨단Science, the Endless Frontier」을 통해 새로운 과학 연구의 유형을 제시했다. 과학자들은 자신의 실험실에서 연구를 진행하되, 정부와 후원기관이 과학자들의 연구계획서를 토대로 계약을 맺어 연구비를 지원한다는 것이다. 그 결과는 가히 혁명적이었다. 지금의 과학기술 연구는 바로 이 부시의 보고서에 제시된 방식에 따라 이루어지고 있다.

현대사회에서 과학과 기술은 떼어 놓고 생각할 수 없을 만큼 서로 연관

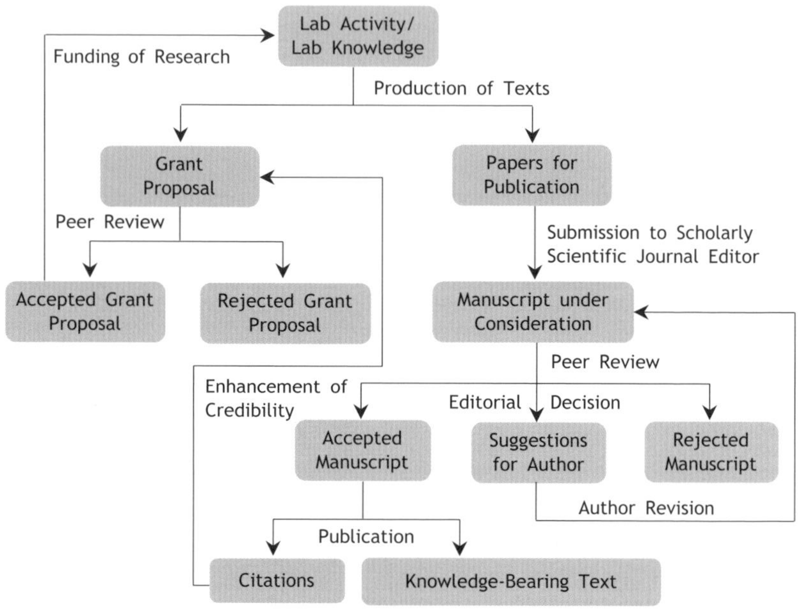

〈그림 14-1〉 과학기술자의 연구가 진행되는 과정과 연구결과 발표의 사례

되어 있기 때문에 이 둘을 묶어 '과학-기술techno-science'이라고 부르기도 한다. 그만큼 과학적 연구성과가 현실적 유용성과 직접 또는 간접으로 연결되어 있는 것이 현대 과학기술의 특징이라면, 과학을 기술과 직접 연결시키는 가장 중요한 매개가 바로 논문으로 집약된 연구성과이다. 결국 연구자가 하루하루 힘든 나날을 보내며 성실하게 연구를 한 결과를 최종적으로 발표하는 방식은 언제나 '논문'이다.

이제 과학기술자(연구자)가 실제로 연구를 수행하여 논문의 형태로 연구의 결과를 발표하는 과정을 살펴보자(〈그림 14-1〉 참조). 연구자는 실험실을 기반으로 일상적으로 연구를 수행하지만, 연구의 출발점은 원칙적으로 연구비를 지원해주는 기관의 심사이다. 연구비를 지원하는 기관은 크게 학술진흥재단이나 과학재단과 같은 전문적인 공공재단과 과학기술부나 산업자원부와 같은 정부기관과 사기업 연구소로 나눌 수 있다. 미국의 대표적인 연구비 지원 기관에는 국립과학재단National Science Foundation(NSF)과 국립보건원National Institutes of Health(NIH)이 있다. 독일에는 독일연구재단Deutschen Forschungsgemeinschaft(DFG) 등이 있고, 일본에는 일본학술진흥회(獨立行政法人日本學術振興會)가 있다. 연구자는 연구비를 주는 기관에 연구계획서를 제출하고, 이 연구계획서는 같은 분야의 연구에 종사하는 다른 전문가들의 심사에 맡겨진다. 이를 '전문가 동료 심사peer review'라 한다.

현대사회에서 과학과 기술은 서로 밀접히 연관되어 있기 때문에 이 둘을 묶어 '과학-기술'이라고 부르기도 한다. 과학을 기술과 연결시키는 가장 중요한 매개가 바로 논문으로 집약된 연구성과이다.

전문가 동료 심사에서 연구계획서가 통과되면 기관은 연구자와 연구계약을 맺게 된다. 미국이나 유럽의 경우에는 대개 연구계약이 '그랜트grant'로 맺어지는 반면, 우리나라의 경우는 '계약contract'의 형태로 맺어진다. 그렌트는 결과제출의 의무가 별도로 부과되지 않는 연구지원 양식이고, 계약의 경우에는 연구기관이 연구자에게 연구비를 지급하면 연구자는 연구결과를 논문으로 발표해야 할 의무가 주어진다. 연구자는 연구비를 사용하여 실험실에서 연구에 매진하여 얻은 새로운 연구결과를 논문의 형태로 발표한다. 연구자가 연구논문을 전문적인 학술지에 투고하면, 학술지의 편집위원이 이를 일차적으로 검토한 뒤, 이를 다시 전문가 동료 심사에 맡긴다. 이 심사에서 불합격된 논문은 학술지에 발표할 수 없지만, 수정 후 게재 등의 심사결과가 나오면 논문에서 문제가 되는 부분을 고쳐 다시 편집위원에게 원고를 보낸다. 이렇게 해서 학술지에 논문이 게재되면 연구자의 연구업적이 하나 더 늘어나게 된다. 학술지에 실린 논문들은 연구계획서나 연구논문을 작성할 때 다양한 방식으로 인용된다. 과학기술 분야의 지식은 바로 이와 같은 과정을 통해 발전하는 것이다.

14.2. 학위논문

19세기 이후 과학과 기술 분야에서 다방면으로 전문직업화가 진행되어 전문적인 학문 분야가 만들어졌다. 전문직업화란 과학과 기술 분야에서 연구를 하기 위해서는 전문직업의 제도 안에서 여러 가지 형태로 자격을 인정받아야 함을 의미하고, 이는 석·박사학위제도의 정립과 맞물려 있다. 한 사람이 개인적으로 뛰어난 재능을 지니고 있다고 해도 전문직업의 제도에 진입하기 위해서 가장 먼저 거쳐야 하는 관문이 바로 학위를 획득하는 과정이다. 석사학위나 박사학위를 얻기 위해 필요한 요건은 여러 가지가 있지만, 그중 가장 중요한 것이 학위논문이다. 대학에서 학부를 졸업하기 위한 요건으로 학사학위논문을 요구하는 경우도 많다.

학위논문은 더 전문적인 수준에 이르기 전에 실질적으로 연구논문과 같은 수준과 깊이로 작성하는 첫 번째 논문이다. 학위논문에서 다루는 주제는 언제나 참신하고 독창적이어야 한다. 학위과정 중에 학술지에 발표했던 논문들을 짜깁기하여 학위논문으로 제출하는 경우가 종종 있는데, 원칙적으로 학위논문은 다른 곳에 발표하지 않은 독창적인 논문이어야 한다. 유럽의 대학에서는 학위논문은 그 어디에도 발표된 적이 없는 내용이어야 한다고 명시적으로 규정하고 있는 경우가 많다. 그러나 미국이나 몇몇 나라에서는 학술지에 자신이 발표했던 논문들을 모아 체계적으로 정리하고 그 논문들 사이의 관계를 밝히는 내용도 학위논문으로 인정하고 있다. 후자의 경우에는 학위논문을 독창적인 새로운 논문이라기보다는 자신이 발표한 논문들에 대한 일종의 종설논문(리뷰)으로 간주하는 것이다. 여기에서 기존에 발표했던 논문을 모아 놓기만 하면 되는 경우도 있지만, 대개 분량 때문에 학술지에서 충분히 다루지 못한 상세한 내용을 학위논문에서 채워야 하는 경우도 있다. 이때 학술지에 발표하는 논문에서는 요구되지 않았던 사항들, 즉 기초적인 지식과 연구배경, 선행 연구의 상세한 내용 등이 학위논문의 내용에 포함된다.

학위논문은 대개 논문계획서(프로포절)의 작성으로 시작된다. 논문계획서는 학위논문으로 쓸 내용을 지도교수와 협의하여 작성하는 것이며, 이는 전체 논문작성의 마스터플랜 역할을 한다. 논문계획서가 통과되면 논문작성 일정에 맞추어 연구를 수행하고 구체적으로 논문작성에 들어간다. 대개 논문계획서가 통과되는 것은 학위논문을 쓸 수 있을 만큼 연구의 진척이 있고 준비가 충분한 상황일 때가 많다.

기말보고서나 실험보고서 등과는 달리 학위논문에서 가장 중요하게 여기는 것이 '독창성'이다. 연구주제부터 연구결과까지 모두가 새로운 것이어야 한다. 그러나 어떤 연구도 처음부터 끝까지 새로울 수는 없으며, 그런 점에서 학위논문에서 매우 중요한 부분이 선행 연구의 검도이다.

학위논문은 참신하고 독창적이어야 한다. 학위과정 중에 학술지에 발표했던 논문들을 짜깁기하여 학위논문으로 제출하는 경우가 있는데, 원칙적으로 학위논문은 다른 곳에 발표하지 않은 독창적인 논문이어야 한다.

학위논문의 또 다른 특징은 논문 전체의 내용에 대해 지도교수를 비롯한 논문지도위원들의 상세한 검토를 받는다는 점이다. 지도교수는 학위논문의 내용과 수준 전반에 걸쳐 상세하게 지도하고 비평하는 역할을 한다. 논문지도위원이나 심사위원은 작성 중이거나 작성된 논문이 독창성이나 성과 등에서 학위를 수여할 만큼의 가치를 지니는지 검토하고, 부족한 부분이나 잘못된 점을 지적한다. 학술지에 발표하는 논문들이 비슷한 수준의 전문가 동료의 평가와 심사를 통해 여과되는 것과 달리, 학위논문은 훨씬 경험이 풍부하고 그 연구주제를 잘 아는 지도교수와 심사위원의 비평을 받게 되므로, 실제적으로 학위논문을 작성하는 과정은 학술지에 연구논문을 발표하는 것보다 더 수월하다고 할 수 있다.

14.3. 실험보고서

실험을 수행하고 나면 실험의 결과를 명확하게 정리한 실험보고서를 작성하게 된다. 그러나 담당 교수나 조교에게 실험의 결과를 전달하고 실험을 완수했음을 보이는 데 그치지 말고, 본인은 물론 다른 연구자들의 이후의 연구에 도움을 줄 수 있도록 실험보고서를 작성해야 한다. 따라서 단순한 결과뿐 아니라 왜 이 실험을 수행하게 되었는지, 어떤 실험방법과 재료를 사용했는지, 이 결과가 어떻게 해석될 수 있는지 등을 설명해야 한다.

실험보고서의 경우에도 일반적인 글과 마찬가지로 독자에 대한 배려가 가장 중요하다. 대학에서 교육을 위해 작성하는 실험보고서는 독자를 대개 담당 교수나 조교로 국한하기 쉽다. 하지만 실험보고서는 원론적으로 누구나 그 보고서를 통해 실험이 실제로 어떻게 이루어졌으며 그 의미는 무엇인지 알 수 있도록 작성해야 한다. 결국 전문적인 보고서나 학위논문, 연구논문들도 따지고 보면 실험보고서의 한 형태로 볼 수 있다. 따라서 실험보고서를 정확히 올바르게 쓸 수 있는 능력은 매우 중요하다. 실제로 대학이나 연구소 등 전문적인 단계에서 진행하는 모든 연구에 대해서 실험보고서를 쓰는 것이 일상적인 일이기 때문에 대학 교육과정에서부터 실험보고서를 정확하게 쓰는 훈련이 필요하다.

과학기술 분야의 상당수 연구는 프로젝트의 형태로 이루어진다. 프로젝트가 수행되어가는 과정은 다음과 같다. 먼저 연구자는 간단한 예비실험을 통해 프로젝트의 실행가능성을 타진하고, 이를 바탕으로 연구계획서를 만든 뒤, 승인된 연구계획서에 따라 연구를 수행하여 최종적으로 결과보고서를 낸다. 연구가 진행되는 동안에도 연구의 진척을 보고하는 중간 진척 보고서를 써야 하는 경우가 많다. 이런 맥락에서 전문보고서technical report는 실행가능성 검토보고서, 중간진척 보고서, 결과보고서, 영향평가 보고서 등으로 분류할 수 있다. 보고서를 작성하는 더 구체적인 과정은 다음 장에서 살펴볼 것이다.

과학기술 분야에서 '보고서report'라는 용어는 이러저러한 연구 또는 실험의 결과를 제시하는 문서를 의미한다. 보고서는 프로젝트의 성공 여부를 가늠하는 평가기준으로 삼을 수도 있고, 특정의 연구과정 속에서 이제까지의 관찰결과와 그에 대한 논평을 담고 있는 일단락이 될 수도 있으며, 기술영향평가나 환경영향평가와 같은 평가과정의 요약이 될 수도 있다.

전문적인 내용이 많이 담기는 보고서일수록 앞쪽에는 더 일반적이고 읽기 쉬우며 상대적으로 전문적인 배경지식을 덜 필요로 하는 내용을 담고, 더 전문적인 내용은 뒤쪽으로 배치하는 것이 중요하다. 특히 매우 전문적이어서 소수의 전문가들만이 관심을 갖거나 이해할 수 있는 내용은 아예 부록으로 처리하는 것이 바람직하다.

보고서는 다양한 독자들이 다양한 목적으로 읽는 것이기 때문에 누구나 자신의 관심사에 맞추어 보고서를 발췌하여 읽을 수 있도록 배려해야 한다. 일반적으로 독자 중 80%는 문서의 20%만을 읽는다고 한다. 따라서 보고서의 어느 부분도 소홀히 해서는 안 된다. 각 절이 충분히 내용을 전달할 수 있게 하고, 될수록 그 절 안에서 다루어지는 내용은 다른 절의 내용을 모르더라도 파악할 수 있도록 배치해야 한다.

14.4. 실험보고서 작성의 실제

이 절에서는 연구논문, 학위논문, 전문보고서와 관련하여 실험보고서의 실제적인 작성과정을 살펴본다. 이미 앞에서 연구소논문을 작성하는 과정을 상세하게 다루었으므로 실험보고서가 연구소논문과 다른 부분을 중심으로 논의한다.

실험보고서를 쓸 때에는 다른 종류의 글보다 특히 더 구조적인 글쓰기가 필요하다. 즉 실험보고서는 표준적인 서식의 각 요소에 맞추어 체계적으로 쓰고 정해진 구조를 따르는 것이 필요하다. 일반적으로 실험보고서는 요약abstract, 서론introduction, 실험 재료 및 방법material and methods, 실험 결과results, 논의discussion, 참고문헌reference으로 구성된다. 그렇지만 학부 학생들이 실험보고서를 작성할 경우 요약은 생략하는 경우가 대부분이다. 그 구성은 크게 도입부, 중심내용, 부록으로 나눌 수 있다.

14.4.1. 도입부

서론은 다음과 같은 역할을 한다.

- 실험보고서에서 다루고 있는 문제를 정의하는데, 대개 그 분야의 기존 연구에 대한 개괄을 포함한다.
- 그 연구에서 해결하고자 하는 목표 상황을 명시적으로 서술한다.
- 연구의 주요 결과와 그 응용을 제시한다.

실험보고서의 서론은 실험의 목적과 의의, 그리고 이 실험과 관련된 선행 연구를 제시하는 곳이다. 실험을 왜 실시했으며, 어떤 의미를 갖고 있는지 등을 설명함으로써 연구의 가치를 독자에게 설명할 뿐만 아니라 연구의 의미를 스스로 정리할 수 있다. 또한 관련된 기존의 연구를 정리함으로써, 실험보고서가 다루고 있는 분야를 독자들에게 미리 이해시키고 다루어지는 주제의 한계를 명확히 하며, 이 분야의 연구가 어디까지 진행되었으며, 자신의 연구가 어느 위치에 있는지 알려준다.

실험의 목적은 실험을 통해 얻고자 하는 것을 가리킨다. 실험의 목적을 밝히는 문장은 구체적이어야 한다. 단순히 실험대상이 무엇인지 언급하는 것이 아니라 구체적으로 실험의 독립변수와 종속변수가 명확하게 드러나게 해야 한다.

학부과정의 실험보고서에는 새로운 사실에 대해 연구하기보다는 기존의 가설이 잘 적용되는지 검증해보는 경우가 많다. 이 경우 많은 학생들이 실험의 목적을 간단하게 제시하고 마는데, 그래서는 독자가 실험에 대한 흥미나 의의를 찾을 수 없을 것이다. 기존에 이미 증명된 것을 단지 반복해보는 것이 아니라, 기존 이론이 실제 상황과 얼마나 잘 부합하는지를 평가해본다는 실험의 의의를 잘 드러내는 것이 바람직하다.

실험의 목적을 제시한 뒤에는 실험의 가설도 밝혀주는 것이 좋다. 가설은 독립변수와 종속변수 간의 관계가 어떠할 것이지 예측한 것을 제시하는 것이다. 실험의 목적과 가설을 설명하는 문장은 가능한 간결하고 명확해야 한다.

서론에서는 실험과 직접적으로 관련된 개념, 정의, 공식 등을 소개한다. 실험의 가설을 뒷받침할 수 있는 연구 등 관련된 선행 연구도 제시해야 한다.

학술논문에서 선행 연구를 제시하는 것은 연구자가 그 분야에 대해 얼마나 잘 이해하고 있으며, 기존 연구에서 최근의 연구까지 성실하게 조사했는지 등 연구자의 정직성과 성실성을 보여주는 중요한 일이다. 그러나 학부과정의 실험보고서에서는 선행 연구가 다른 역할을 하게 된다. 본인이 이 실험과 관련된 논의를 충분히 이해했음을 보여주는 것이다. 만약 이러한 목표를 고려하지 않은 채 독자를 교수나 조교로 설정하여 선행 연구를 작성한다면, 대부분의 내용을 교수나 조교는 이미 알고 있을 것이라는 생각 때문에 중요한 내용을 생략하게 되고, 결과적으로 본인이 이 실험과 관련된 중요한 이론이나 개념들을 이해하지 못하고 있다는 인상을 주게 된다.

실험보고서의 저자는 그 연구를 위해 직접 이론과 모형을 만들어 제시할 수도 있고, 이미 발표되어 있는 이론과 모형을 이용할 수도 있다. 후자의 경우에는 기존의 이론과 모형을 그 연구에 적절한 형태로 재구성하여 서술하는 것이 중요하다. 많은 연구가 새로운 이론과 모형을 제시하는 쪽보다는 기존의 인정되는 이론과 모형을 새로운 상황에 적용하거나 응용하는 것이며, 그런 경우 반드시 기존의 이론과 모형을 요약해 주어야 하는 것은 아니다. 고급 단계의 실험보고서에서는 기존의 이론과 모형을 관련 문헌의 인용으로 대치할 수도 있다. 그러나 기존의 이론과 모형을 요약적으로 서술함으로써 이후의 논의에서 사용하는 기호법이나 주요 개념을 독자에게 주지시키는 효과가 있기 때문에, 이론 부분을 생략하지 않는 것이 더 유리하다. 특히 기존의 이론과 모형 중에서 어떤 부분이 현재의 보고서에서 다루고 있는 부분인지를 명확하게 드러내려면, 기존 연구를 재구성하여 서술하는 것이 유리하다.

14.4.2. 실험방법과 재료

실험보고서의 본론 부분은 대개 실험방법과 재료의 서술로 시작한다. 실험에 관해 서술할 때에는, 그 실험을 다른 사람들(보고서의 독자)이 다시 수행하려 할 때 어떤 요소가 중요한지 명료하게 밝혀줄 필요가 있다. 실험재료 및 방법은 실험에 사용된 재료를 구체적으로 어떤 방법을 사용하여 다루었는지 설명하는 곳이다. 다른 연구자가 동일한 실험을 반복할 수 있을 정도로 자세하고 명확하게 설명해야 한다. 실험과정에 대해 신뢰를 줄 수 있어야 실험결과에 대한 신뢰도 얻을 수 있다.

구체적인 실험방법과 재료를 상세하게 서술함으로써 추상적인 이론 및 방법을 현재의 연구목표에 어울릴 수 있도록 구체화할 수 있다. 실험방법과 재료의 서술은 단순명쾌할수록 좋다. 즉 분명하고 정확해야 한다. 그런데 실험방법과 재료의 서술은 자칫하면 독자가 상황을 이해하는 데 방해가 될 수도 있으므로 전반적인 상황에 대해 먼저 서술하는 것이 좋다. 우선 실험방법 전체를 개괄하고 이를 바탕으로 세부적인 논의에 들어가는 것이 좋다.

복잡하거나 복합적인 실험방법을 서술할 때에는 각 요소를 끊어서 별개의 절에 할당하는 것이 바람직하다. 지나치게 테크니컬하거나, 또는 그 부분을 충분히 인지하지 않더라도 실험상황을 잘 파악할 수 있다면 전문적인 부분은 부록으로 돌리는 것이 현명하다.

실험재료를 설명할 때 실험결과에 영향을 미칠 수 있는 요인들에 대해서 자세히 밝혀야 한다. 실험이 어떤 분야에 속하는지, 실험의 목적이 무엇인지에 따라 밝혀야 하는 정보가 달라진다. 예를 들어 실험대상이 생물일 경우 종, 성별, 생년월일, 체중, 크기 등을 밝히고, 시약 등일 경우는 제조회사를 밝힌다.

실험보고서의 본론 부분은 대개 실험방법과 재료의 서술로 시작한다. 다른 연구자가 동일한 실험을 반복할 수 있을 정도로 실험에 사용된 재료와 방법을 자세하고 명확하게 설명해야 한다.

실험방법을 기술할 때는 새로운 실험방법을 선택했거나 여러 가지 다른 방법이 있는데도 불구하고 특정의 실험방법을 선택한 경우, 방법과 그 방법을 선택한 이유를 명확하게 밝힌다. 실험보고서가 익숙하지 않은 학부생의 경우 실험 매뉴얼에 있는 내용을 거의 그대로 베끼다시피 하다 보니, 실험방법을 '......해야 한다'와 같은 당위 문장으로 쓰는 경우가 많다. 그러나 실험보고서는 실제 본인이 수행한 실험과정을 재현할 수 있도록 보고하는 것이므로 '어떻게 했다'와 같이 과거형 문장으로 작성하는 것이 바람직하다.

14.4.3. 결과와 논의

결과를 다루는 절은 관찰된 현상과 실험장치의 데이터를 통계분석과 수치상의 일반화를 통해 해석하는 것을 포함한다. 그러나 실험장치에서 얻은 데이터와 그에 대한 통계분석을 구별해주는 것이 바람직하다. 통계분석이 잘못된 경우에도 데이터 자체는 틀리지 않을 수 있기 때문이다.

실험결과는 실험보고서에서 가장 중요한 부분으로 실험을 통해 얻은 데이터를 제시한다. 이때 실험결과를 알기 쉽게 제시하기 위해 데이터를 표나 그래프로 제시하는 경우가 많다. 표와 그래프는 각각의 특징과 장단점이 다르기 때문에, 그림을 사용해야 하는 경우와 표를 사용해야 하는 경우를 구분해야 한다(제13장 참조). 데이터를 제시할 때에는 표나 그림만을 늘어놓는 것은 피해야 한다. 표나 그림에서 어느 부분을 주목해서 봐야 할지 등을 함께 말해주어야 한다.

실험결과는 구체적인 수치를 제공하여 정확하게 표현하되, 데이터에 경향성이 있으면 이것을 밝힌다. 실험결과 부분에서 객관적 결과만을 제공해야 하기 때문에 수치만을 제시해야 한다고 생각하는 경우가 많은데 이것은 잘못된 생각이다. 데이터의 경향이 발생한 원인을 해석하는 것은 논의 부분에서 할 일이지만, 경향성 자체를 밝히는 것은 결과에서 할 일이다. 실험결과에는 실험재료 및 방법이나 논의에서 제시해야 할 내용이 들어 있어서는 안 된다.

실험결과가 무엇을 의미하는지 해석하는 작업은 대개 결과의 서술과 독립시켜 별개의 절로 다루는 것이 좋다. 특히 논의는 앞에서 다룬 이론과 모형을 이용해서 그 연구가 얻은 결과를 어떻게 이해할 수 있는지 해명하는 과정이다. 이때 결과만 나열하는 것은 좋지 않다. 원인에 대해 나름의 가설을 세우고 이것을 체계적으로 제시해야 한다. 그 결과가 나오게 된 원인을 고찰하지 않으면 그 결과의 의미뿐만 아니라 실험 자체를 충분히 이해하지 못한 것으로 오해를 받을 수 있다. 또한 실험의 결과가 가설과 부합되지 않을 경우 오차의 원인만 늘어놓아서는 안 된다. 왜 그런 결과가 나왔는지 실험의 가설이나 실험 설계 자체가 잘못되지는 않았는지 고민해봐야 한다. 특히 실험이 기존의 이론과 부합되지 않았을 경우 논의 부분 전체를 오차의 원인을 나열하는 데 전력하는 학생들이 많이 있다. 논의를 오차에 대한 변명만으로 채워서는 안 된다.

논의는 실험의 결과를 해석하는 부분이다. 논의에는 다음과 같은 내용들이 있어야 한다.

- 실험의 결과가 가설을 지지하는지, 혹은 약화시키는지 밝힌다. 실험의 결과가 예상과 일치하지 않았을 때 그 이유를 찾아본다. 가설 자체가 잘못된 것인지, 실험설계나 실험과정에서 문제가 있었는지 세심하게 살펴본다.
- 기존 연구와 비교한다. 관련된 기존 연구가 있다면 이 실험의 결과가 기존 연구와 어떤 연관성을 가지고 있는지를 밝힌다. 특히 학부생의 경우 보편적으로 받아들여지는 법칙을 실험하는 경우가 있는데, 이때 창조적인 결과를 얻는 것이 목적이 아니기 때문에 기존의 이론과 부합하는가 여부를 살피고, 부합되지 않을 경우 그 원인을 분석해야 한다.
- 결론이 함축하고 있는 의미를 고찰한다.
- 실험이 예상만큼 잘 되었는지 전체적으로 평가해보고 결론을 내린다.
- 추가적으로 더 나은 결과를 얻기 위한 실험방법의 개선이나, 실험을 통해 알고자 하는 원리를 더욱더 잘 이해할 수 있는 또 다른 실험을 제안할 수 있다.

실험결과와 그에 대한 논의를 서술한 뒤에도 결론을 따로 써주는 것이 유용할 때가 있다. 결론은 그 실험보고서에서 무엇을 찾고자 했는지 서론에서 말했던 연구목표를 재확인하고 이를 어떤 식으로 확장하거나 일반화 또는 응용할 수 있는지 서술하는 것이다. 결론의 내용은 결과에 대한 논의와 합해서 말할 수도 있다.

결론에서는 대개 그 실험보고서에서 제시하는 연구의 한계와 미진한 점을 지적하고 이후의 연구에서 이런 약점을 어떻게 극복할 수 있는지 써주어야 한다. 이 내용이 길어지는 경우에는 이후의 연구에 대한 서술을 별개의 절로 독립시키는 것도 좋다.

실험보고서의 맨 뒤에는 사용한 참고문헌의 상세한 목록을 제시한다. 또한 본문에서 논의의 흐름을 복잡하게 만들지 않기 위해 생략한 세부사항을 따로 절로 만들어 설명한다. 학구적인 요소가 강한 실험보고서나 논문의 경우에는 더 상세한 이론적 논의를 부록에서 다루어주는 것이 좋다.

• 점검사항

☑ 실험의 목적을 밝히는 문장이 충분히 구체적인가?
☑ 실험과정을 제시할 때 매뉴얼에 있는 내용을 그대로 복사하지 않았는가?
☑ 실험과정에서 발생한 특이사항을 숨기지 않았는가?
☑ 실험결과에서 실험과정에 대한 내용을 반복하지 않았는가?
☑ 실험결과에서 데이터에 대한 해석과 판단을 집어넣지는 않았는가?
☑ 결과를 나열만 하고 결과가 나오게 된 원인을 빠뜨리지는 않았는가?
☑ 논의에서 오차의 원인만 늘어놓지는 않았는가?

연습문제

1. 자신의 전공 분야에 속하는 학술지에는 어떤 것이 있는지 알아보자.

2. 학술지에 실리는 연구논문과 학위논문은 어떻게 다른지 적어보자.

3. 실험보고서와 전문보고서의 차이에는 어떤 것이 있지 알아보자.

4. 우리나라의 학술진흥재단·과학재단, 미국의 국립과학재단(NSF)과 국립보건원(NIH), 독일연구재단(DFG), 일본학술진흥회 등의 인터넷 홈페이지를 찾아보고 주요 활동을 알아보자.

용어설명 〉〉〉

- **맥락** context
- **배경** background

하나의 개념이나 문장은 그것이 사용되고 있는 상황들을 고려함에 따라 다양하게 해석 가능하다. 따라서 글을 쓰거나 해석함에 있어 이러한 정황을 고려하는 것이 반드시 필요하다. '맥락'은 그 글이 사용되고 있는 상황이 무엇인지를 고려하는 것으로서 주로 화용론적인 해석에 근거하는 것이다. 그 글의 독자가 누구인지를 고려하여 글을 쓰거나 해석하는 것 역시 맥락의 중요한 요인이라 할 수 있다. '배경' 역시 맥락과 유사하게 이해될 수 있으나, 특별히 그 글이 주어지게 된 전후 사정을 함께 고려하는 것으로서 이전의 체험이나 이미 알려진 사실들이 여기에서는 고려의 대상이 될 수 있다.

제15장

업무 수행을 위한 글쓰기

과학기술자는 앞에서 서술된 연구논문 외에도 다양한 종류의 글을 써야 한다. 예를 들어서 연구과정 중에 실험노트는 지속적으로 작성해야 하며, 주어진 업무를 수행하는 과정에서 각종 보고서를 수시로 작성한다. 또한 새로운 연구나 과제를 시작하기 위해서는 좋은 제안서를 작성하여 지원을 받아야 한다. 이 외에도 작업이나 제작을 의뢰하는 명세서나 제품의 특징이나 사용방법에 대한 설명서도 전문가인 과학기술자들이 작성해야 하는 문서이다. 그리고 인터넷이 일상화된 현재의 작업 환경에서는 웹 문서를 만들거나 전자우편 문안의 작성도 끊임없이 해야 한다.

이러한 다양한 문서들의 작성은 제목 선정에서 결론 쓰기까지 제7장에서 설명한 과학기술 글쓰기의 원칙과 작성방법을 따르는 것이 바람직하다. 그렇지만 허용되는 글의 분량, 글쓰기의 목적 그리고 전문 분야에 대한 독자의 지식수준과 관심 등에 차이가 있기 때문에 글의 종류에 따라 구성하고 서술하는 방법에 차이가 있다.

이 장에서는 글의 독자를 기준으로 같은 분야 전문가를 대상으로 하는 문서, 의사결정권자를 설득하기 위한 문서 그리고 일반인을 위한 문서로 나누어서 다양한 글쓰기의 종류에 따른 작성방법의 특징들을 설명하고자 한다.

전문가를 대상으로 하는 문서란 학술논문, 특허, 실험노트 그리고 명세서와 같이 자신과 동일한 전문 분야에 종사하는 전문가들이 주 독자가 되는 글을 말한다. 의사결정권자를 위한 문서란 물품의 납품, 연구비 또는 연구에 대한 지원 등을 위한 각종 제안서, 자신의 업무에 대한 각종 보고서들이다. 일반인을 위한 글에는 제품설명서, 사용설명서 그리고 대중을 대상으로 하는 매체에 쓰는 해설문 등이 포함된다.

15.1. 전문가를 대상으로 한 글쓰기

전문가를 대상으로 하기 때문에 전문용어를 사용함으로써 의사전달을 더 명확하게 할 수 있다는 것이 이 범주 글들의 가장 큰 특징이다. 또한 독자가 상당한 수준의 배경지식을 가지고 있기 때문에 기본적인 설명은 생략할 수 있다. 이 범주의 글 중에서 연구논문은 앞에서 다루었으며, 특허는 아주 전문적인 작성요령이 필요하기 때문에 여기에서 다루지 않고, 명세서와 실험노트의 작성에 대해서 설명한다.

15.1.1 명세서

명세서specifications는 사양서, 시방서 등으로도 불리는 문서양식으로 용도에 따라서 여러 가지 수식어가 앞에 붙게 되는데 가령 제품명세서와 설계명세서가 그 대표적인 예이다. 제품명세서는 제품의 크기나 사용되는 주요 부품에 대한 구체적인 규격을 제시하는 것으로, 제품의 구매자에게 제공된다. 일반적으로 제품명세서의 양식은 제품에 따라 표준화되어 있기 때문에 주어진 문서양식의 각 항목의 값을 정확히 서술하는 것이 중요하다.

설계명세서는 제품의 제작을 의뢰할 때 작성한다. 내용은 사용 재료의 크기, 품질(또는 재질), 가공방법, 완성제품에 대한 요구사항들을 구체적으로 나열하게 된다. 작업자는 기본적으로 설계명세서에 바탕을 두고 작업을 진행하기 때문에 명세서는 매우 세심하게 작성해야 한다. 사전에 작업자와 작업 요구자 사이에 구두로 논의된 사항이라도 설계명세서에 누락되어 작업자가 이를 포함하지 않을 경우 명세서를 부실하게 작성한 작성자가 책임을 져야 한다. 따라서 명세서에는 필요한 내용을 모두 기록해야 한다.

명세서의 작성과정에서 주의해야 할 사항과 작성요령을 정리하면 다음과 같다.

- 대부분의 작업자들은 본인들의 명세서 양식을 가지고 있다. 따라서 명세서는 이 양식에 맞추어서 작성하게 된다. 만일 작성과정에서 필요한 부분이 빠져 있다면 이러한 내용을 반드시 명세서에 추가로 써 놓아야 한다.
- 자신이 필요로 하는 사항은 모두 명확히 기입한다. 특히 세부 규격과 재질까지 상세하게 기입해야 한다. 예를 들어 제작하고자 하는 기기의 외장 판 재질을 '스테인리스 강판'이라고만 써놓으면 작업자가 내식성이 좋은 300 계열이 아니고 가격이 싼 400 계열로 사용해도 무방하게 된다. 또한 작업방법이나 표면상태에 대해서도 불명확하게 서술하면 작업자가 다른 방식으로 이해하여 엉뚱하게 제작될 가능성이 있다.
- 양식을 작성한 이후에 동료에게 작업자의 입장에서 이해할 수 있는지, 오해할 소지는 없는지 검토를 요청한다.
- 마지막으로 작성된 양식을 가지고 작업자와 논의를 하여 불명확한 부분이나 오해가 발생할 수 있는 부분은 수정한다.

이 외에도 새로운 제품의 개발을 시작할 때 개발되어야 하는 제품의 최종 목표를 명확하게 서술해놓은 개발명세서나 테스트 요건을 명확히 서술하는 시험명세서 등 다양한 명세서들이 있으며, 기본적인 작성요령은 위와 유사하다.

15.1.2. 실험노트

실험노트laboratory notebook(또는 연구노트)에 자신의 생각과 활동을 기록하는 것은 과학기술자, 특히 연구자에게 가장 필요한 습관이다. 실험노트는 두 가지 측면의 중요성 때문에 갈수록 강조되고 있다. 우선 실험노트는 연구자 자신의 연구능력을 높이고 좋은 연구성과를 얻기 위한 가장 중요한 수단의 하나이다. 실험의 계획, 진행, 결과, 결과의 분석과 결론 도출이라는 연구과정을 기록하면서 연구를 수행하는 것과 기록하지 않고 수행하는 것은 연구자 자신의 연구능력 향상과 이에 따른 결과의 성취 정도에 큰 차이를 가져온다. 또한 기록된 자료를 검토함으로써 연구 수행 후에 연구의 문제점을 파악하거나 내용을 개선할 수 있다.

실험노트는 이러한 개인적인 측면 외에도 지적 재산권 문제가 걸려 있기 때문에 중요하다. 이는 특히 선발명주의[15]에 기초하고 있는 미국의 특허제도와 밀접한 연관이 있다. 이 제도에서는 다른 사람이 특허를 출원했더라도 내가 먼저 연구한 증거가 있다면 우선권을 가질 수 있기 때문에 연구 시점에 대한 기록을 남기는 것이 중요한 것이다. 이때 먼저 연구한 것을 증명할 수 있는 확실한 수단으로는 논문이나 학술대회 발표와 같이 시점이 공인되는 방법이 좋겠지만, 보통 이러한 발표는 아이디어를 낸 이

15. 미국은 먼저 발명한 사람에게 특허의 우선권을 인정하는 선발명주의를 택하고 있다. 이에 비해서 우리나라를 포함한 대부분의 나라는 먼저 출원한 사람의 특허권을 인정하는 선출원주의를 채택하고 있다.

후에 상당한 시간이 흐른 시점에서 이루어지기 때문에 아이디어가 떠오른 시점과 이를 실험한 일시가 기록된 실험노트가 중요하다. 최근에는 미국뿐 아니라 대부분의 나라에서 실험노트 기록을 증거로 인정하고 있다.

또한 연구결과물의 소유가 개인이 아닌 개인이 속한 기관이라는 개념이 확대되면서 기업체나 대학에서 연구노트의 작성을 의무화하는 곳이 늘어나는 것도 실험노트의 보급에 기여하고 있다. 대부분의 기업체는 실험노트의 내용은 기관의 자산이라는 인식하에 실험노트의 작성을 매우 강조하며 엄격하게 관리하고 있다.

실험노트는 연구능력의 향상과 지적 재산권의 확보라는 두 가지 목적을 얻을 수 있도록 작성되어야 한다. 이를 위해서는 다음과 같은 내용을 지켜서 작성해야 한다.

- 노트는 나중에 다른 종이가 삽입될 수 없도록 제본되어 있는 것을 사용해야 한다.
- 페이지가 연속적으로 매겨져 있어야 하며, 공백 없이 작성되어야 한다. 또한 분실된 부분이 없어야 한다. 처음 몇 페이지는 목차를 넣기 위해 의도적으로 쓰지 않을 수 있으며, 이때는 내용이 시작되는 부분에 표시를 해야 한다.
- 지워지지 않는 필기구를 사용해서 작성해야 한다. 또한 수정할 때에는 원래 내용이 보일 수 있도록 필기 내용에 횡선을 긋고 새로운 내용을 써야 한다.
- 내용을 적을 때는 반드시 작업일을 기록한다. 또한 내용을 정기적으로 확인받아야 한다. 이때 확인자는 다른 프로젝트를 수행하는 전문가가 좋다.
- 노트에는 연구계획, 방법, 결과, 결과해석 등을 적으며, 실수한 내용도 빠트리지 않고 기록한다.

- 내용의 세밀함의 정도는 나중에 다른 연구자가 보았을 때 실험을 재현할 수 있는 수준이어야 한다.
- 컴퓨터 출력 그림이나 사진을 첨부하고 싶으면 풀로 붙인 후 붙인 종이의 모서리와 노트가 연결되도록 서명을 해서 같이 작성된 것이 증명될 수 있도록 한다.
- 실험노트는 기관의 재산이므로 졸업이나 이직 시에 기관에 남겨놓아야 한다. 국내의 대학에서는 노트의 사본을 가져갈 수 있도록 허용하기도 하지만, 기업체에서는 이러한 행동이 법적인 문제를 일으킬 수도 있으니 피하도록 한다.

〈그림 15-1〉은 서울대학교에서 제작하여 사용되고 있는 실험노트의 예이다. 물론 실험노트가 위에서 정리한 주의사항을 지킨다면 반드시 이렇게 형식을 갖추고 있지 않아도 되지만, 최근에는 많은 기관에서 실험노트

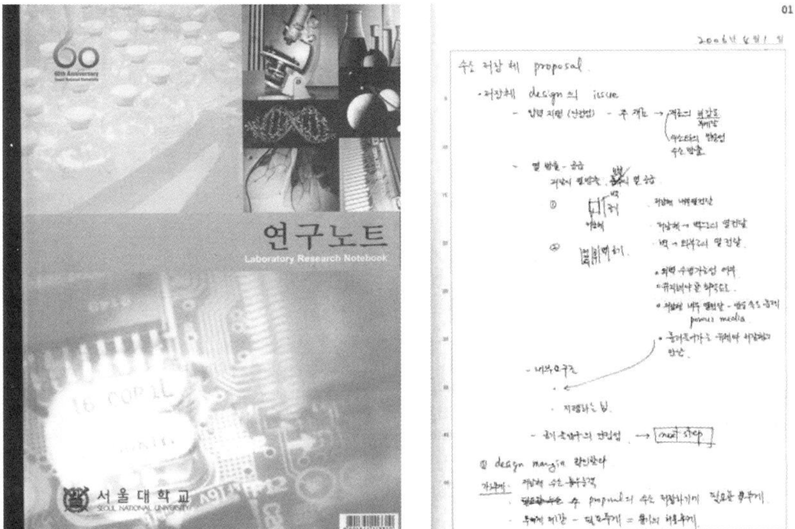

〈그림 15-1〉 서울대학교 연구노트(실험노트)의 표지와 작성의 사례

의 관리를 위하여 각 기관 고유 양식의 노트를 제작하고 이의 사용을 권장하거나 의무화하고 있다.

15.2. 의사결정권자를 설득하기 위한 글쓰기

모든 전문가들은 자신의 직업적 성취를 위하여 끊임없이 제안서를 작성하여 예산 지원, 새로운 업무에 대한 승인 또는 제품을 납품할 권리 등을 받아야 한다. 또한 업무를 수행하는 과정에서 고객이나 상사에게 지속적으로 보고서를 제출하여 자신의 활동의 정당성을 보일 것을 요구받는다. 그리고 이러한 보고서나 제안서를 읽는 사람들은 대부분 제안서에 대한 평가를 하며, 이러한 평가의 결과는 작성자에게 큰 영향을 미치게 된다. 따라서 제안서나 보고서는 내용의 설명과 함께 평가가 가능하도록 작성해야 한다. 그렇지만 작성에 많은 시간을 쓰게 되면 실질적으로 업무를 수행할 시간이 줄어들기 때문에 이러한 문서들을 효과적으로 작성하는 것은 매우 중요하다.

15.2.1. 제안서

제안서proposals 작성방법은 제안서를 받는 기관의 과제제안요청서 request for proposal(RFP)의 유무에 따라서 크게 달라진다. 정부 과제의 대부분과 산업체 프로젝트의 일부는 제안을 받는 기관에서 제안요청서를 공지하고, 응모자들 중에서 평가를 통해 적절한 과제 수행자를 선정하는 과정을 거친다. 이때 일반적으로 제안서의 기본양식이 같이 제공되며, 작성자는 해당 양식의 각 항목을 채움으로써 제안서를 완성할 수 있다.

구체적인 양식이 제시되지 않은 과제에 대한 제안서는 자유롭게 작성

첨부 1 과제제안요구서(RFP)

RFP 번호	NT-1
연구분야	나노소자 개발

1. 연구목표

○ 최종목표
가. 의료, 환경용 센서 및 스마트 카드용 메모리에 활용 가능한 플렉시블 기판의 칼코제나이드 계 나노 와이어 트랜지스터를 개발함
나. 플렉시블 기판에 무기 반도체 나노선 및 나노입자를 이용한 나노전자소자와 나노광소자의 통합 기술을 개발하여 다기능성을 검증하고, 이를 이용하여 플렉시블 광센서 어레이 및 무기물 박막 디스플레이를 개발함

2. 연구내용 및 범위

가. 나노와이어 트랜지스터개발 관련
- 칼코제나이드 계 나노 트랜지스터 개발 및 특성 검증
- 플렉시블 기판의 칼코제나이드 계 나노 트랜지스터 개발 및 특성 개선

나. 플렉시블 광센서 어레이 및 무기물 박막 디스플레이 개발 관련
- 플렉시블 기판위에 무기 반도체 나노선과 나노입자를 이용하여 나노급 트랜지스터, 메모리, 광센서, 광소자를 개발함
- 플렉시블 기판위에 단위소자를 집적한 다기능 통합 소자 개발 및 특성 검증
- 플렉시블 광센서 어레이 및 무기물 박막 디스플레이 제작

3. 특기 사항

○ 1단계 3년간의 연구성과를 평가한 후 2단계 지원여부를 결정함
○ 단계평가 후 기술환경 변화에 따라 최종목표 조정 가능함
○ 연구내용 및 범위 중에서 선택하여 신청가능

4. 2007년 예산	3 억원 내외

RFP 번호	NT-2
연구분야	나노소재 개발

1. 연구목표

○ 최종목표 :
가. 영구적 소수성이 부여된 초경량 초단열/흡음 소재기술 개발
나. 멀티스케일 전산모사를 통한 나노소재의 설계 및 특성예측 기술 개발
다. 광전변환 효율이 10% 이상이며 신뢰성과 내구성이 높은 나노구조 태양전지 소재 개발
라. 실제 소자에 응용 가능한, 넓은 면적에서 배열성 및 배향성을 가지는 자기조립 나노 구조 제작 기술 개발

2. 연구내용 및 범위

가. 초경량 초단열/흡음 소재기술 개발 관련
- 초단열/흡음 소재 합성 및 복합화 기술
- 표면 개질을 통한 나노 기공 파괴 최소화 및 영구적 소수성 부여 기술
- 초단열/흡음 소재 코팅 기술

나. 나노소재의 설계 및 특성예측 기술 개발 관련
- 제일원리 전자구조, 평형열역학, 분자동역학, 몬테카를로, 전위동역학, Phase Filed Model, Level Set Method 등의 전산모사 기법을 통합하여 정량적 예측이 가능한 멀티스케일 시뮬레이터의 개발

다. 나노구조 태양전지 소재 개발 관련
- 초고효율 태양전지용 나노구조 소재 설계 및 합성기술 개발
- 태양전지 시제품 제조 및 성능, 신뢰성, 내구성 측정

라. 자기조립 나노 구조 제작 기술 개발 관련
- 자기조립 분자의 나노 구조 제어에 필요한 top-down pattern 형성
- 구현된 top-down pattern을 사용하여 결함 없는 대면적의 bottom-up 나노구조 구현
- 구현된 대면적 나노 구조의 광학적/전기적/기계적 물성 측정

3. 특기 사항

○ 1단계 3년간의 연구성과를 평가한 후 2단계 지원여부를 결정함
○ 단계평가 후 기술환경 변화에 따라 최종목표 조정 가능함
○ 연구내용 및 범위 중에서 선택하여 신청가능

4. 2007년 예산	3억원 내외

〈그림 15-2〉 한국과학재단의 과제제안요구서의 사례. 그 분야 전문가만을 대상으로 하기 때문에 전문적인 용어를 사용하여 서술되어 있음을 알 수 있다.

할 수 있기 때문에 어떠한 구성과 서술이 제안의 목적을 잘 전달할 수 있는지 잘 생각해서 결정해야 한다. 이때는 자신의 목표를 명확히 드러낼 수 있도록 제목을 선정해야 하며, 내용을 구성할 때는 적절한 소제목을 선정하고 제안의 필요성, 목표, 내용, 목표 달성을 위한 계획, 예산 그리고 계획을 실현할 수 있는 제안자의 능력에 대한 서술이 반드시 포함되도록 구성해야 한다.

제안서 작성 시 가장 고려해야 할 사항은 제안서의 독자인 평가자의 전문성에 맞추어서 서술해야 한다는 것이다. 일반적으로 제안서의 평가자는 그 분야의 전문가(작성자보다 전문성이 더 높을 가능성이 높다)이기 때문에 그 분야에서 제안서가 가지는 중요성을 전문적인 용어와 지식을 사용해서 명확히 서술하는 것이 중요하다. 또한 연구목표나 수행방법 등도 합리

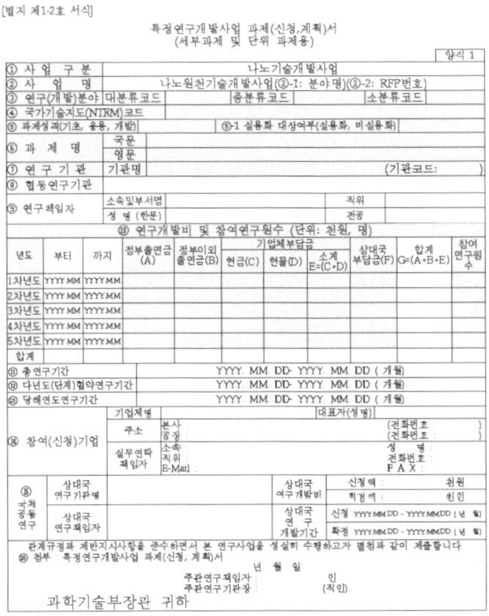
[별지 제1-2호 서식]

특정연구개발사업 과제(신청,계획)서
(세부과제 및 단위 과제용)

양식 1

① 사업 구분: 나노기술개발사업
② 사업명: 나노원천기술개발사업(②-1: 분야명)(②-2: RFP번호)
③ 연구(개발)분야: 대분류코드 / 중분류코드 / 소분류코드
④ 국가기술지도(NTRM)코드
⑤ 과제성격(기초, 응용, 개발) / ⑤-1 실용화 대상여부(실용화, 비실용화)
⑥ 과제명: 국문 / 영문
⑦ 연구기관: 기관명 (기관코드:)
⑧ 협동연구기관
⑨ 연구책임자: 소속및부서명 / 직위 / 성명 (한문) / 전공

⑩ 연구개발비 및 참여연구원수 (단위: 천원, 명)

년도	부터	까지	정부출연금 (A)	정부이외 출연금(B)	기업체부담금 현금(C)	기업체부담금 현물(D)	기업체부담금 소계 E=(C+D)	상대국 부담금(F)	합계 G=(A+B+E)	참여 연구원 수
1차년도	YYYY.MM	YYYY.MM								
2차년도	YYYY.MM	YYYY.MM								
3차년도	YYYY.MM	YYYY.MM								
4차년도	YYYY.MM	YYYY.MM								
5차년도	YYYY.MM	YYYY.MM								
합계										

⑪ 총연구기간: YYYY. MM. DD- YYYY. MM. DD (개월)
⑫ 다년도(단계)협약연구기간: YYYY. MM. DD- YYYY. MM. DD (개월)
⑬ 당해연도연구기간: YYYY. MM. DD- YYYY. MM. DD (개월)
⑭ 참여(신청)기업: 기업체명 / 대표자(성명) / 주소: 본사 : (전화번호 :) 공장 : (전화번호 :) / 실무연락 책임자: 소속 : 직위 : E-Mail : 성 명 : 전화번호 : FAX :
⑮ 국제공동연구: 상대국 연구기관명 / 상대국 연구책임자 / 상대국 연구개발비: 신청액 : 천원, 확정액 : 천원 / 상대국 연구개발기간: 신청 YYYY.MM.DD - YYYY.MM.DD (년 월), 확정 YYYY.MM.DD - YYYY.MM.DD (년 월)

관계규정과 제반지시사항을 준수하면서 본 연구사업을 성실히 수행하고자 별첨과 같이 제출합니다
⑯ 첨부 : 특정연구개발사업 과제(신청, 계획)서
년 월 일
주관연구책임자 : 인
주관연구기관장 : (직인)
과학기술부장관 귀하

연구과제 신청서 목차

1. 연구개발의 필요성
2. 연구개발의 목표 및 내용
3. 연구평가의 착안점 및 척도
4. 추진전략 및 방법
5. 연구개발 추진체계
6. 국제공동연구개발 추진계획(해당되는 경우에 한하여 기재함)
7. 기대성과
8. 활용방안
9. 인력양성계획(※ 협약시 작성)
10. 연구원 편성표
11. 전문가 초청활용 및 연구원의 해외훈련 내용
12. 주요 연구 기자재 및 시설
13. 연구추진계획
14. 연구비 소요명세서(해당되는 비목만 선택하여 기재)
15. 신청(또는 희망)기업의 현황(연구기획평가사업의 경우에는 작성치 않음)
16. 위탁 연구내용 현황
17. 기술현황 보고서
18. 참고사항
19. 연구과제의 보안성 검토(택1)

〈그림 15-3〉 과학재단에서 제안요청서와 같이 제시된 과제신청서 양식의 예. 표지(왼쪽)에 여러 세부적인 정보를 기입해야 하며, 각 항목의 제목까지 제시하고 있다. 실제 양식에는 이보다 하위 제목까지 제시되어 있으며, 일부 항목들은 사용해야 할 표도 같이 제공하고 있다.

적이고 체계적으로 서술해야 한다.

만일 제안서의 평가자가 의사결정권한은 가지고 있지만 전문 분야가 다를 때에는 제안서의 목표와 그 중요성에 대한 서술에 더 주의를 기울일 필요가 있고, 전문용어는 가급적 쉽게 풀어서 작성할 필요가 있다. 제안서를 작성할 때 유의할 점을 정리해보면 다음과 같다.

- 제안서에는 필요한 사항만을 기재해야 한다. 제안서를 읽고 평가하는 평가자들은 일반적으로 매우 바쁜 사람들이다. 따라서 제안서가 체계적이지 않고 불필요한 부분을 많이 포함하고 있어서 이해하기 어렵다면, 평가자는 이러한 제안서를 이해하기 위해서 시간을 들이기보다는 낮은 평가점수를 주고 다른 제안서의 검토로 넘어갈 것이다. 제안서의 내용을 이해시키는 것은 작성자의 의무이지 평가자의

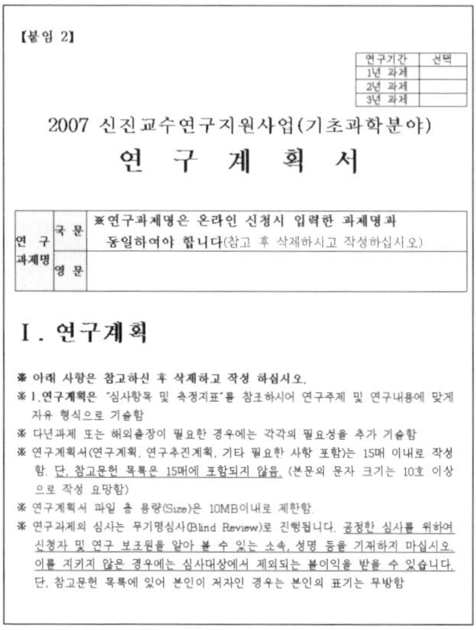

【붙임 2】

연구기간	선택
1년 과제	
2년 과제	
3년 과제	

2007 신진교수연구지원사업(기초과학분야)

연 구 계 획 서

연 구 과제명	국 문	※연구과제명은 온라인 신청시 입력한 과제명과 동일하여야 합니다(참고 후 삭제하시고 작성하십시오)
	영 문	

Ⅰ. 연구계획

※ 아래 사항은 참고하신 후 삭제하고 작성 하십시오.
※ Ⅰ.연구계획은 "심사항목 및 측정지표"를 참조하시어 연구주제 및 연구내용에 맞게 자유 형식으로 기술함
※ 다년과제 또는 해외출장이 필요한 경우에는 각각의 필요성을 추가 기술함
※ 연구계획서(연구계획, 연구추진계획, 기타 필요한 사항 포함)는 15매 이내로 작성함. 단, 참고문헌 목록은 15매에 포함되지 않음. (본문의 문자 크기는 10호 이상으로 작성 요망함)
※ 연구계획서 파일 총 용량(Size)은 10MB이내로 제한함.
※ 연구과제의 심사는 무기명심사(Blind Review)로 진행됩니다. 공정한 심사를 위하여 신청자 및 연구 보조원을 알아 볼 수 있는 소속, 성명 등을 기재하지 마십시오. 이를 지키지 않은 경우에는 심사대상에서 제외되는 불이익을 받을 수 있습니다. 단, 참고문헌 목록에 있어 본인이 저자인 경우는 본인의 표기는 무방함

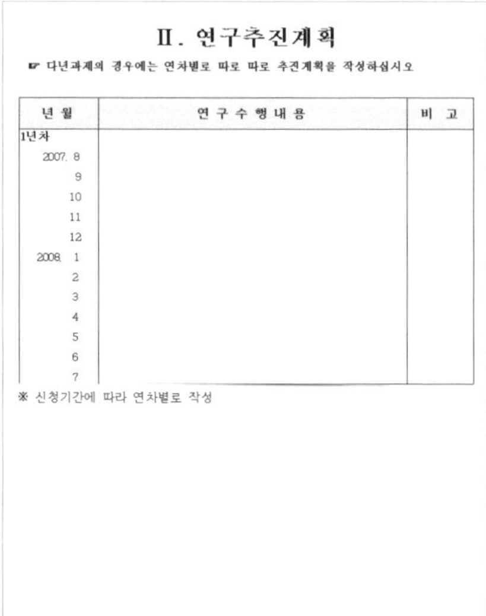

Ⅱ. 연구추진계획

☞ 다년과제의 경우에는 연차별로 따로 따로 추진계획을 작성하십시오

년 월	연 구 수 행 내 용	비 고
1년차		
2007. 8		
9		
10		
11		
12		
2008. 1		
2		
3		
4		
5		
6		
7		

※ 신청기간에 따라 연차별로 작성

〈그림 15-4〉 학술진흥재단에서 제시한 연구계획서 양식의 예. 과학재단과는 달리 표지에 들어가는 정보가 간단하고 보고서의 분량과 연구 추진 계획에 대한 표의 양식만을 지정했을 뿐, 나머지 부분에 대해서는 자유롭게 작성할 수 있도록 되어 있다.

의무가 아니며, 훌륭히 작성된 다른 경쟁자의 제안서가 대안으로 존재하기 때문이다.

- 제안서의 항목들을 잘 이해하고 요구사항에 맞추어서 잘 작성해야 한다. 예를 들어서 국가기술지도에 맞추어서 기술 분류를 하라고 지시되었는데, 다른 분류체계로 코드를 적게 되면 제안서가 다른 분야의 전문가들에게 보내지고, 결국 제대로 평가받지 못할 것이다. 또한 제안서의 구성은 최신의 공정관리기법에 따라서 계속 고쳐지고 있기 때문에 작성자에게 생소한 항목들이 제시될 수 있다. 이때 이를 회피하거나 예전 방식으로 기술하지 말고 새로운 항목의 작성방법을 학습하여 요구사항에 맞추어서 작성하려는 자세를 가져야 한다.
- 제안서가 채택되도록 하기 위해서 달성할 수 없는 목표를 제시하는 일은 피해야 한다. 남보다 우월한 목표 때문에 제안서가 채택될 수

도 있겠지만, 이는 다른 경쟁자의 기회를 부당하게 뺏는 일이며, 제안자 자신도 목표를 달성 못하는 경우 나쁜 평가를 받고 향후 업무 수행에 악영향을 미치게 된다.

15.2.2. 보고서

과학기술자가 업무 시간의 4분의 1 이상을 글쓰기에 보낸다고 할 때 글쓰기 시간의 대부분은 다양한 보고서reports를 작성하는 데 사용할 것이다. 과제가 종료되었을 때 내게 되는 최종보고서를 제외하더라도 과제 도중에 진도보고서progress report나 중간보고서를 제출해야 하며, 주기적으로 보고서들(일일보고서, 주간보고서, 월간보고서 및 분기보고서)을 작성하고 수시로 조사보고서, 기획보고서, 출장보고서 등도 제출해야 한다. 이러한 보고서의 홍수 속에서 좋은 보고서를 효과적으로 작성하는 능력이야말로 전문가로서의 자신의 일을 잘 할 수 있는 가장 중요한 요건이라 할 것이다.

보고서 중에서 최종보고서나 공식적으로 출판되는 분석보고서는 제7장에서 다룬 과학기술 문서 작성방법에 따라 작성해야 한다. 일반적으로 제안요청서에 따라 신청서를 내고 수행하는 과제들은 보고서 양식도 제안 요청 시에 제시되기 때문에 제안서를 작성할 때와 마찬가지로 보고서 작성도 주어진 항목을 충실하게 따라가면서 서술하면 된다.

이러한 보고서들의 가장 큰 목적은 제출 후에 과제 수행에 대한 평가를 받기 위한 자료로 활용하려는 데 있다. 그런데 과학기술 분야에서의 평가는 보고서 자체보다는 연구결과물의 수준에 따라서 이루어지기 때문에 보고서에는 성취한 결과물과 성취 수준을 정확히 서술하는 것이 중요하다. 특히 제안서에서 제시했던 목표의 달성 여부는 평가에서 가장 중요한 기준이기 때문에 정확히 서술해야 한다. 만일 불가피한 사유로 목표를 달성하지 못했다면 그 사유를 충분히 설명해서 평가자가 납득할 수 있게 만들어야 한다.

내부적으로 작성하는 보고서는 정기적인 진도보고서와 소규모 작업에 대한 정리보고서로 나눌 수 있다. 정기적인 진도보고서는 책임자가 구성원의 진도 현황을 파악하기 위한 것이고, 예전의 보고서를 보관하고 있으므로 지난 정기 보고서 이후 새로운 사실들을 간략히 서술한다. 만일 지난 보고서에서 계획에 올렸던 일이 있다면 그 일의 진척 상황(진행되지 않았다면 진행되지 않았다는 것)을 반드시 포함해야 한다. 그리고 항목은 중요한 것부터 나열한다(각 항목이 행해진 시간 순서가 아니다). 진도보고서는 기관에 따라 간단한 형식을 갖추고 있거나 자유 형식으로 만들어진다. 다만 작성일, 작성자, 수취인은 반드시 표시한다. 실험노트의 작성이 잘 되어 있으면 진도보고서는 실험노트의 내용을 순서를 정해서 나열하는 것으로 충분하다.

정기적인 진도보고서 외에 특정 주제에 대한 조사보고서나 정리보고서는 주제를 중심으로 서술하며, 가장 중요한 사항과 결론을 문서의 가장 앞부분(적어도 1면)에 배치해야 한다. 이때 중요한 사항에 대한 판단은 보고서를 읽는 사람의 관점에서 이루어져야 한다. 이렇게 작성하는 것이 필요한 이유는 보고서를 읽는 사람들이 보고서를 보는 즉시 이 보고서를 계속 읽을지, 나중에 읽을지, 아니면 읽지 않을지 판단하기 때문이다.

• 보고서 작성 시의 유의사항

☑ 보고서는 작성 시에 읽을 사람을 알고 있으므로 읽는 사람이 보기 원할 것으로 예상되는 항목들이 쉽게 찾아지도록 서술해야 한다.

☑ 제안서를 제출하여 받은 과제에 대한 보고서는 제안서의 목표의 달성 여부에 초점을 두어 작성한다.

☑ 보고서를 받는 기관이 양식을 제시한 경우 그 양식에 충실하게 작성한다.

☑ 보고서는 평가를 받기 위한 것이고, 실제 평가의 대상은 보고서가 아닌 과제 수행 결과이기 때문에 보고서는 과제의 결과를 충실히 반영하도록 작성

하며 불필요하게 늘이지 않는다. 과제 수행과정에서 얻은 학술적인 내용은 별도의 학술논문으로 출판한다.

☑ 내부 보고서는 가장 중요한 내용이나 결론이 먼저 눈에 띄도록 작성해야 한다.

☑ 정기적인 보고서는 지난 보고서들을 검토한 이후 연속성을 가지고 작성해야 한다. 특히 직전 보고서에서 계획했던 일들의 진행과정은 반드시 포함되어야 한다.

☑ 내부 보고서의 작성은 주요 사항들을 나열하는 정도로 간단히 함으로써 보고서 작성에 소모되는 시간을 줄일 수 있도록 한다.

15.3. 비전문가를 대상으로 한 글쓰기: 사용자설명서

과학기술의 전문 분야에 대한 지식이나 제품에 대한 상세한 내용은 전문적인 용어와 내용을 알아야 이해할 수 있는 것이 대부분이다. 그렇지만 비전문가들도 이러한 내용에 대해서 알아야 할 때가 많으며, 이를 위해 과학기술자는 자신의 전문 분야의 내용을 비전문가들이 이해할 수 있도록 설명하는 글도 써야 한다. 이런 종류의 글 중에서 과학기술에 대한 대중의 이해를 높이기 위한 대중적 글쓰기에 대해 제16장에서 다룰 것이기 때문에 여기서는 과학기술의 결과물인 제품의 내용과 사용법을 소비자에게 설명하는 사용자설명서user's guide, instructions, manuals에 대해서 다루고자 한다.

사용자설명서는 소비자가 설명서만을 참고하여 구입한 제품을 조립, 설치, 사용 및 사용상의 문제를 해결할 수 있도록 한 안내서이다. 사용자 설명서의 분량은 한 페이지 이내의 간단한 것에서 몇백 쪽 분량의 책으로 만들어지는 것까지 다양하다. 특히 컴퓨터 소프트웨어에 대한 설명서들은 각 기능에 대한 설명과 예시 화면이 들어가면서 방대한 분량으로 만들어진다.

CCTV 조작요령

• 화상 수신기 동작 요령

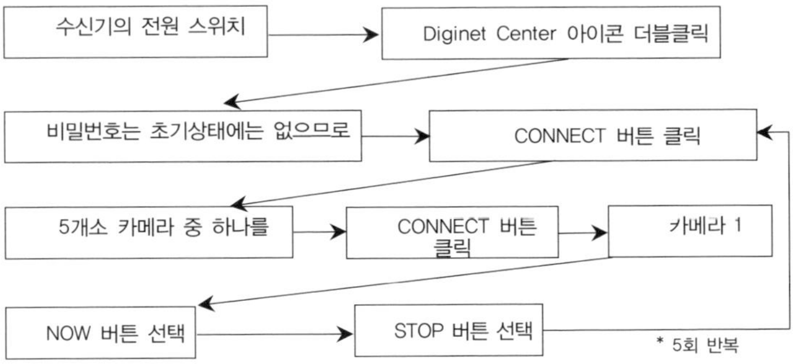

• 정지화상 수신기 프로그램을 새로 셋업하거나 5개의 SITE 중 하나가 실수로 제거됐을

SITE 코드와 IP 코드, 설치장소가 아래 표와 같으므로 하나씩 추가 등록하십시오.

SITE 코드	IP 코드	설치장소	비밀번호
100-001	***.***.***.*	*** 운동장	****
100-002	***.***.***.*	*** 호텔	****
100-003	***.***.***.*	*** 사거리	****
100-004	***.***.***.*	*** 입구	****
100-005	***.***.***.*	*** 광장	****

※ 관계자 외 조작 금지

〈그림 15-5〉 CCTV 사용자설명서 중 조작요령의 예

사용자설명서는 그 제품을 사용하는 사람들의 전문 지식수준에 맞추어서 서술해야 한다. 일반 소비재는 누구나 설명서를 보면 이해할 수 있도록 쉽게 서술되어야 하며, 그림이나 사진과 같은 보조자료도 많이 사용하는 것이 좋다. 하지만 사용자가 전문가인 제품은 그 전문가들이 이해할 수 있는 수준으로 설명서를 작성하는 것이 바람직하다. 예를 들어서 〈그림 15-5〉와 같이 간략하게 작성된 설명서도 그 작업 전문가에게는 설명

서로서의 기능을 충분히 할 수 있다. 일반적으로 사용자설명서에 들어가야 하는 항목들의 작성요령에 대해서 살펴보자.

1) 제목과 목차

다른 문서와 마찬가지로 설명서의 시작은 제목과 목차이다. 유사한 제품이 많을 때에는 하나의 사용설명서로 복수의 제품을 설명할 수도 있다.

2) 주의사항

사용자설명서 본 내용의 가장 앞부분에 제품의 설치나 사용 중의 주의사항을 넣는 것이 가장 좋다. 이는 사용자의 주의를 환기시킴으로써 제품의 설치나 사용 과정에서 발생할 수 있는 불의의 사고(사용자의 부상, 제품의 파손, 부속품의 분실 등)를 미연에 방지할 수 있기 때문이다. 이 항목에서는 사소하더라도 예상되는 모든 문제점을 다 서술하는 것이 필요하다. 다른 항목의 내용이 부족하면 기업체로의 문의나 서비스 요청이 늘어나서 제조자의 업무가 늘어나는 정도이지만, 이 부분이 잘못되면 사용자의 안전사고의 위험이 있고 사고가 발생하면 제조자의 법적인 책임의 범위와도 직결되기 때문이다.

3) 제품에 대한 설명

제품의 각 부분과 기능에 대해서 설명하는 것이 필요하다. 최근 급격한 기술의 발전에 따라 기기들이 여러 기능을 가지고 있지만 대부분의 사용자들은 자신이 알고 있는 몇 가지 제한적인 기능만을 반복해서 사용하는 경향이 있다. 따라서 이 부분에서 제품이 낼 수 있는 기능을 그림이나 사진을 포함한 다양한 수단으로 잘 설명하여 사용자들이 제품의 여러 기능을 사용하고 싶도록 만들어야 한다.

4) 최초 사용을 위해 필요한 일

제품이 완성품 형태로 포장되어 있어서 포장을 풀고 바로 사용하면 되는 것도 있지만, 대부분의 제품은 최초 사용을 위해서 약간의 조립과 설치, 제품의 초기화 과정이 필요하다. 이 과정에 대해서 단계별로 자세히 설명하는 것이 필요하다. 이 부분은 전문가가 작성하면 자신이 잘 알고 있는 단계를 생략하는 일이 많기 때문에 작성된 원고를 가지고 초보자가 실제로 행하면서 내용을 검토하고, 부족한 부분을 보충하는 과정이 반드시 필요하다.

5) 사용 안내

우선 제품의 각종 조작 스위치의 용도를 설명하고, 사용자들이 많이 사용하는 몇 가지 작업에 대해서 그 작업을 행하기 위한 과정을 단계별로 설명하는 부분을 포함하도록 한다. 이때 선택되는 작업은 사용자 조사를 통해서 결정한다.

6) 문제 발생 시 해결방법

역량이 된다면 사용방법의 미숙이나 작동 순서의 오류, 기타 사소한 원인으로 인한 간단한 문제들은 사용자가 직접 해결할 수 있도록 문제 발생 시 해결방법을 설명하는 내용을 포함한다. 이 부분의 내용이 잘 작성되면 제조업체로의 문의나 서비스 요청이 줄어들어서 업무량을 줄일 수 있고 사용자는 서비스가 되기까지 기다리지 않는 장점이 있다. 이 부분 역시 작성한 이후에 초보자가 그 설명을 따라 작업해보면서 내용의 정확성이나 어려움을 확인하는 과정을 거쳐야 한다.

7) 서비스 정보

문제 발생 시 사용자가 해결할 수 있는 것에는 한계가 있기 때문에 제조자의 애프터서비스를 받을 수 있는 정보(시간, 장소, 연락처, 비용 등)를 정확하게 기재하여 사용자가 쉽게 이용할 수 있도록 한다.

15.4. 디지털 시대의 글쓰기

사람이 타인과 의사소통을 할 수 있는 수단은 말과 글이지만, 이 말과 글을 전달하는 매체와 방법은 과학기술, 특히 정보통신기술의 발달에 따라 계속 변화하고 있다. 새롭게 등장해서 주도적인 통신수단으로 남게 되는 것은 의사전달을 더 빠르고 정확하게 그리고 더 편리하게 할 수 있도록 해주는 방법이다. 이러한 전달 속도의 증가는 필연적으로 글을 쓰는 사람들에게 정확한 내용을 빠르게 전달하는 능력을 요구하게 될 것이며, 이러한 기술의 발달과 이용의 최전선에 있는 과학기술자들에게는 더욱더 필요하게 될 것이다. 이 절에서는 최근에 사용이 늘어난 전자우편electronic mail, e-mail과 웹 문서 쓰기에 관해서 다루고자 한다.

15.4.1. 전자우편

전자우편은 다른 어떤 통신수단과 비교해도 뒤지지 않는 우수한 장점을 가지고 있다. 우선 전송이 간단하며, 명확한 의사전달이 가능하며, 수신자의 부재 여부에 관계없이 전달되며, 많은 양의 정보를 빠르게 전달할 수 있고, 여러 사람에게 동시에 전달하는 것도 간편하다. 또 받는 입장에서도 부재중에 온 메일들도 나중에 처리하는 것이 가능하며, 자신이 원하는 시간에 작업할 수 있고, 예전에 주고받은 메일의 보관도 쉽다는 장점이 있다. 반면 비밀이 지켜지기 어렵고, 불필요한 메일이 너무 많으며, 컴퓨터 바이러스 전파의 통로가 되기도 하고, 실수를 범하기 쉬운 단

점도 있다.[16]

전자우편을 잘 사용하기 위해서는 우선 자신이 사용하는 전자우편 시스템에 대해 정확히 이해하는 것이 필요하다. 전자우편 서버 사이의 메일 송수신 경로는 하나로 고정된 것이 아니고 다양한 경로가 가능하다. 인터넷 최초 개발자들은 이를 활용하여 전쟁이나 어떠한 비상사태가 생겨서 메일이 전달되는 경로상의 특정한 컴퓨터가 작동하지 않으면 다른 경로를 찾아서 네트워크가 연결될 수 있도록 설계하였다. 따라서 전자우편의 전달 확률은 매우 높은 편이지만 때에 따라서 아주 복잡한 경로를 거치게 되면서 전달 시간이 오래 걸리기도 한다.

개인은 자신의 책상에 놓인 컴퓨터를 사용하여 두 가지 방법으로 메일을 이용한다. 하나는 웹 접속을 통하여 서버에서 직접 메일을 보내거나 읽는 방법이다. 이 방법은 특정 장소나 컴퓨터에 구애받지 않고 인터넷 접속이 가능하기만 하면 전자우편을 읽을 수 있다. 다른 방법은 설치된 메일 처리용 소프트웨어를 사용해서 서버로 메일을 보내거나 서버에 저장된 메일을 받아오는 것이다. 만일 후자의 방법을 선택하면 메일 서버의 메시지 저장이나 삭제와 자신의 컴퓨터에서의 저장과 삭제는 서로 별개의 문제이다. 이 방법은 자신의 메일 계정에 적합하게 조정된 소프트웨어가 설치되어 있는 컴퓨터에서만 가능하다는 단점이 있지만, 메일 처리 작업 시에 소프트웨어의 능력을 이용하여 다양하고 간편한 일처리가 가능하다.

전자우편은 다음과 같이 크게 세 부분(기본 정보, 본문, 서명)으로 나누어진다.

---

16. 특히 빠른 전파가 가능한 인터넷의 속성 때문에 실수에 대한 회복이 어렵고 이로 인해 피해를 입는 일이 많기 때문에 주의가 필요하다. 예를 들어 2006년 미국의 300여 개 업체에 대한 조사에서 조사 대상의 3분의 1에 달하는 기업체가 전자우편의 잘못된 사용으로 직원을 해고한 적이 있다고 응답했다고 한다.(*Market Watch*, 2006. 6. 5)

구분	내용	설명
기본 정보	작성자(from) 수신자(to) 참조(cc) 숨은 참조(bcc) 제목(title) 첨부파일(attach)	작성자의 이름과 전자우편 메일을 받는 사람의 전자우편 주소 메일을 같이 받는 사람의 전자우편 주소 메일을 같이 받는 사람의 전자우편 주소 (수신자 목록에는 나타나지 않음) 메일의 제목 같이 첨부하는 파일 이름
본문	주 내용	전하고자 하는 메일의 내용
시명	작성자 이름 및 정보	메일 마지막에 첨부하는 작성자의 이름 및 기본 정보(소속, 연락처)

참조(cc)는 메일의 내용을 받아서 직접 처리해야 할 사람은 아니지만 메일의 내용을 알아야 할 사람을 넣게 된다. 그리고 숨은 참조(bcc)로 보내지는 사람은 메일은 받지만 다른 수신자에게는 감춰진다.

메일을 쓸 때 받는 사람에 대한 배려가 필요하다. 메일 수신자는 하루에 수많은 전자우편을 처리해야 하기 때문에 메일을 작성할 때 읽는 사람이 쉽게 읽고 처리할 수 있도록 하는 것이 받는 사람뿐 아니라 보내는 사람에게도 도움이 된다. 전자우편을 잘 사용하기 위해서 아래와 같은 사항들을 지키도록 하자.

- 전자우편 주소와 발신자 이름을 수신인이 바로 알아볼 수 있도록 설정한다.
- 제목은 내용이 상당 부분 이해될 수 있도록 만든다. 특히 간단한 약속 장소나 시간은 제목에 담게 되면 수신자가 메일을 열어서 본문을 보는 수고를 덜 수 있다.
- 메일의 수신인 숫자나 참조(cc) 대상은 꼭 필요한 사람만을 선택한다.

- 숨은 참조(bcc)는 가능한 한 피한다.
- 되도록 첨부파일의 사용을 줄이고 내용을 본문에 넣는다. 첨부파일을 열기 위해서는 추가 노력이 필요하며, 바이러스의 전파 경로로 사용될 수 있기 때문이다.
- 메일 첫머리에 누구에게 보내는 것인지 반드시 쓰도록 한다.
- 가능하면 하나의 메일은 하나의 주제로 작성한다. 여러 개의 주제가 서술되면 수신자가 하나에 대해서만 주의를 기울이고 다른 주제들을 간과할 가능성이 높다.
- 메일 마지막 부분에 자신의 인적사항과 연락처를 쓴다. 대부분의 메일 작성 프로그램에서는 자신의 연락처가 자동으로 더해지도록 환경설정을 할 수 있다.
- 답장을 할 때는 원문이 아래에 첨부되도록 하면 반복적인 교신을 할 때 내용의 변화과정을 볼 수 있어서 편리하고, 불필요한 혼선을 방지할 수 있다.
- 즉시 답장이 가능한 것은 바로 답장을 한다.
- 작성과정에 주의를 기울여서 중복 발송을 하지 않도록 한다. 첨부파일을 더하지 않고 보내면 메일을 또다시 보내야 하는데, 이를 방지하기 위해서 본문을 쓰기 전에 파일을 첨부하고, 수신인을 맨 나중에 지정하는 습관을 가지는 것이 좋다.
- 전자우편은 여러 경로를 거쳐서 전달되는데, 그 과정에서 내용에 대한 보안이 유지되기 어렵다. 따라서 전자우편은 비밀 보장이 거의 되지 않는 것으로 생각하는 것이 좋으며, 기밀에 속하는 내용의 전송은 최대한 피한다.

전자우편의 편리한 기능으로 답장reply과 전달forward이 있다. 답장은 작성자 또는 공동 수신자 전원에게 메일의 내용에 대해서 답을 보내는 것이고 전달은 메일의 내용을 다른 사람(들)에게 전하는 기능이다. 이 과정에서 보내는 사람의 메일이 포함되게 된다. 그런데 명심해야 할 것이 전자우편의 내용이 저작권의 보호대상이기 때문에 원칙적으로는 전자우편의 내용을 작성자의 허락 없이 남에게 전달할 수 없다는 사실이다. 다만 제한된 범위 내에서 단순한 정보전달을 목적으로 하는 것은 허용될 수 있다는 예외 조항[17]이 있어서 이 범위 내에서 사용해야 한다는 점을 명심해야 한다.

15.4.2. 웹 문서

인터넷이 정보의 바다인 이유는 개인이나 기관이 정보를 담은 수많은 웹 문서를 작성해서 공개했기 때문이다. 기존의 학술지가 제한된 사람들만 접근할 수 있었던 폐쇄된 의견 표시 장소였기에 의견 전파도 더디었다면, 인터넷은 누구나 접근 가능한 열린 공간으로 의견들이 매우 빠르게 전파된다.

기본적인 웹 문서의 목적은 정보 제공과 홍보 두 가지로 볼 수 있다. 어떤 목적으로 작성하든 웹 문서를 작성할 때에는 정확한 정보를 제공한다는 의무감을 가지고 있어야 한다. 인터넷이 가져온 정보의 바다에는 부정확한 정보를 담은 글이 넘쳐나고 있다. 따라서 전문가가 작성한 정확하고 수준이 높은 문서는 정보를 검색하는 많은 사람들에게 큰 도움을 줄

17. (저작권법) 제30조 (사적이용을 위한 복제) 공표된 저작물을 영리를 목적으로 하지 아니하고 개인적으로 이용하거나 가정 및 이에 준하는 한정된 범위 안에서 이용하는 경우에는 그 이용자는 이를 복제할 수 있다. 다만, 공중의 사용에 제공하기 위하여 설치된 복사기기에 의한 복제는 그러하지 아니하다.

수 있다.

문서작성의 실제 작업은 제7장에서 서술한 문서작성원칙에 충실하게 진행한다. 한 가지 주의할 점은 독자가 주제어 검색을 통해 문서에 접근하게 되기 때문에 잘 검색될 수 있도록 제목과 본문에 글의 주제와 연관된 주제어가 꼭 쓰이도록 해야 한다는 것이다. 글의 작성 후에는 컴퓨터상에서 쉽게 읽을 수 있도록 글자 크기나 색, 배치 등을 잘 설정해야 한다.

웹 문서는 쉽게 복사해서 옮길 수 있기 때문에 남의 정보를 이용해서 작성하기가 쉽다. 그렇지만 웹 문서도 엄연히 저작권의 보호를 받고 있기 때문에 이러한 일은 피해야 하며, 꼭 필요해서 사용해야 할 자료라면, 작성자의 허락을 얻는 노력과 함께 원문의 출처를 반드시 밝혀야 한다.

연습문제

1 과학기술 전문가가 작성한 연구보고서를 읽고 내용구성을 분석하여 보고서에 대한 검토 의견서를 작성해보라.(보고서의 실물을 구하기 어려우면 한국과학재단의 연구마루 시스템에서 많은 보고서를 찾을 수 있다.)

2 기능을 잘 알고 사용하고 있다고 생각하는 제품을 하나 선정하여 제품설명서를 작성하고, 원래의 제품설명서와 비교한 분석보고서를 작성해보라.

용어설명 »

- **서술** narration
- **기술** description
- **묘사** delineation

서술, 기술, 묘사는 거의 동일한 뜻으로 구별 없이 사용 가능하지만, 경우에 따라 약간의 의미상의 차이를 가질 수 있다. 일반적으로 '서술'이 발생한 사건을 시간순으로 이야기하는 것을 의미한다면, '기술'은 사건이나 사물의 특징을 있는 그대로 설명하는 것을 뜻한다. '묘사'는 사건이나 사물을 있는 그대로 그려내되, 대상을 좀 더 객관적·구체적으로 설명하는 행위이다.

제16장

일반 대중을 위한 글쓰기

미국의 천문학자 칼 세이건Carl E. Sagan은 세계적인 과학자이다. 그의 유명세에는 20세기에 가장 많이 팔린 과학서 중 한 권으로 꼽히는 『코스모스Cosmos』(1980)를 비롯한 10여 권의 저서가 크게 기여했다. 칼 세이건의 저서는 모두 천문학이나 과학에 특별한 지식이 없는 일반 독자를 위한 것이었다. 그의 글을 통해 사람들은 광대한 우주 속의 지구와 인류에 대해 생각할 기회를 갖게 되었고 외계 생명체와의 교신이라는 거대한 프로젝트를 접했다. 칼 세이건의 책에서 받은 영향으로 천문학을 전공하겠다고 결정하는 청소년들이 지금도 적지 않다.

칼 세이건이 그랬듯 대중과 적극적으로 교류하는 과학자의 모습은 오늘날 점점 더 중요해지고 있다. 외부와의 접촉을 끊고 실험실에 처박혀 자연의 법칙을 발견하고 신기술 개발에만 골몰하는 과학기술자의 모습은 과거의 유산에 불과하다. 전공 영역에서 어느 정도 입지를 다진 과학기술자들은 특별 강연을 하거나 신문·잡지 등에 글을 싣고, 더 나아가 일반인을 위한 도서를 집필하는 등의 일을 피할 수 없다. 이 때문에 과학기술자에게는 일반인을 위한 글쓰기, 즉 대중적 글쓰기 능력이 반드시 필요하게 되었다.

이렇게 된 이유로 우선 과학기술에 대한 현대인의 관심이 그 어느 때보다도 높다는 점을 들 수 있다. 치열한 기술 경쟁을 어떻게 이겨내는가가 국가의 미래를 좌우한다는 공감대가 형성되기도 하였고 인류가 당면한 환경, 의료 등 첨예한 문제들에 대한 과학적 해결책에 관심이 모아지기도 한다. 그래서인지 일간지에서도 과학 관련 기사나 논평을 심심치 않게 찾아볼 수 있다. 줄기세포 복제가 한참 관심을 끌던 때에는 몇 개 지면이 모두 전문기술에 대한 설명으로 도배되다시피 했다. 이렇게 일반인에게 과학기술을 알기 쉽게 설명해주는 역할은 과학기술 전공자가 맡을 수밖에 없고, 이로 인해 과학기술 전공자의 대중적 글쓰기 능력은 점점 중요하게 부각되고 있다.

다른 한편으로 대중적 글쓰기는 과학기술자 자신의 이해관계를 위해서도 필요하다. 일반 대중에게 자기 전공 영역의 중요 개념과 학문적 의의, 적용 가능성을 알리는 일은 매우 중요하다. 널리 알려지고 필요성에 대한 공감이 이루어진 분야일수록 연구비를 지원받고 후속 연구 세대를 확보하기가 쉽기 때문이다. 이처럼 전공 학문 발전이라는 실용적 목적을 위해서도 대중적 글쓰기는 중요한 의미를 가진다.

일반인 독자를 겨냥하는 대중적 글쓰기는 필요에 따라 억지로 해야 하는 의무적인 일만은 아니다. 대중적 글쓰기 과정에서 과학기술 전공자들은 연구논문이나 연구계획서를 쓸 때와 전혀 다른 글쓰기의 즐거움을 누리기 때문이다.

우선 자신의 관심사를 공유한다는 즐거움이 있다. 자신이 온갖 노력을 다해 매달리는 일이 대체 무엇인지, 어떤 중요성을 가지는지 더 많은 이들에게 알리고 공감대를 형성할 기회가 되는 것이다. 이런 작업을 통해 스스로 자기 연구의 의미를 더욱 확고히 정립하는 경우도 많다.

또한 연구 업무와 관련된 전문적인 글에는 담기 어려운 내용을 쓰는 즐거움도 있다. 과학기술 지식을 통해 자연의 아름다움과 신비를 파악하는 글, 발견의 기쁨에 대한 글, 현대 과학을 둘러싼 정치적·경제적 상황에 대한 글 등은 예술적 감각과 분석적 사고를 마음껏 펼치게 해준다.

마지막으로 더 큰 틀 속에서 자신의 관심사를 바라보게 된다는 즐거움이 있다. 대중적 글쓰기에서는 일반인이 쉽게 이해할 수 있도록 과학기술 분과 학문끼리, 혹은 인문·사회의 다른 분과와 연결시켜 설명하는 경우가 많다. 이런 과정을 거치면서 글쓴이 자신도 미처 인식하지 못했던 연결점이 나타나고 폭넓은 관점을 갖게 된다.

오늘날은 개별 분과 학문들이 높게 쌓아올렸던 배타적인 장벽을 허물고 협력을 통해 발전을 모색하는 시대이다. 이런 상황에서 대중적 글쓰기는 더욱 큰 의미를 가진다. 대중적 글쓰기를 통해 과학기술자 자신이 더 폭넓은 시각에서 자신의 전문 영역을 바라보게 될 뿐 아니라 과학적·공학적 사고에 익숙하지 못한 독자들에게 새로운 시각을 제공할 수 있기 때문이다.

16.1. 대중적 글쓰기의 내용

대중적 글쓰기에는 다양한 내용이 담길 수 있다. 우선 특정 이론이나 개념에 대해 설명하는 글이 있다. 예를 들어 컴퓨터업계에 등장해 화제를 모으고 있는 새로운 기술이 과연 어떤 것인지 쉽게 설명하는 것이다. 역사적인 시각에서 글쓰기가 이루어지기도 하는데, 예를 들어 우주 탄생을 설명하는 이론이 과거부터 현재까지 어떻게 변화 발전해왔는지 개관할 수 있다. 과학기술과 여타 영역을 연결시키는 경우도 많다. 생명공학 실험이 가진 윤리적 의미를 살펴볼 수도 있고 공학적 접근방식이 어떻게 적용되어 인간 세상에 대한 이해를 높이게 되는지 제시할 수도 있다.

나의 전공을 주제로 한 대중적 글쓰기의 글감

- 나의 전공에서 중점적으로 다루는 문제들은 무엇인가?
- 나의 전공 분야는 어떻게 발전해왔나?
- 나의 전공은 세상 사람들의 삶과 어떻게 관련되는가?
- 나의 전공 분야의 최근 화두는 문제는 무엇이며 그 의미는 어디 있는가?
- 나의 전공이 포괄하는 분야에서 개인적으로 가장 관심 있는 문제는 무엇인가?
- 나의 전공 분야와 관련해 최근 보도된 기사는 무엇이며 그에 대한 내 생각은 어떠한가?

대중적 글쓰기의 출발로서 우선 자신이 공부하는 내용, 즉 전공 분야의 가치와 의미에 대해 써보자. 글쓰기는 생각을 펼치고 가다듬기 위한 좋은 방법이다. 비전공자를 대상으로 전공에 대해 알려주는 글을 써보는 것은 자기가 하는 공부가 무엇인지, 어떤 의미를 갖는지 주체적으로 살펴보는 경험이 된다. 다른 과 친구들에게 이 글을 보여주고 함께 이야기할 기회를 갖는다면 더욱 좋다. 이것이 바로 대중적 글쓰기의 출발점이 될 것이다.

16.2. 대중적 글쓰기의 절차

대중적 글쓰기의 절차는 기본적인 글쓰기 절차와 크게 다르지 않다. 우선 무엇을 말하고 싶은지 결정해야 한다. 다음으로는 그 말하고자 하는 바를 전달하기 위한 방법을 고안해야 한다. 이어 문단 구성 계획을 세우고 각 문단에 들어갈 내용을 단문 형식으로 정리한 후 글을 쓰게 된다.

예를 들어 3세대 영상 휴대전화에 반영된 신기술에 대해 설명하고 싶다고 하자. 기술의 상세한 측면을 하나하나 소개하는 것에 그친다면 통신기술에 문외한인 독자들의 관심을 끌기 어려울 것이다. 그러므로 우선 글 첫머리에 3세대 휴대전화가 일반화된 미래의 업무처리방식, 연애상 등을 그려주며 흥미를 유발할 수 있다. 미래의 어떤 모습을 그려줄 것인가 선택할 때에는 예상 독자의 특성과 기대를 고려해야 한다. 뒤이어 본문에서 첫머리에 소개했던 새로운 생활이 어떤 기술을 바탕으로 하는지 설명한다면 독자들이 더욱 쉽게 이해할 것이다.

다른 방법도 있다. 전화가 처음 발명되었을 때나 우리나라에 전화가 처음 도입되었을 때 사람들이 받았던 충격, 그로 인한 생활의 변화를 되짚어보면서 영상 휴대전화의 영향력을 강조한 후 기술적 설명과 전망으로 넘어갈 수도 있다. 이 밖에도 가능한 구성방법은 무한히 많은데, 흥미롭게 읽히면서도 말하고자 하는 바를 분명하게 전달하는 글을 쓰려면 끊임없는 고민과 새로운 시도가 필요하다.

대중적 글쓰기를 통해 과학기술자 스스로 더 폭넓은 시각에서 자신의 전문 영역을 바로 보게 될 뿐만 아니라 과학적·공학적 사고에 익숙하지 않은 독자들에게 새로운 시각을 제공할 수 있다.

대중적 글쓰기 절차에서는 퇴고 또한 아주 중요하다. 대중적 글쓰기는 그 성격이 정보 전달을 위한 글에 그치지 않는다. 정보와 흥미를 동시에 던져주는 읽을거리인 것이다. 이러한 읽을거리가 되려면 맞춤법이나 띄어쓰기는 물론이고 문장의 완성도, 문장 또는 문단 간의 논리 연결성 등이 확보되어야 한다. 또한 전문적인 용어가 별다른 설명 없이 사용되어 이해를 방해하지는 않는가도 살펴야 한다.

치밀한 계획을 세우기보다 펜 가는 대로 쓰는 편을 선호하는 사람에게는 퇴고 절차가 더욱 중요하다. 퇴고 과정에서는 철저히 독자의 입장이 되어 자기 글을 다시 읽고 말하고자 하는 바가 제대로 전달되는지 확인하도록 하라.

16.3. 대중적 글쓰기의 전략

대중적 글쓰기는 일반 독자를 대상으로 하는 전문적인 내용의 글쓰기이다. 이런 글은 유익한 정보를 제공하는 동시에 내용과 구성 측면에서 흥미를 끌 수 있어야 한다. 이런 글을 쓰기 위한 전략은 매우 다양하다. 자연 현상의 원리를 설명하려는 글이라면 우선 '하늘은 왜 푸른가?' '겨울이면 왜 추워지는가?'와 같은 일상적인 질문을 던지는 것으로 시작할 수 있다. 은유와 비유를 사용하는 전략도 효과적이다. 최근 언론의 주목을 받았던 사건을 소개하면서 자기 글의 주제와 연결시킬 수도 있다. 현상의 해석을 둘러싼 서로 다른 의견들을 비교, 반박하면서 자기주장을 펴나가는 방법, 당연하게 받아들여졌던 기존의 주류 시각과 대립되는 새로운 시각을 제시하며 그 타당성을 언급하는 방법도 가능하다.

성공적인 글쓰기를 위해서는 남들이 어떤 전략을 사용하는지 살펴보는 것도 역시 중요하다. 남들의 전략이 성공적인지 그렇지 않은지를 생각해보고 평가하는 가운데 자신에게 맞는 방법을 찾아낼 수 있기 때문이다. 여기서는 신문 칼럼과 단행본의 사례를 통해 대중적 글쓰기의 전략을 살펴보기로 하자.

16.3.1. 개념을 설명하는 글

〈사례 1〉은 생명공학 연구자가 쓴 일간지 칼럼의 일부이다. 바이오산업 자원으로서 포도당이 가진 중요성을 설명하고 연구 지원의 필요성을 인식시키기 위해 쓰인 이 글은 '제2의 석유, 포도당'이라는 은유적 제목에서부터 포도당의 전략적 가치를 강조하고 있다. 글을 쓴 시점에 국가적 관심사였던 한미 자유무역협정을 끌어와 포도당 문제와 연결시킨 것도 독자들의 관심을 높이는 전략으로 파악된다.

〈사례 1〉

달콤한 포도당은 지구상에 가장 많은 유기화합물이다. 식물이 탄소동화작용으로 만들어 놓은 자연의 선물이다. 쌀에 가장 많이 들어 있다. 사람과 동물은 포도당 없이 한순간도 살 수 없다. 생물의 먹이이자 생명의 에너지원이다. 포도당 사슬로 이뤄진 셀룰로오스 섬유는 옷과 종이를 만들고, 섬유소 덩어리인 목재는 집과 가구를 제공한다. 의식주에서 포도당이 한시도 떠날 날이 없다. 최근 생명공학의 발전으로 포도당을 가공해 바이오 소재나 바이오 에너지, 의약품을 생산하는 시대가 열렸다. 국제사회는 포도당 확보 경쟁을 시작했고, 포도당은 제2의 석유가 됐다.

우리 몸은 포도당을 이용해 생명엔진을 가동하지만 공급 조절이 잘 안 되면 큰 피해를 볼 수 있다. 두뇌는 포도당만 이용하는데 포도당이 공급되지 않으면 두뇌 활동이 정지되고 저혈당으로 경련을 일으킨다. 심하면 생명까지 위협한다. (중략) 우리 사회도 포도당에 예민하다. 쌀의 수요와 공급에서 가격 불균형이 발생했기 때문이다. 쌀과 곡물의 공급이 넘치면 농민이 시름에 빠지고, 모자라면 사회문제가 된다. 미국과 자유무역협정(FTA)이 체결돼 저렴한 곡류가 넘치면 국내 농산물이 천덕꾸러기가 될 수밖에 없다. 가장 좋은 돌파구는 포도당의 가공 능력을 고도화하는 길이다. (중략)

현재 생명공학은 이 미생물의 생산 능력을 꺼내 산업적으로 활용한다. 이미 바이오 에너지뿐 아니라 생분해성 고분자까지 생산하며, 전분을 효소로 가공해 기능성 식품 소재를 만든다. 포도당을 이용하는 고도의 발효기술은 부가가치가 높은 의약 소재는 물론 인슐린이나 성장호르몬과 같은 치료용 단백질까지 생산한다. 포도당과 생명공학의 만남을 통해 21세기 바이오산업을 열고, 포도당의 새로운 활로를 모색할 시점이다. (후략)

출처 : 이대실, 2007, 제2의 석유, 포도당, 동아일보, 2007. 4. 30.

글의 구조를 보면 포도당이 생명체의 생존에 핵심적이라는 상식적인 설명에서부터 출발해 인간의 의식주 생활 전반과 바이오산업 발전에 꼭 필요한 요소라는 점을 지적하고 이어 포도당의 수요 공급 균형이 인체와 사회 모두에 갖는 의미를 짚어본 후 생명공학과 바이오산업을 강조하기에 이른다. 이 글을 읽은 독자들은 포도당의 다양한 용도를 이해하고 바이오산업에 대해 다시 한번 생각할 기회를 얻게 되었을 것이다.

16.3.2. 역사를 서술하는 글

〈사례 2〉는 과학이 어떻게 인류의 발전에 기여했는가 하는 주제로 한 글 모음집에 실린 글의 일부이다. 재료공학 전공자가 쓴 이 글은 합성염료의 개발사를 개관한 뒤 친환경적 염료 개발, 첨단 공학 분야에 사용되는 염료 등 현재의 상황을 정리하고 향후의 긍정적 전망으로 마무리된다.

〈사례 2〉

우리 주위에서 색채가 사라지고 마치 흑백 TV를 보는 것 같은 세상이 된다면 어떻게 될까? 세상은 흰색과 검은색, 그리고 회색으로만 표현될 것이고 자연과 인간이 만든 다양하고 눈부신 색채가 사라진 무미건조한 공간이 될 것이다. (중략) 1856년에 영국의 윌리엄 퍼킨이 처음으로 합성염료를 만들기 전까지 모든 염색은 자연재료에서 채취한 천연염료로만 하였다. 대부분의 염료들은 식물의 잎이나 씨앗, 껍질, 줄기 뿌리 등에서 채취되거나 곤충, 조개 등의 액즙으로부터 얻은 것이었다. (중략) 18, 19세기를 거치면서 유기화학이 점차로 발달한 결과 1856년 영국의 윌리엄 퍼킨이 처음으로 합성염료 마우빈을 만들어 이때부터 염료 공업은 눈부신 발전을 하게 되었다. (중략)

1875년경부터는 독일이 염료 공업의 선두주자가 되었고 영국은 상대적으로 섬유공업에 더 치중하였다. (중략) 섬유산업에 대한 이러한 국제적 분업은 그런대로 잘 유지되었으나 제1차 세계대전이 발발하면서 문제점이 드러나기 시작했다. 영국과 적대적 관계로 싸우던 독일이 영국에 염료를 팔지 않기로 결정하자 영국군들은 졸지에 말 그대로 백의종군을 해야 할 지경에 놓였다. 백의민족인 한국인과는 달리 특별히 흰색을 좋아하지 않았던 영국인들은 그때까지 있던 군소 염료공장들을 통합하여 제국화학회사(ICI)를 세웠다. (중략)

19세기 중반부터 개발되기 시작한 합성염료는 현재 약 2천여 종 정도가 생산되고 있으며 이들의 성능은 천연염료와는 비교할 수 없을 만큼 우수하다. (중략) 최근에 와서 학자들의 합성염류의 환경문제에 관심을 기울이고 있다. (중략) 최근에는 염료의 광학적·전기적·열적 특성들을 이용하여 첨단 공학 분야에 응용하는 사례가 점차로 늘고 있다. 이들에 사용되는 염료는 종래에 섬유에 사용되는 염료들보다 한 차원 높은 정밀화학적 기술수준을 요구하며 값이 비싸고 생산량은 적으나 부가가치는 매우 큰 특징을 가지고 있다. (중략) 앞으로도 염료가 가지는 광흡수 특성과 전기적 특성 등을 이용한 다양한 응용처가 발생할 것으로 전망된다.

출처: 김재필, 2002, 과학, 그 위대한 호기심, 궁리, 143-153쪽.

이 글은 제목과 첫 문장을 모두 의문문으로 만들어 독자의 관심을 끌어 당긴다. "색이 없는 세상을 생각해본 적이 있는가?" 그리고 "우리 주위에서 색채가 사라진다면 어떻게 될까?"라는 질문을 받은 독자는 생뚱맞은 질문에 어리둥절하며 합성염료 이야기를 흥미롭게 읽기 시작할 것이다. 그리고 합성염료가 세상에 얼마나 큰 영향을 미쳤는지 새삼 깨닫게 된다. 제1차 세계 대전으로 적대국 독일에서 생산된 염료를 구하지 못하게 된 영국의 상황을 '백의종군'과 '백의민족'에 비유하는 설명은 절로 미소를 머금게 한다. 대중적 글쓰기에서는 이렇게 재치 있는 표현도 중요하다. 일반 독자들은 일단 재미있게 읽히는 글을 좋아하기 때문이다.

16.3.3. 일상의 궁금증에 해답을 제시하는 글

〈사례 3〉은 머피의 법칙을 과학적으로 설명하는 글의 일부로 주제 자체가 흥미진진하다. 식탁에서 토스트를 떨어뜨리면 늘 버터 바른 쪽이 바닥에 닿게 된다는 생각은 그저 심리적 착각일까, 아니면 과학적 근거 있는 것일까? 글쓴이는 지구의 중력을 바탕으로 버터 바른 토스트 현상이 과학적으로 증명된다고 설명한다. 그리고 이어 슈퍼마켓 계산대에서 내가 선 줄보다 다른 줄이 늘 먼저 줄어드는 이유를 확률을 통해 제시한다. 누구나 일상생활에서 흔히 마주치는 문제를 소재로 삼아 과학적 설명을 제공함으로써 독자의 관심을 집중시키는 전략이다.

〈사례 3〉

버터를 바른 토스트가 식탁에서 떨어질 경우 어떤 면이 바닥을 향할 것인가 하는 문제는 떨어지는 동안 토스트를 회전시키는 스핀에 의해 결정된다. 토스트를 회전시키는 힘을 물리학자들은 토크라고 부르는데 이 경우 중력이 그 역할을 하게 된다. 로버트 매튜스는 보통의 식탁 높이나 사람의 손 높이에서 토스트를 떨어뜨릴 경우 토스트가 충분히 한 바퀴를 회전할 만큼 지구의 중력이 강하지 않다는 것을 간단한 계산으로 증명했다. 대부분 반 바퀴 정도를 돌고 바닥에 닿기 때문에 버터를 바른 면이 반드시 바닥을 향해 떨어진다는 것이다. 물리적으로 계산을 해보면 공기의 저항이나 얇은 버터층의 무게는 토스트의 회전에 거의 영향을 미치지 않는다고 한다. 결국 '버터 바른 면이 늘 바닥으로 떨어진다'는 머피의 법칙이 들어맞는 이유는 지구의 중력과 식탁의 마찰계

수가 그럴 수밖에 없도록 만든 것이다. (중략)

슈퍼마켓에서 혹은 현금 자동 인출기 앞에 길게 늘어선 줄을 보고 '어느 줄에 설까'를 고민해보지 않는 사람은 없을 것이다. (중략) 고민 끝에 제일 빨리 줄어들 것 같은 줄 뒤에 서지만, 늘 다른 줄들이 먼저 줄어든다. 도대체 그 이유는 무엇일까? 다른 줄에 섰으면 지금쯤 계산이 끝났을 텐데 말이다. 또 젠장할!!

이 문제는 조금만 생각해보면 당연한 결과라는 것을 알 수 있다. 만약 슈퍼마켓에 12개의 계산대가 있다고 가정해보자. 공교롭게도 내가 선 줄의 계산대가 말썽을 일으킨다거나 사람들이 물건을 많이 사서 유독 계산이 느리게 진행될 수도 있겠지만, 평균적으로는 다른 줄과 별 차이가 없다고 가정할 수 있다. 다른 줄에서도 그런 일이 벌어질 가능성은 얼마든지 있으니까. 사람들은 늘 가장 짧은 줄 뒤에 서려고 할 것이므로 줄의 길이도 대개 비슷할 것이다. 그렇다면 이 경우 평균적으로 내가 선 줄이 가장 먼저 줄어들 확률은 얼마일까? 그것은 당연이 12분의 1이 될 것이다. 다시 말하면, 다른 줄이 먼저 줄어들 확률이 12분의 11이나 된다는 얘기다. 아주 운이 좋지 않다면, 어떤 줄을 선택하든 결국 나는 다른 줄이 먼저 줄어드는 것을 지켜볼 수밖에 없다. (후략)

출처: 정재승, 2001, 정재승의 과학 콘서트, 동아시아, 32-33쪽.

16.3.4. 과학기술의 원리나 현상을 인간 사회와 연결시킨 글

〈사례 4〉는 물류공학시스템공학 전공자가 쓴 글의 일부이다. 이 글은 뉴턴의 만유인력법칙에 등장하는 유인력과 거리 개념을 항만 물동량과 저항계수에 연결시키고 있다. 항만 물동량을 증가시키기 위해서는 정부 정책이 요구된다는 이 글의 주제는 자칫 식상하게 여겨질 수 있지만 글쓴이는 만유인력 법칙이라는 틀을 끌어옴으로써 논의를 한층 생생하게 이끌어 나간다.

〈사례 4〉

항만 물동량은 자체의 경쟁 요인과 경제의 구조 변화 등 대내외적 요인에 의해 증감이 결정된다. 물동량을 결정하는 화물의 공간적 이동 패턴은 1600년대 말 저명한 물리학자 뉴턴이 주창한 만유인력 법칙으로 설명할 수 있다. '두 물체 간의 끌어당기는 힘은 두 물질의 질량에 비례하고 거리의 제곱에 반비례한다'는 이론에서 국가 간의 화물 이동량은 각 국가의 상대적인 화물 유인력에 비례하고 거리에 반비례한다는 논리를 추론하는 것이다. 질량에 해당하는 유인력은 국가의 경제 규모를 나타내는 척도이며, 거리는 공간적 거리와 시간 및 비용 등 화물의 흐름을 방해하는 저항계수이다. 전자는 화물량 증가에 플러스 영향을 미치며, 후자는 마이너스로 작용한다.

한국과 중국의 화물 유인력을 경제 규모로 가정할 때 중국 항만이 부산항보다 많은 화물을 처리하는 물류 거점이 되어야 옳다. 그러나 부산항이 중국 화물을 처리하는 환적항 역할을 한 과거의 현상은 그렇지 않다. 부산항은 우리나라의 경제 규모에 비해 상대적으로 많은 화물을 처리하였고 중국항만은 그 반대였다. 이것은 만유인력 법칙의 질량과 무관하고 화물 흐름을 방해하는 저항계수와 관련된다. 중국 항만은 인프라 시설 부족과 낙후로 인해 저항계수 값이 큰 반면 상대적으로 항만 인프라가 양호했던 부산항은 이 수치가 낮아서 화물의 흐름이 촉진된 것이다. 중국 환적화물의 증가세가 둔화되기 전까지는 경제규모보다는 부산항의 낮은 저항계수가 물동량을 좌우했다는 얘기이다.

저항계수는 인위적으로 변경시킬 수 있는 여지가 크기 때문에 정책 변수로 봐야 한다. 정부 정책이나 민간의 노력으로 화물 흐름에 방해되는 요소들을 대폭 개선할 수 있다는 것이다. 저항계수를 정책 변수화하는 데 성공할 때 자체 유인력보다 높은 양의 화물을 끌어들이게 된다.

출처: 남기찬, 2006, 만유인력 법칙과 항만 물동량, 국제신문, 2006. 7. 26.

더 읽을거리

- 리처드 도킨스, 2002, 『이기적 유전자The Selfish Gene』, 홍영남 역, 을유문화사.
- 로얼드 호프만, 1996, 『같기도 하고 아니 같기도 하고The Same and Not The Same』, 이덕환 역, 까치.
- 데스몬드 모리스, 2006, 『털 없는 원숭이The Naked Ape』, 김석희 역, 문예춘추.
- 레이첼 카슨, 2002, 『침묵의 봄Silent Spring』, 김은령 역, 에코리브르.
- 브라이언 그린, 2002, 『엘러건트 유니버스The Elegant Universe: Superstrings, Hidden Dimensions and the Quest for the Ultimate Theory』, 박병철 역, 승산.

연습문제

1. 다른 전공 친구들에게 내 전공에 대해 알려주는 글을 써보자. 본문 중의 글감을 참고해도 좋다. 어떻게 하면 흥미롭게 읽힐 수 있을지 전략을 짜보라.

2. 일간지에 실린 과학기술 칼럼을 하나 골라 구성의 특징과 글쓰기 전략에 대해 분석해보자. 내가 글쓴이라면 어떤 부분을 어떻게 고치고 싶은지 대안도 제시하라.

참고문헌

1. 글쓰기 관련 문헌

고영만, 2005, 정보문해론, 한국도서관협회.

금동화, 2000, 기술논문 작성법(1) - 글쓰기도 기술이다, 재료마당 13(1): 106-113쪽.

김종희, 2004, 이학계열 글쓰기, 경희대학교출판국.

논문작성법편찬위원회 편, 2003, 학술논문작성법, 계명대학교출판부.

루츠 폰 베르더 & 바바라 슐테-슈타이니케, 2004, 교양인이 되기 위한 즐거운 글쓰기, 김동희 역, 들녘미디어.

린다 플라워, 1998, 글쓰기의 문제해결전략, 원진숙·황정현 역, 동문선.

바바라 민토, 2005, 민토 피라미드로 배우는 논리적 글쓰기, 이진원 역, 더난출판사.

박아르마 외, 2004, 글쓰기란 무엇인가, 여름언덕.

박전수, 2004, 이공계 대학 글쓰기, 홍릉과학출판사.

사고와 표현 편찬위원회, 2004, 자연과학과 글쓰기, 고려대학교출판부.

사와다 아키오, 2005, 논문과 리포트 잘 쓰는 법, 이명실 역, 들린아침.

손철성, 2002, 고전과 논리적 글쓰기, 이제이북스.

임재춘, 2003, 한국의 이공계는 글쓰기가 두렵다, 마이넌.

전남대학교교육발전연구센터 편, 2005, 글쓰기 - 사회과학편, 전남대학교출판부.

전상국 외, 2001, 글쓰기의 원리와 실제, 북스힐.

정병기, 2005, 사회과학 글쓰기 – 대학생을 위한 논문작성법, 서울대학교출판부.

진상윤, 2001, 미국공학교육인증제와 우리의 과제, 건축 45(1): 53쪽.

최광진 외, 2002, 이공계학생들에게 필요한 작문과 발표, 인터비젼.

한양대학교 국어교육위원회, 2004, 창조적 사고와 글쓰기, 한양대학교출판부.

Alley, M., 1997, *The Craft of Scientific Writing*, 3rd ed., Springer-Verlag.

Alred, G. J., Brusaw, C. T. and Oliu, W. E., 2002, *The Technical Writer's Companion*, Bedford/St. Martins.

Barrass, R., 2002, *Scientists Must Write: A guide to better writing for scientists, engineers and students*, 2nd ed., Falmer Press.

Beer, D. and McMurrey, D., 2005, *A Guide to Writing as an Engineer*, John Wiley & Sons, INC.

Bower, D., 1985, Technical Communication in Industrial R&D Groups: A questionnaire survey, MIT S. B. Thesis.

Davis, M., 1997, *Scientific Papers and Presentations*, Academic Press.

Davis, R. M., 1997, Technical Writing: Who needs it?, *Engineering Education*, November 1997, 209-211.

Harman, D., 1956, Aging: A theory based on free radical and radiation chemistry, *Journal of Gerontology* 11(3): 298-300. PMID 13332224.

Harman, D., 1972, A Biologic Clock: The mitochondria?, *Journal of the American Geriatrics Society* 20(4): 145-147. PMID 5016631.

Holtom, D. and Fisher, E., 1999, *Enjoy Writing Your Science Thesis or Dissertation: a step by step guide to planning and writing dissertations and theses for undergraduate and graduate science students*, Imperial College Press.

Lannon, J. M., 2006, *Technical Communication*, 10th ed., Longman Pub. Group.

Lester, J. D. and Lester, J. D. Jr., 2005, *Writing Research Paper*, Pearson

Education Inc.

Lindsell-Roberts, S., 2001, *Technical Writing for Dummies*, Hungry Minds, Inc.

Lutz, J. A., 1998, *The Practice of Technical and Scientific Communication : Writing in professional contexts* v. 4, Ablex Pub. Corp.

Markel, M. H., 1994, *Writing in the Technical Fields: A step-by-step guide for engineers, scientists, and technicians*, IEEE Press.

Mann, M. D., The Ethics of Collecting and Processing Data and Publishing Results of Scientific Research.
http://www.unmc.edu/ethics/data/data_int.htm (검색일자 : 2008. 7. 31)

Matthews, J. R., Bowen, J. M. and Mattews, R. W., 2000, *Successful Scientific Writing: A step-by-step guide for the biological and medical sciences*, 2nd ed., Cambridge University Press.

Middendorf, W. H., 1980, Academic Programs and Industrial Needs, *Engineering Education*, May 1980, 835-837.

O'Connor, M., 1991, *Writing Successfully in Science*, Routledge.

Paradis, J. G., 1997, *The MIT Guide to Science and Engineering Communication*, The MIT Press.

Porush, D., 1995, *A Short Guide to Writing about Science*, Longman Pub. Group.

UC-Davis Writing Center, *An Instructor's Guide to Preventing, Confronting, and Reporting PLAGIARISM.*

Ulman, J. N and Gould, J. R., 1972, *Technical Reporting*, 3rd ed., Holt, Rinehart and Winston.

Woolston, D. C., Robinson, P. A. and Kutzbach, G., 1991, *Effective Writing Strategies for Engineers and Scientists*, Lewis Publishers.

WPA, *Defining and Avoiding Plagiarism: The WPA Statement on Best Practices.*

2. 사례 관련 문헌

과학기술부, 2003, 2003 생명공학백서.

김재필, 2002, 과학, 그 위대한 호기심, 궁리.

김창덕, 1998, 一般上限界法을 이용한 施設物集團의 維持·補修 最適化 모델, 大韓建築學會論文集 14(3): 371-381쪽.

김태우, 2008, IT 기술을 보호하기 위한 국내 특허제도의 개선방안 – 현행 특허법의 수정방안을 중심으로, 과학기술 글쓰기 최종 소논문, 서울대학교.

김태호, 2008, 새로운 벤즈이미다졸계 고분자의 합성과 고온용 연료전지 전해질 막으로의 응용, 서울대학교 박사학위논문.

남기찬, 2006, 만유인력 법칙과 항만 물동량, 국제신문, 2006. 7. 26.

박원희 외, 2007, 지하역사에서의 화재연기거동 실험, 한국철도학회논문집 10(1): 67-73쪽.

박윤철 외, 2007, 태양열이용 하이브리드 열펌프시스템의 성능특성에 관한 연구, 한국태양에너지학회 논문집 27(1): 47-54쪽.

방성일·박성욱, 1998, 무선기기 형식검정 시험방법에 관한 연구, 대한전자공학회 회로 및 시스템연구회/전력전자연구회 합동학술발표회 논문집 20(1): 62-67쪽.

생명공학정책연구센터, 2006, 단백질체 연구 및 활용 치료제 기술동향, 보고서.

양지연 외, 2007, 실내 환경 중 알데하이드 농도 분포 및 영향 요인 평가, 한국환경독성학회논문집 22(1): 37-47쪽.

왓슨, 1973, 이중나선, 하두봉 역, 전파과학사.

이대실, 2007, 제2의 석유, 포도당, 동아일보, 2007. 4. 30.

이영우·김동주·김건식, 2007, U_3O_8 종자가 UO_2 핵연료 소결체의 입자 성장에 미치는 영향, 한국결정성장학회지 17(2): 75-81쪽.

이택민·강태구·양정순·조정대·김광영·최병오·김동수, 2007, DoD 메탈젯 시스템의 이론적 해석 및 실험적 분석, 대한기계학회 논문집 A권, 31(1):

11-17쪽.
전지석 외, 2007, 급성 조증에서 기분안정제와 항정신병제 병합 투여에 의한 체질량지수(BMI) 변화, 대한정신약물학회지 18(2): 103-109쪽.
정재승, 2001, 정재승의 과학 콘서트, 동아시아.
존 캐리, 2004, 지식의 원전, 이광렬 외 역, 바다출판사.

3. 웹사이트

대한금속·재료학회 〈http://www.kim.or.kr/home/kor/〉
대한기계학회 〈http://www.ksme.or.kr/〉
대한수학회 〈http://www.kms.or.kr/home/kor/〉
대한화학회 〈http://www.kps.or.kr/〉
한국공학교육인증원 〈http://www.abeek.or.kr/〉
한국물리학회 〈http://www.kps.or.kr/〉
한국분자세포생물학회 〈http://www.ksmb.or.kr/〉
한국화학공학회 〈http://www.kiche.or.kr/〉
East Kentucky University 〈http://people.eku.edu/ritchisong/posterpres.html〉
Swarthomre College 〈http://www.swarthmore.edu/NatSci/cpurrin1/posteradvice.html〉

찾아보기

[ㄴ]

[ㄷ]

[ㄹ]

[ㅁ]

[ㅂ]

[ㅅ]

[ㅇ]

[ㅈ]

[ㅊ]

집필진

강명구

미국 아이오와대학교 언론학 박사
(현) 서울대학교 언론정보학과 명예교수
– 서울대학교 언론정보학과 교수
– 서울대학교 교수학습센터 소장 및 글쓰기센터 창립 책임자
– Global Civil Society Internet Forum 공동위원장
– InterAsia Cultural Studies/Cultural Studies (Routledge 출판사) 편집위원
– Association for Cultural Studies (세계문화학회) 아시아지역 선출이사

대표 저서 및 논문
–『한국 저널리즘 이론』(저서)
–『소비대중문화와 포스트모더니즘』(저서)
–『영상커뮤니케이션과 사회』(역서)
–『사회변동과 지식이전: 지식의 공유인가 독점인가』(역서)
– "Struggle for Press Freedom and Emergence of 'Un-elected'"(논문)
–「인터넷 거버넌스와 한국의 공론장」(논문) 등

김상현

서울대학교 철학 박사
(현) 성균관대학교 학부대학 대우교수
– 서울대학교 기초교육원 전임대우 강의교수
– 서울대학교 철학사상연구소 선임연구원
– 경기대학교 겸임교수

대표 저서
–『이마누엘 칸트: 판단력비판』(역서)
–『세상읽기와 논술』(공저) 등

김재영

서울대학교 이학 박사
(현) KAIST 부설 한국과학영재학교 전임교원
- 독일 막스플랑크과학사연구소 연구원
- 서울대학교 기초교육원 전임대우 강의교수
- 이화여자대학교 이화인문과학원 HK연구교수

대표 저서 및 논문
- 『뉴턴과 아인슈타인』(공저), 『영화로 과학읽기』(공저), 『또 다른 교양』(공역)
- 「양자장이론의 존재론적 토대」(논문) 등

김재호

독일 지겐대학교 철학박사
(현) 서울대학교 학부대학 강의교수
- 서울대학교 철학사상연구소 선임연구원

대표 저서 및 논문
- 『도덕적인 너무나 도덕적인』(저서)
- *Substanz und Subjekt: Eine Untersuchung der Substanzkategorie in Kants "Kritik der reinen Vernunft"*(저서)
- 「칸트에 전해진 버클리의 유산」(논문) 등

김준성

미국 위스콘신(매디슨)대학교 철학 박사
(현) 명지대학교 철학과 교수
- 서울대학교 교수학습개발센터 글쓰기교실 선임연구원 및 연구조교수
- 서울대학교 BK21 정보기술사업단 연구원(공대생을 위한 비판적 사고 교육 프로그램 개발)

대표 저서 및 논문
- 『확률과 인과』(저서), 『테러시대의 철학』(공역)

김희준

미국 시카고대학교 이학박사

(전) 서울대학교 화학부 교수

- 2005년 닮고 싶고 되고 싶은 과학기술인
- 2006년 국제화학올림피아드 학술위원장
- 2007년 서울대 교육상

대표 저서 및 논문

- 『자연과학의 세계』, 『과학으로 수학보기』(저서)
- 『세상에서 가장 재미있는 화학』(역서)
- 70여 편의 국제 학술지 논문

오윤선

고려대학교 문학박사

(현) 한국교원대학교 국어교육과 교수

- 미국 하와이대학교 한국학연구소 객원연구원
- 고려대학교 민족문화연구원 연구교수
- 서울대학교 기초교육원 전임대우 강사
- 한국학중앙연구원 전임연구원

대표 저서 및 논문

- 『한국 고소설 영역에로의 초대』(저서)
- 「이공계 대학생을 대상으로 한 글쓰기 교수법의 방향」(논문) 등

이경우

서울대학교 공학박사

(현) 서울대학교 공과대학부 교수

대표 저서 및 논문

- *Modelling of Transport Phenomena in Crystal Growth*(공저)
- 『공학문제해결 입문』(공저) 등

이상원

한국외국어대학교 통번역학 박사
(현) 서울대학교 학부대학 강의교수

대표 저서 및 논문
- 『한국출판번역독자들의 번역규범 연구』(저서)
- 『문명과 수학』, 『달 탐험의 역사』, 『놀이, 마르지 않는 창조의 샘』(역서) 등

정병기

독일 베를린자유대학교 정치학 박사
(현) 영남대학교 정치외교학과 교수
- 서울대학교 교수학습개발센터 글쓰기센터 책임연구교수

대표 저서 및 논문
- 『사회과학 글쓰기』(저서)
- 『논문작성을 위한 스터디 독서』(저서)
- 『상상력에 권력을』(역서) 등

정윤석

서울대학교 철학박사
- 세종대학교 초빙교수
- 서원대학교 전임강사
- 서울대학교 기초교육원 전임대우 강의교수
- 영산대학교 학부대학 교수

대표 저서 및 논문
- 『사고와 표현』, 『EBS 사고와 논술』(공저)
- 「아렌트의 하이데거 비판」(논문) 등

과학기술 글쓰기

초판 1쇄 발행 2008년 9월 15일
초판 11쇄 발행 2025년 9월 10일

지은이 강명구 · 김희준 · 정윤석 외

펴낸곳 서울대학교출판문화원
주소 08826 서울 관악구 관악로 1
도서주문 02-889-4424, 02-880-7995
홈페이지 www.snupress.com
페이스북 @snupress1947
인스타그램 @snupress
이메일 snubook@snu.ac.kr
출판등록 제15-3호

ISBN 978-89-521-0933-0 03400